쉽게 해설한 종합적인 이론과 실전

4구 Billiards 레슨

당구의 핵심 기술과 모아치기 비법 수록!
기초이론을 알고 배우면 6개월에 300점 된다!

유효식 편저

BILLIARDS

일신 미디어

"4구 Billiards 레슨"을 통해 동호인님들을 다시 만나 뵙게 된 것을 기쁘게 생각합니다.

최근 당구가 생활스포츠로 자리잡아 가면서 당구 업계는 제2 전성기를 맞이하고 있습니다.
또한 적은 돈으로 문화 생활을 즐길 수 있는 최적의 장소로도 각광 받고 있습니다.

국내 외에서 열리는 모든 경기를 빌리어드 TV를 통해 언제든지 볼 수 있게 되었으며,
카페식 당구장 운영 허가로 향후 당구의 문화 또한 새로운 변화가 예상되고 있습니다.
또한 대학교와 고등학교에 당구부가 운영되고 평생 연금을 받는 남녀 프로선수들이 탄생
하면서 당구에 대한 새로운 인식과 함께 대회 상금 또한 계속 증가 추세에 있습니다.

저자는 오랜 기간 동안 당구와 함께 하면서 당구란 체계적으로 배워야지만 재미가 배가
되고 기본 원리를 이해 해야 실력이 빠르게 향상 될 수 있다는 것을 강조해 왔습니다.

당구란 기초 이론 없이 무작정 감으로만 배우면 20년을 쳐도 200점에 머무르는 것이며,
기초 이론을 바탕으로 배우면 6개월이면 300점을 칠 수 있는 것이 당구의 특성입니다.
따라서 기본기가 잡힐 때까지는 Lesson 과정을 반드시 거치시기를 권장 합니다.

4구의 이론과 실력을 갖춘 동호인이 3쿠션 종목에 입문하면 빠르게 고점자의 반열에
오르는 것을 볼 수 있으며, 4구의 이론을 모르고 3쿠션에 입문한 동호인의 경우 성장의
속도에 한계가 있는 것을 흔히 볼 수 있습니다.
국내 유명 프로선수 대부분이 4구 1,000점 ~ 2,000점 전 후의 실력을 기본적으로 보유
하고 있는 것도 4구가 그만큼 당구의 기본이며 중요한 밑바탕이 된다는 증거입니다.

"4구 Billiards 레슨 " 은 동호인님들께서 꼭 알아야 할 당구의 기초 이론들을 알기 쉽고
배우기 쉽게 수록되어 있습니다.

복잡하게 생각하지 마시고 한가지 한가지씩 즐기면서 터득해 나가시면 시냇물이 강물이
되고, 강물이 바다가 되는 것처럼 머지않아 자신감 넘치는 Billiarder가 될 것을 확신합니다.

끝으로 "4구 Billiards 레슨"을 구독해 주신 동호인님께 깊이 감사드리며 이 책을 통해 많은
성장이 있으시기를 응원합니다.

4구 Billiards 레슨

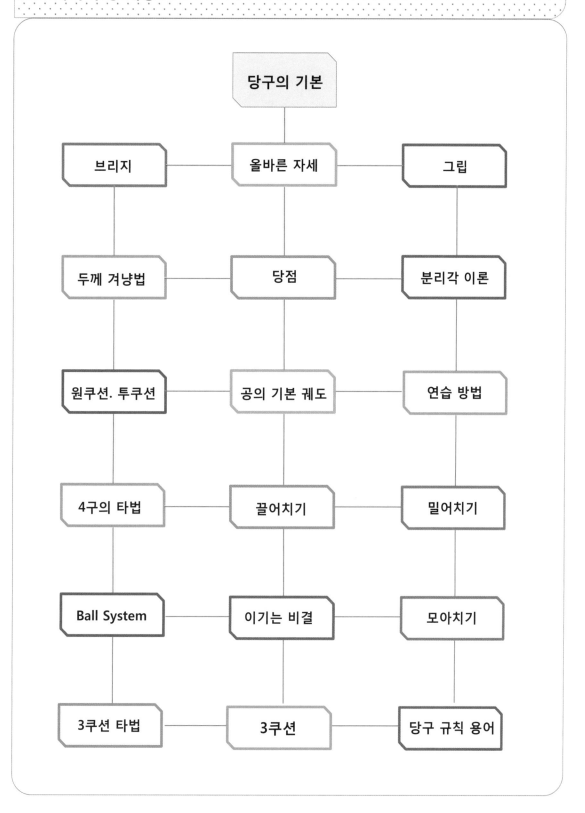

목차

목차

목차

목차

목차

목차

목차

수구 : 내가 치는 공을 뜻하며 수구와 큐 볼의 의미는 같다.

수구 수 : 수구 수라 함은 내가 칠 공의 출발점에 해당하는 프레임 포인트 수를 의미한다.

1적구 : 수구가 첫 번째 맞히는 공을 말한다 (오브젝트 볼 object ball)

2목적구 : 1적구를 맞고 두 번째 맞히는 공을 의미한다.

입사각 : 공이 레일을 향해 진행할 때 공의 진로와 레일이 이루는 각도.

반사각 : 쿠션에 맞고 튀어 나오는 공이 레일과 이루는 각도.

분리각 : 수구가 1적구와 부딪쳤을 때 수구와 1적구의 분리각 합은 대략 90° 이다.
　　　　따라서 분리각을 이용해 모아치기를 시도하며, Kiss 여부를 판단할 수 있다.

에러마진 error margin : 진로가 다소 어긋나도 득점할 수 있는 범위(오차 허용치)

레일 : 쿠션을 표현할 때 사용하는 용어로, 예를 들어 2.5레일 이라 하면 반대편
　　　　단쿠션을 향해 친 공이 돌아와 단쿠션을 맞고 장쿠션의 반 정도 지나 멈추는
　　　　스피드를 말한다. (장쿠션 한번의 거리를 1레일로 계산한다)

Ball First : 공 먼저 치는 것, Rail First는 공을 맞히기 전에 쿠션부터 먼저 치는 것

스트로크 : 당구의 스트로크 종류는 수없이 많지만, 크게 분류하는 방법은 공 반개만큼 통과
　　　　　　하는 스트로크, 공 한 개만큼 통과하는 스트로크, 공 두 개만큼 통과하는 스트로크,
　　　　　　공 세 개만큼 통과하는 스트로크로 표현하면 가장 이해하기 쉽다.

포인트 : System을 계산하기 위해 표시해 놓은 흰 점으로, 대부분 포인트 계산은 레일
계산법　　포인트가 아닌 프레임 포인트를 말한다 (레일 포인트를 사용할 때는 레일 포인트
　　　　　　라 별도로 표시한다)

당점 : 회전을 주기 위한 수구의 정확한 지점을 말하며, 1Tip~4Tip 또는 시계바늘로
　　　　표현하기도 한다. 예를 들어 한시 반이라 하면 2Tip에 해당되며, 2시 ~ 3시
　　　　(10시 ~9시)는 3Tip에 해당된다.
　　　　8시 또는 4시에 하단 당점을 주면 4Tip으로 분류된다.

뱅크 샷 : 수구가 1적구를 맞히기 전에 레일(쿠션)을 먼저 맞히는 샷을 말한다.

뱅킹 : 선구를 결정하기 위해 맞은편 레일을 쳐서 헤드 레일에 가까운 사람이 선구를 한다.

순 비틀기 : 정회전을 준 상태에서 비껴치지 않고 회전은 다 살려주는 스트록.

종 비틀기 : 빠른 스피드로 큐를 위로 치솟아 공이 앞으로 전진하는 힘을 더해주는 샷.

횡 비틀기 : 큐를 옆으로 비틀어 회전력을 더해주는 샷.

공 쿠션 : 수구의 진행 경로를 레일 대신 Kiss shot을 활용하는 것.

예각과 둔각 : 수구와 1적구의 입사각도가 90°이상이면 둔각, 90°이하면 예각으로 기준한다.

브리지 bridge : 큐를 고정하기 위해 취하는 손과 손가락의 형태.

그립 : 스트록을 하기 위해 큐를 잡은 손의 형태.

훅 hook : 브리지에서 엄지와 검지를 이용해 큐의 상대를 고정시키기 위해 만드는 모양.

초크 chalk : 탄산칼슘 분말이나 석고를 압축해 큐 미스 방지와 큐팁의 마찰을 도와주도록 만든 것.

큐팁 cue tip : 큐 끝에 부착한 가죽 조각으로 공과 접촉하는 부분.

소실점 : 일부 시스템의 운영에서 경기 면적 밖에서 정렬의 기준점을 찾아내는 것.

입사점 : 프레임이나 레일에 수구를 보내야 하는 지점.

상박 : 어깨부터 팔꿈치.

하박 : 팔꿈치부터 손까지.

상대 : 큐 팁이 있는 큐의 가벼운 쪽.

하대 : 큐 스틱의 무거운 쪽 부분.

선각 : 수지 소재를 사용해 큐 상대의 파손을 막기 위해 상대의 끝에 부착하는 부품

보정 이론 : 당구대의 특성, 또는 습도, 시간 경과 등에 따라 System의 수치를 조정해서 계산하는 것을 말한다.

케롬 carom : 수구와 적구의 접촉으로 점수를 가산하는 종목.

스핀샷 (꼬미) : 공을 회전력으로만 치는 것

잽 샷 : 잽을 툭 던지듯이 스트록하면서 부드럽게 큐를 살짝 잡아주는 샷.

팔로우 샷 : 1적구를 타격한 이후 수구의 전진력을 더해주기 위해 큐를 길게 뻗어주는 것을 말한다. 팔로우 1단, 팔로우 2단, 팔로우 3단 등으로 구분한다.

관통 샷 : 큐가 수구의 당점을 뚫고 나가듯이 비틀림없이 큐를 일직선으로 곧게 뻗어 주는 샷.

데드 볼 dead ball : 회전을 죽여 치는 공.

드로우 샷 Draw Shot : 하단 당점을 사용하여 1적구를 맞힌 수구를 후진 시키는 샷

결대로 치기 : 끌어치기나 밀어치기를 배제하고 수구의 분리각과 회전력만으로 부드럽게 굴려 수구의 방향을 설정하는 것.

등속 샷 : 백스윙 정점부터 임펙트 이후까지 일정한 속도로 큐를 내밀어 수구와 1적구의 마찰을 최대한 줄여 수구의 진로를 길게 만들거나 수구를 부드럽게 다루는 샷.

타격 없는 샷 : 수구의 구름을 결대로 다루기 위해서는 큐 무게를 이용해 큐 선의 길이로 스트록의 완급을 조절해야 하며, 임펙트 이후 그립을 잡지 않는 것이 가장 핵심이다.

Five & Half System : 당구에서 가장 기본이 되면서 활용도가 높은 System이다.
빈쿠션치기의 경우 대부분 Five & Half System을 활용하는 것은 물론,
Ball First인 경우에도 이 System의 수치를 활용하여 계산한다.

Plus System : 단쿠션 장쿠션 장쿠션으로 연결되는 System으로, Five & Half System과 함께
빈쿠션치기는 물론 앞돌려치기에서도 Plus System을 많이 응용한다.

Plus 2 System : Plus System과 같은 종류의 System이지만 수구가 2Point 이내에서 출발할
경우 코너를 치면 수구 위치에서 2Point 더 내려간다고 해서 Plus 2라는 명칭
을 사용한다.

No English System : 회전을 주지 않고 치는 System을 의미하며. No English System에는
베르니 System, 7 System, 터키 System 등이 있다.
당구의 고점자가 되기 위해서는 No English System을 충분히 익혀야
하며 실제로 No English 로 해결해야 할 공의 배치가 자주 있다.

임계 기울기 : 액체와 기체의 중간 기점인 0°를 임계점이라고 하듯이, 당구에서의 임계
기울기 지점은 기울기 6이 된다. 그 각도보다 긴 각에서 무회전으로 치면
회전 주는 것보다 더 길어지고, 짧은 각도에서는 회전을 줄 때보다 더 짧아진다.

큐 브레이크 : 짧은 뒤돌려치기에서 수구가 1쿠션 2쿠션을 지난 다음 3쿠션에서 회전이 소멸
되게 하기 위해 임펙트 후 큐를 천천히 잡아 주는 동작을 말한다.

Frozen : 공과 공 또는 공이 레일에 닿아 있는 상태를 말한다.

Down shot : 스트록 할 때 큐 끝이 겨냥점 보다 하향하는 스트로크를 말하며, 끌어치기를
극대화 시킬 때, 또는 길게 앞돌리기 할 때 수구의 진로를 길게 만들 수 있다.

Up shot : 임펙트 시 겨냥점 보다 큐 끝을 위로 올려 주는 타법으로, 공의 형태에 따라 다양
하게 활용할 수 있으며, 최 상단 당점의 효과도 있다.

펜 샷 : 선풍기(펜) 바람에 움직이는 것처럼 아주 얇게 치는 공을 말한다.

감아치기 : 빠른 스피드로 회전력이 작용되지 못하게 하면서 반발력을 동시에 이용해 공의
진로를 짧게 만들 때 사용하는 샷

Grand average : 총 득점수를 총 이닝 수로 나눈 수치를 말하며, 기량을 측정할 수 있는
가장 정확한 자료가 될 수 있다.

High run : 한 이닝 최대 연속 득점을 말한다.

UMB : 세계 당구 연맹, Union Mondiale de Billard

기초이론과 기본기를 알고

당구를 배우면

6개월이면 300점이

가능하고,

마구잡이로 공을 치면

20년이 지나도

200점 밖에 칠 수 없다.

당구의 기초

4구 Billiards 레슨

당구는 배울 때부터 기본기를 충실히 해야 한다.

1. **자세와 정렬** : 당구는 기본적인 정렬이 먼저 되어 있어야 다음 단계를 쉽게 연결할 수 있다. 1적구와 수구와 오른발을 일렬로 정렬한 다음 왼발을 45°로 어깨 넓이만큼 벌리면 된다. 큐를 잡은 오른손 그립이 오른발 등 위에 위치하도록 한다. 체중은 오른발에 약 55 ~ 60%, 왼발에 40 ~ 45 %를 둔다.

2. **브리지** : 스트로크의 완성은 견고한 브리지에서 나온다. 수구가 2쿠션을 돌아갈 때까지 브리지를 절대 바닥에서 떼면 안 된다.

3. **그립** : 큐 무게 중심에서 자신의 신장의 10% 정도 뒤를 달걀을 가볍게 감싸듯이 잡는다.

4. **당점** : 상단. 중단. 하단 당점과 1Tip, 2Tip, 3Tip, 4Tip을 정확히 이해하고 구별한다.

5. **스트로크** : 1 ~ 4까지의 기본기를 정확하게 기억하고 어떠한 스트로크를 구사할 것인지 결정되기 전에 절대 엎드리지 않는다.

6. **공 두께** : 공의 두께는 ½ 두께 다루는 법을 먼저 터득하고 ⅓ ⅔ ¼ 두께를 익힌다. 나머지는 조금 얇게 또는 조금 두껍게 조절하면 된다.

7. **조준** : 큐의 좌 우측 면을 이용해 1적구의 두께를 겨냥하는 습관을 꾸준히 실행하다 보면 두께에 대한 정확도를 완성해 나갈 수 있게 된다.

8. **분리각** : 수구와 1적구의 분리각 합계는 약 90°이며, 분리각 이론을 알아야 모아치기를 잘 할 수 있고, Kiss를 뺄 수 있으며, 포지션 또한 유리하게 만들어갈 수 있다.

9. **집중력** : 일생의 마지막 샷이라는 각오로 한 샷, 한 샷 최선을 다하는 습관을 들인다.

올바른 자세를 취하기 위한 부분적인 요점 정리

정확한 스트록을 위해 먼저 선행
되어야 하는 것은 브리지의
견고함이다.

4구 브리지 위치
15cm

3구 브리지 위치
20cm~25cm

자세를 낮춰 왼팔을 쭉 뻗어
브리지를 고정하고 하박과
상박은 90°를 유지한다.

강한 파워가 요구되는 공을
칠 때는 브리지를 멀리하고
왼발을 약간 open 시킨다.

45°

코
시선
머리

그립

왼발을 45°로 어깨 넓이만
큼 벌리고 힘을 뺀
상태에서 다시 한번 정렬
한다.

좋은 스트록이란 ?
팔과 손으로 공을 치는 느낌이
아니라 큐 무게로 정확하게 당점
을 일직선으로 찌르는 것이다

가까이 있는 공을 다룰 때는 브리지를
10cm 정도로 가까이 하고, 큐도 비례
해서 짧게 잡는다.

목적구와 수구와 오른발 앞
부분을 일렬로 정렬한다.

수구와 시선(코)을 일렬로 맞춘다.
체중은 양 발에 분산하되 오른쪽에
55% 정도를 둔다.

상박과 하박이 90°일 때 타구한다.

그립은 오른발 등 위에 위치한다.

큐를 잡은 엄지와 검지 손가락의 둥근
모양 각도가 1적구를 향해 마주보며 계속
진행해야 큐의 일직선 운동이 정확해 진다.

그립을 잡을 때 엄지손가락은 편 상태를
항상 유지해야 임펙트 이후 큐를 잡는
나쁜 습관을 없앨 수 있다.

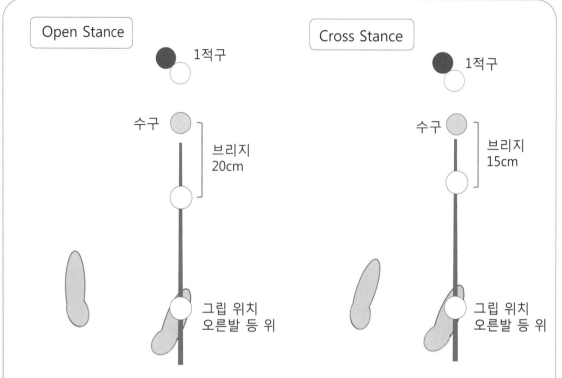

[오픈 스텐스]

1적구를 약간 정면으로 바라보듯 오픈 스텐스를 취하면 무게의 중심이 왼쪽으로 치우치게 되어 파워를 요구하는 공을 다룰 때 유리하며, 1적구를 맞힌 후 수구의 분리각을 크게 만들어야 할 경우에도 오픈 스텐스를 취하면 분리각을 조금 더 크게 만들 수 있다. 대회전 같이 파워가 요구되는 공을 칠 경우에는 브리지도 25cm 정도로 멀리하고, 그립을 가볍게 잡고, 오픈 스텐스를 취해 주면 수구에 힘을 실어주기가 쉬워진다.

[크로스 스텐스]

우측 도형처럼 스텐스를 약간 좁히고 왼발을 약간 닫아 주는 크로스 스텐스는 무게 중심이 몸 안쪽으로 치우치게 되므로 쇼트 앵글처럼 수구를 부드럽게 다루어야 할 경우 평균 스텐스보다 약간 콤펙트 하게 자세를 취하는 것이 도움이 된다.

[Tip]

공을 치기 위해 가장 먼저 취해야 할 자세는 1적구와 수구와 오른발 등을 일렬로 맞추는 것이며, 그 다음에 자연스럽게 왼발을 45°로 벌리면 된다. 그립은 오른발 등 위에 위치 하는 것이 이상적이며, 하박이 상박과 90°에서 80°로 접혀질 때 임펙트의 정점이 되어야 한다.

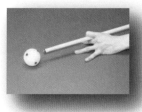

일반적으로 당구를 처음 배우면서 가장 많이 사용하는 브리지 형태이다.
세 손가락을 펼쳐주면 수구가 가볍게 다루어 지는 특징이 있다.
따라서 1적구가 가볍고 빠르게 다녀야 할 때 사용하면 적합하며,
손가락을 펼쳐주면 1적구의 분리각이 커지므로 Kiss 뺄 때도 사용한다.

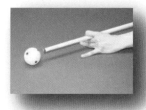

소지를 제외한 세 손가락에 힘을 주고 모으는 브리지는 강력한 대회전,
끌어치기, 밀어치기, 바운딩 등 파워있는 스트로크를 할 때 사용한다.
네 손가락을 힘있게 모아주면 오른손 그립에 힘을 빼는 데에도 많은
도움이 된다.

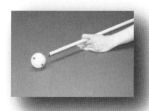

네 손가락을 모두 모아주는 브리지는 수구를 무겁게 다룰 때 사용한다.
예를 들어 1적구를 눌러 치거나, 수구를 1쿠션에 정확하게 보내면서
정교하게 수구를 다루어야 할 때 사용하면 좋은 그립이다.
제각돌리기 쇼트 앵글 등, 각으로 정확히 치는 형태에서 주로 사용한다.

브리지에서 후크는 디귿자(ㄷ)형태로 확실하게 만들어 주어야 한다.
엄지손가락의 첫 번째 마디를 중지의 두 번째 마디에 붙이고,
엄지손가락으로 검지 손가락 끝을 눌러 고정한다.
브리지가 견고해야 공이 잘 끌리고 변화 없이 결대로 굴러 다닌다.

브리지 자세에서 손바닥을 바닥에 단단하게 붙이는 것은 견고한
브리지를 만드는데 가장 핵심이 된다. 손목이 꺾여 있는 형태는 좋은
형태가 아니며, 사지처럼 약간 활 모양으로 구부리는 것이 견고한
브리지를 만들 수 있으며, 큐를 일직선으로 진행 시키는데 도움이 된다.

임펙트가 끝났다고 스트록이 끝난 것이 절대 아니며, 수구가 2쿠션을 맞고 돌 때까지
절대 바닥에서 브리지를 떼지 말아야 수구가 변화 없이 결대로 구르게 된다.

당구의 기본 자세란 ? 스텐스, 그립, 브리지를 합친 것을 말한다.

이 세가지 요건이 잘 갖추어 졌을 때 기본 자세가 좋다고 할 수 있다.

그렇다면 스텐스, 그립, 브리지 중에 가장 중요한 것을 말하라면 무엇이라고 할 수 있을까 ?

어느 유명 프로는 브리지와 그립 중에서 브리지의 역할이 훨씬 더 중요하다고 말한다.

300점 이상의 동호인이라면 무슨 뜻인지 선뜻 이해되리라 생각한다.

중 하급자의 경우 임펙트 이후 수구가 2쿠션도 맞기 전에 브리지를 당구대에서 떼는 경우를 흔히 볼 수 있다. 아마도 스트록이 끝났으니 브리지의 역할도 끝났다고 생각하는 모양이다. 하지만 바로 그 점이 문제인 것이다. 공이 끝까지 결대로 굴러다니느냐 그렇지 않느냐는 임펙트 이후 브리지를 얼마만큼 견고하게 유지해 주느냐에 달려있다.

다시 말해 공의 구름은 브리지의 영향에 의해 가볍게 날라 다니기도 하고 힘있게 안정적으로 변화 없이 결대로 구르기도 하는 것이다.

또 다른 예로 90° 이상의 끌어 치는 듯한 공 모양에서 브리지를 15cm 정도 짧게하고 스트록 하는 것과 25cm 정도로 길게 잡고 끌어 치는 것 중, 어느 쪽이 수월하고 공의 구름을 자연 스럽게 만들 수 있을까 ? 당연히 15cm미만으로 짧게 잡아주는 것이 공도 잘 끌리고 공의 구름도 편안하게 만들 수 있으며 정확도도 높일 수 있다.

반대로 대회전을 돌릴 때 공과 브리지 거리가 너무 가까우면 Long Follow Shot에 제약을 받게 되며, 네 손가락을 강하게 모아주는 브리지 형태를 취하면 힘있게 스트록을 할 수 있다. 그뿐만이 아니다, 예를 들어 1적구의 분리각을 크게 만들어야 Kiss를 피할 수 있는 경우에는 하단 당점을 주고 브리지의 네 손가락을 펼쳐주면 분리각을 어느 정도는 크게 만 들 수 있다. 반대로 세 손가락을 모아주는 그립의 형태는 1적구를 무겁게 천천히 다룰 때 사용하면 좋다.

브리지를 할 때는 새끼 손가락과 손바닥 아래 부분이 당구대 바닥에 견고하게 밀착되어 있어야 한다.

또 큐를 고정하는 두 번째 손가락의 후크 모양도 ㄱ자 모양으로 견고해야 된다.

파워풀한 공을 칠 때는 중지와 약지를 모으고 두 번째 손가락을 평소보다 더 견고하게 한다.

또, 엄지와 검지, 중지 손가락이 견고하게 밀착되어 있으면 정확한 당점 겨냥에 흔들림을 방지할 수 있으며, 오른손 그립의 힘이 저절로 빠지는 장점도 있다.

좋은 스트록이란 큐의 비틀림 없이 일직선으로 당점을 뚫고 나가듯이 당점을 정확히 찌르는 스트록을 말한다. (좋은 스트록이란 한마디로 표현하면 "찌르다"이다)

달리 표현하면 사과를 송곳으로 단 한번에 정확히 일직선으로 찔러야 한다.

만일 송곳을 비틀거나 일직선으로 뻗어주지 못하면 사과는 흠집만 날 것이다.

그립을 가볍게 감싸고 일직선으로 큐를 뻗어주는 빈 스트록 연습을 꾸준히 해야 한다.

(엄지손가락으로 큐를 감싸면 안 된다. 항상 편 상태를 유지해야 임펙트 이후 큐를 잡는 나쁜 습관을 없앨 수 있으며 정확히 밀어 치는 스트록에도 많은 도움이 된다)

나쁜 그립 형태를 대표적으로 분류해 보면 다음과 같다.

[나쁜 그립의 형태]

1. 큐와 손바닥이 틈이 많이 벌어져 있는 그립.

2. 큐를 잡았을 때 손 등이 활처럼 굽어 있는 그립.

3. 너무 멀리 잡아 임펙트가 90°에서 이루어지지 않는 그립 등이 있다.

그립을 고치는 방법은 ~

1. 당구대 프레임 위에서 일직선으로 큐의 왕복 운동을 했을 때 큐가 좌우로 흔들린다면 손목의 각도를 조절하며 큐가 일직선으로 자연스럽게 왕복할 때까지 꾸준히 연습을 한다.

2. 그립을 잡았을 때 생기는 엄지와 검지의 둥근 부분을 눈이라고 하는데 그 눈이 정면으로 1적구를 마주 보면서 진행시키면 손목의 각도를 바로 잡는데 도움이 된다.

3. 페트병을 앞에 놓고 페트병 입구 안에 큐를 넣는 연습을 천천히 반복한다.

4. 전 후 방에서 그립의 움직임을 동영상으로 찍어 직접 확인하며 느껴본다.

그립은 가볍게 감싸 쥐어야 큐의 무게를 느낄 수 있으며 보다 정교하고 파워 있는 스트록을 구사할 수 있게 된다.

또한, 그립은 잡는 방법에 따라 수구의 진로를 길게 만들 수도 있고, 짧게 만들 수도 있다.

예를 들어 수구의 진로를 짧게 진행시키려면 엄지와 검지 손가락 위주로 그립을 잡으면 공을 쉽게 짧게 만들 수 있으며,

반대로 약지와 소지 위주로 그립을 잡으면 수구의 진행을 길게 만들 수 있다. 그 이유는 엄지와 검지를 단단히 잡으면 큐가 밀려 나가지 않아 짧게 끊어 치는 효과가 있으며,

약지와 소지 위주로 그립을 쥐면 큐가 길게 밀려나가 공이 자연스럽게 길어지는 효과가 있다.

그립을 잡은 엄지와 검지의
○ 부분을 그립의 눈이라고도
하는데 스트록 하는 동안
이 눈이 목표 지점을 향해
정확하게 90°를 유지 시키며
큐를 밀어야 한다.

빈 스트록 연습을 할 때 90°를
유지하며 큐를 뻗어주는 습관을
들이면 정확한 그립(손목)의 각도
를 만드는데도 도움이 되며,
흔들림 없이 일직선으로 스트록
하는데도 도움이 된다.

그립을 잡는 큐의 지점은 4구와
3쿠션, 또는 공의 배치에 따라
약간씩 달라질 수 있지만,

기본적으로 큐 무게 중심에서
약 15cm, 또는 자기 신장의 10%
정도 뒷부분을 잡아야 스트록 시
하박이 90°에서 80°로 접히는 순간
임펙트를 힘있게 가할 수 있게 된다.

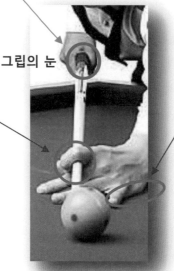

그립의 눈

큐의 상대를 고정하는 후크
모양은 가급적 견고하게
만들어 주는 것이 좋다.

요령은 엄지 끝으로 검지의
손톱 부분을 눌러 주면
후크 모양을 견고하게
만들 수 있다.

당구대 바닥에 견고하게
밀착된 브리지야말로
안정적인 스트록을
보장 받을 수 있으며,

스트록 이후 수구가 2쿠션
이상 돌 때까지 브리지를
당구대 바닥에서 절대로
떼지 말아야 한다.

스트록이 좋지 않는 동호인의 공통점

1. 가장 큰 공통점은 브리지가 당구대에 완전하게 밀착하지 않는 형태를 취하고 있어
   견고한 큐 걸이 역할을 못해주고 있다. 또한 스트록과 동시에 브리지를 당구대 바닥에서
   빨리 떼면서 상체를 일으키는 나쁜 습관을 공통적으로 가지고 있다.
2. 상대를 고정하는 후크 모양이 대부분 헐거워 큐의 작은 흔들림과 큐 미스가 종종 있다.
3. 위에서 말한 그립의 눈이 1적구를 향해 90°를 유지하며 큐의 전후 운동을 해야 하는데
   개념 설정이 안되어 있으므로 그립 손목의 각도가 대체적으로 불안하여 스트록 시 큐가
   흔들리는 편이다.
4. 그립을 잡은 엄지손가락은 항상 일직선으로 편 상태로 유지하고 있어야 하는데 엄지
   손가락으로 큐를 말아 쥐고 있어 임펙트 이후 큐를 잡는 나쁜 습관을 갖고 있다.
   임펙트 이후 그립을 잡아야 하는 경우는 지극히 국한되어 있으며,
   큐 선의 길이와 스피드로 구질을 만들도록 노력해야 한다.

그립을 크게 분류하면 루즈 그립과 펌 그립으로 분류된다.
루즈 그립은 그립을 전체적으로 부드럽게 잡는 중립적인 그립을 뜻하며,
펌 그립은 엄지와 검지를 중심으로 큐 전체를 부드럽게 감싸는 그립을 말한다.
어느 그립이 좋은 그립이라고 할 수는 없으며, 당구의 고수가 되기 위해서는 두 가지
그립의 특성을 모두 이해하고 활용할 수 있어야 한다.
아래 비교표를 보면서 평소 그립에 대한 재정립을 해볼 필요가 있다.

루즈 그립 Loose grip	비교	펌 그립 firm grip
전반적으로 부드러우면서 루즈하게 큐를 잡는다	그립 잡는 법	부드럽게 큐를 빈틈없이 잡는다
손목의 움직임이 자유롭다	특징	백스윙이 작고 정교하다
스트록에 따라 변화한다	분리각	대체적으로 일정
많음	스쿼트와 커브의 오차	적음
불규칙	정확성	좋음
상황에 따라 이동	그립 위치	평균 또는 조금 짧게 잡음
대체적으로 불규칙하다	공의 구름 현상	2,3쿠션 이후 공의 구름 현상이 일정하다.
화려하고 기교적이다	스트록	정직하고 일정하다
던져치기, 끌어치기, 밀어치기, 스냅샷, 스피드샷, 비껴치기 등 다양한 상황에 활용	활용도	정확도가 요구되는 공을 다룰 때 적합하며 붙어있는 공의 곡구 방지 제각돌리기, 쇼트앵글 등

◆ 당구를 빨리 배우는 비결 중의 하나는 프로선수들의 경기나 고점자들의 경기에서 그들이
   취하고 있는 그립 형태와 큐를 뻗는 손동작을 유심히 관찰하고 이해하는 것이다.
   3쿠션의 경우에는 스트록이 70%를 차지할 정도로 아주 중요하기 때문이다.

◆ 당구를 처음 배울 때는 루즈 그립을 먼저 배우는 것이 긴장감 없이 공을 다룰 수 있으며,
   어느 정도 숙련되어지면 펌 그립을 함께 겸하는 것이 좋다.
   왜냐하면 공의 배치에 따라 루즈 그립이 좋을 경우가 있고 펌 그립이 좋은 경우가 있기
   때문이다.

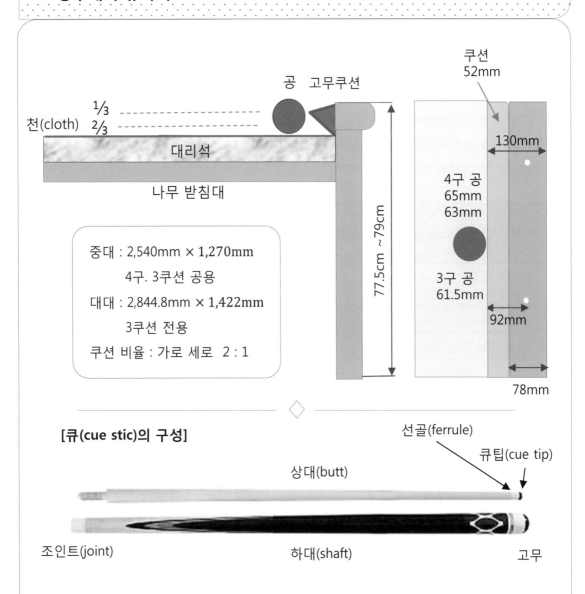

공 고무쿠션

쿠션
52mm

1/3
천(cloth) 2/3

대리석

나무 받침대

130mm

4구 공
65mm
63mm

3구 공
61.5mm

92mm

77.5cm ~79cm

78mm

중대 : 2,540mm × 1,270mm

4구. 3쿠션 공용

대대 : 2,844.8mm × 1,422mm

3쿠션 전용

쿠션 비율 : 가로 세로 2 : 1

[큐(cue stic)의 구성]

선골(ferrule)

큐팁(cue tip)

상대(butt)

조인트(joint)   하대(shaft)   고무

상대 : 하대에서 가해진 에너지를 공에 전달하면서 타구의 감각을 손으로 느낄 수 있도록
　　　역할을 한다.
하대 : 공에 에너지를 전달하는 가장 중요한 기능과 큐의 전체적인 균형을 유지하는 가장
　　　중요한 역할을 한다.
선골 : 상대의 파손을 방지하며, 큐팁을 쉽게 부착하도록 하는 역할을 한다.
큐팁 : 당구장에서 가장 많이 사용하는 큐팁은 대부분 엘크(순록)의 가죽을 많이 사용한다.
조인트 : 큐의 분리를 위해 상대와 하대를 나사 방식으로 연결하는 기능을 한다.

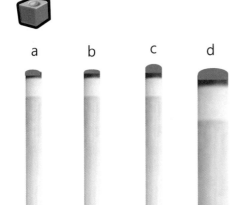

a b c d

a : 가장 좋은 형태의 팁으로 cue miss가
　　가장 적은 형태이다.
B : 팁이 너무 얇아 타격감도 부족하고
　　심리적으로도 불안하다.
c : 팁이 너무 둥글면 미스 샷이 많이 생긴다.
d : a의 형태를 확대한 모양이다.
　　큐를 고를 때는 d의 모양을 사용하는 것이
　　cue miss를 방지할 수 있다.

[큐의 선택 방법]

큐는 게임의 승패를 좌우하는 중요한 도구이다.

큐가 휘어져 있지는 않은지 당구대 위에 굴려서 확인해 보아야 한다.

큐의 이음새 부분이 잘 조여져 있는지 힘을 주어 돌려본다.

평소 자신의 스트록 성향에 맞는 편안한 무게의 큐를 선택하는 것이 가장 좋은 방법이다.

[큐팁의 특성]

큐의 팁은 보통 11.5mm ~12mm를 사용하는데 12mm는 3쿠션용으로 적합하며,

11.5mm는 큐 스핀을 최대한 컨트롤할 수 있어 4구용으로 사용하면 적합하다.

이러한 부분을 고려하여 큐팁을 선택하는 것이 좋은 방법이다.

회전이란 공의 측면을 친다고 해서 많이 생기는 것이 아니다.

공의 중앙과 끝부분의 중간 정도 부분에 당점을 주더라도 3Tip 이상 충분히 회전을 살릴 수 있다는 것을 기억하자.

당구에서

득점을 결정 하는

가장 중요한

요소 중의 하나는

정확한 두게와

당점 선택이다.

당점과 회전

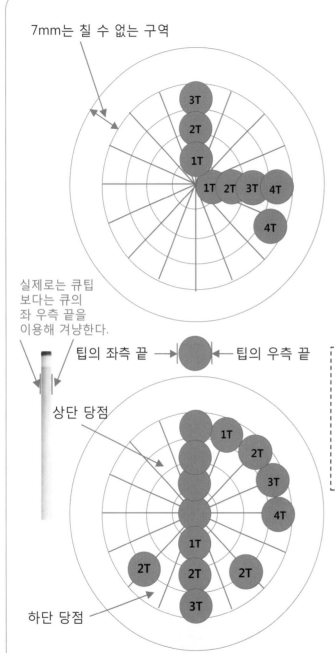

7mm는 칠 수 없는 구역

실제로는 큐팁
보다는 큐의
좌 우측 끝을
이용해 겨냥한다.

팁의 좌측 끝 → ← 팁의 우측 끝

상단 당점

하단 당점

1Tip ~ 4Tip 당점은 System을
적용할 때 대부분 사용한다

[당점 설명]

1.공의 직경은

3구는 61.5mm

4구는 63mm ~ 65.5mm이다.

2. 팁 직경은 12mm

3. Side 7mm는 칠 수 없는 구역.

4. 공 중앙 센터에 팁의 좌 우측
   끝을 맞추면 1Tip이 된다.

5. 그 지점에서 반 팁씩 더 이동하면
   1Tip씩 증가 된다.

(1Tip에 6mm씩 이동)

1Tip : 팁의 좌 우측 끝을 공의
　　　중심에 맞춘다.
2Tip : 팁의 좌 우측 끝을 중앙
　　　에서 6mm 떼어 놓는다.
3Tip : 팁의 좌 우측을 공의 중심
　　　에서 1개 떼어 놓는다.
4Tip : 팁의 좌 우측을 중앙에서
　　　팁 한 개 반을 떼어 놓는다.

하단 당점은 1Tip ~ 3Tip으로
분류하며 수구를 후진 시킬 때
주로 사용한다.

상단 당점은 전진력을 더해주는 종회전 역할을, 좌 우측 당점은 횡 회전 역할을 더 많이 한다.
따라서 공의 형태에 따라 종 회전과 횡 회전 역할을 조화할 수 있는 당점을 잘 선택한다.
중 하급자의 경우 특별한 경우가 아니라면 전진력과 회전력을 동시에 구사할 수 있는 2Tip
당점을 주 당점으로 사용하는 것이 바람직하다.

7mm는 칠 수 없는 구역

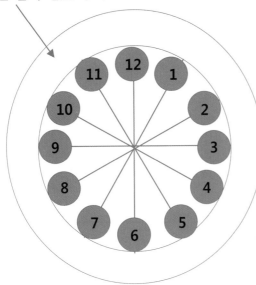

[당점 설명]

시계판 모양을 기준 삼아 당점의
위치를 정한다.
실제 사용 할 때는 도형보다 약간
안쪽을 겨냥하는 것이 바람직하다.

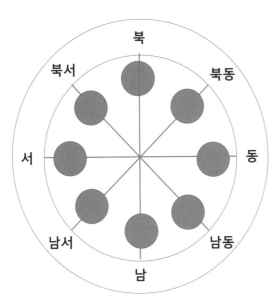

[당점 설명]

나침반에서 동서남북 방향을
생각하면 당점의 위치를 쉽게
이해할 수 있다.
나침반 당점은 2Tip 당점으로
큐 미스가 적으며 직진성과 방향성
을 모두 갖추고 있어 게임 중에
60% 이상을 사용하는 이상적인
당점이다.

나침반 방식의 당점은 가장 초보적이지만 실제로는 실용적이면서 큐 미스를 방지할 수
있는 가장 이상적인 당점으로 특별한 경우가 아니라면 나침반 당점을 사용하는 것이 가장
좋다. 또한 나침반 당점은 2Tip 당점으로 전진력과 회전력을 동시에 갖춘 당점이며,
특별한 경우가 아니라면 실제로 회전은 2Tip이면 충분하다.

당점을 3Tip으로 분류할 경우에는 1시 ~ 3시를 가리키는 시침 지점을 기준으로 3등분 한 것이다.

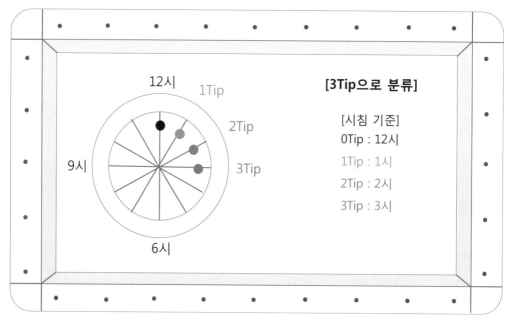

System에서는 정확도를 구하기 위해 대부분 4Tip 당점으로 분류하여 사용한다.
특히 쿠션부터 치는 레일 퍼스트 System의 경우에는 보다 정밀한 당점이 요구된다.

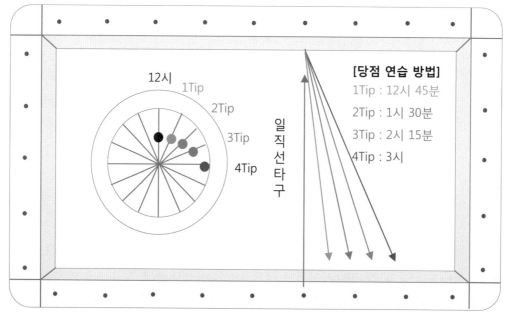

4Tip 당점에서 장쿠션을 향해 일직선으로 타구하면 1Tip 증가에 기울기 반 포인트씩 이동하며
단쿠션을 향해 일직선으로 타구하면 1Tip에 기울기 1포인트씩 이동 하도록 연습해야 한다.

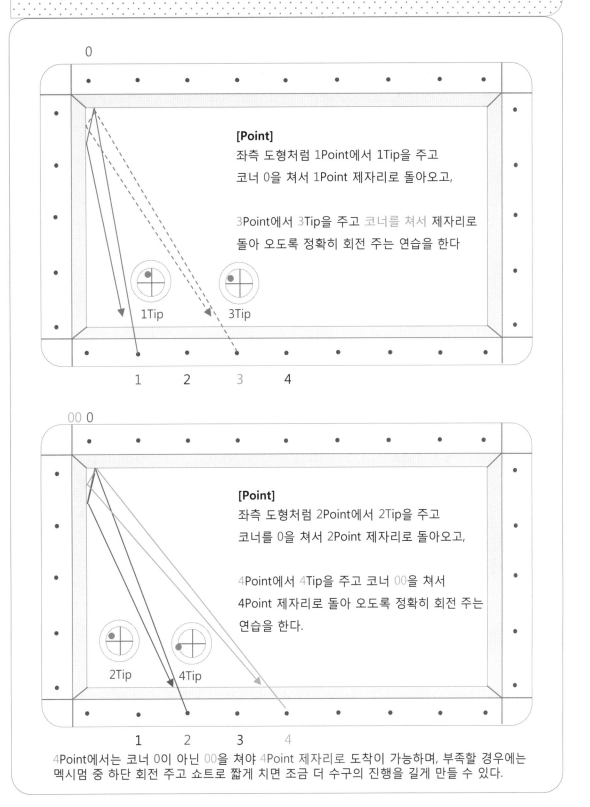

[Point]
좌측 도형처럼 1Point에서 1Tip을 주고
코너 0을 쳐서 1Point 제자리로 돌아오고,

3Point에서 3Tip을 주고 코너를 쳐서 제자리로
돌아 오도록 정확히 회전 주는 연습을 한다

[Point]
좌측 도형처럼 2Point에서 2Tip을 주고
코너를 0을 쳐서 2Point 제자리로 돌아오고,

4Point에서 4Tip을 주고 코너 00을 쳐서
4Point 제자리로 돌아 오도록 정확히 회전 주는
연습을 한다.

4Point에서는 코너 0이 아닌 00을 쳐야 4Point 제자리로 도착이 가능하며, 부족할 경우에는
멕시멈 중 하단 회전 주고 쇼트로 짧게 치면 조금 더 수구의 진행을 길게 만들 수 있다.

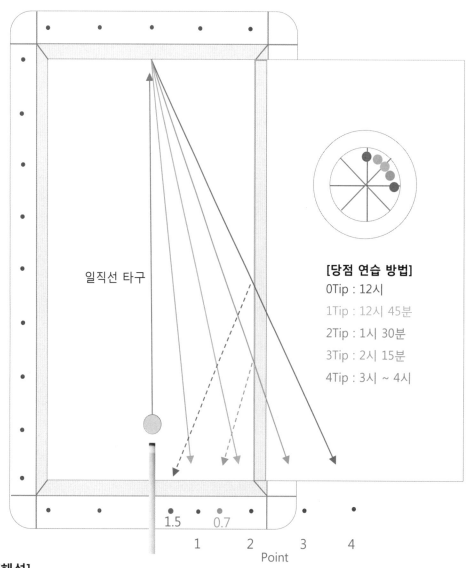

일직선 타구

[당점 연습 방법]
0Tip : 12시
1Tip : 12시 45분
2Tip : 1시 30분
3Tip : 2시 15분
4Tip : 3시 ~ 4시

1.5   0.7

1   2   3   4
Point

[해설]
위 도형은 각각의 회전을 주고 맞은편을 일직선으로 부드럽게 쳤을 때 당점에 따른 수구의 진행 동선을 나타낸 것이다.

1Tip을 주면 1Point, 2Tip을 주면 2Point, 3Tip을 주면 3Point, 4Tip을 주면 4Point 이동한다. 도형상으로는 약간의 차이는 있으나 4Tip을 주면 장쿠션 4.5Point 지점을 거쳐 하단 단쿠션 1.5Point 지점으로 반사되고, 3Tip을 주면 장쿠션 6Point 지점을 거쳐 하단 단쿠션 0.7Point 지점으로 반사된다.

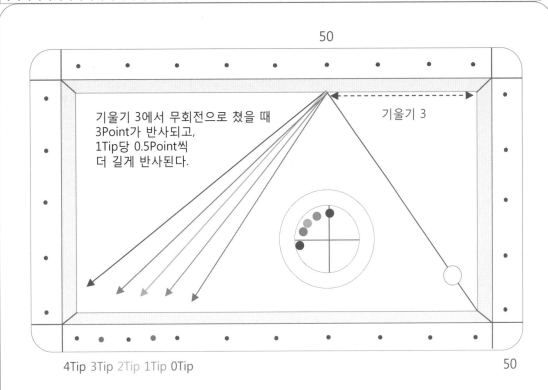

[해설]

위 도형은 입사각 반사각에서 가장 기본이 되는 형태이다.

빈쿠션 돌리기 할 때, 우측 하단 코너 (50)에서 4Tip주고 1쿠션 5Point (50)를 치면 좌측 적색 선처럼 좌측 하단 단쿠션으로 가는 것은 가장 기본적인 진행 동선이다.

만일 무회전으로 5Point를 치면 기울기 3만큼 1 : 1로 반사되어 반대편 6Point 지점으로 반사되는 것도 당연한 이치이다.

멕시멈 회전과 무회전으로 칠 때 반사각이 2Point 차이 난다면 2Point 안에서 당점을 4로 분류하면 1Tip에 0.5Point씩 증가되어 진행되는 것을 알 수 있다.

이 도형에서 배워야 할 점은 회전을 주더라도 생각보다 많이 길어지지 않는다는 점을 이해하고 기억한다.

위 도형의 당점은 3시간을 4로 나눈 45분 간격 1Tip 이다.

◆ 무회전 입사각 반사각 원리

무회전으로 겨냥할 때는 브리지를 짧게 하고 타구 시 당점에서 시선을 떼면 안 된다.

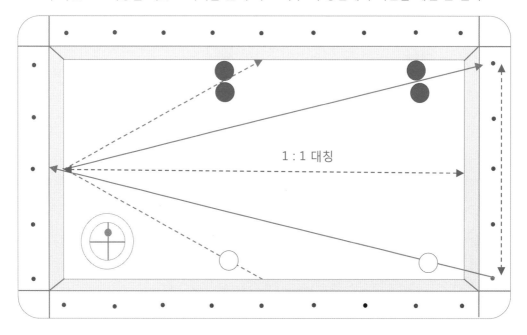

중 상단 무회전 당점으로 절반을 치면 1 : 1로 반사된다.

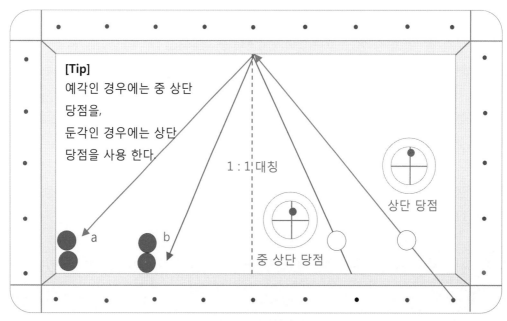

중 상단 무회전 당점으로 1 : 1로 입사 반사 시킬 경우 a는 b보다 약간 길어지는 경향이 있다.
a의 경우 수구의 출발 위치는 장쿠션이지만 도착은 단쿠션이 된다.
그 이유는 구름 관성에 의한 공의 늘어짐 현상 때문이다

◆ 당점의 상 중 하

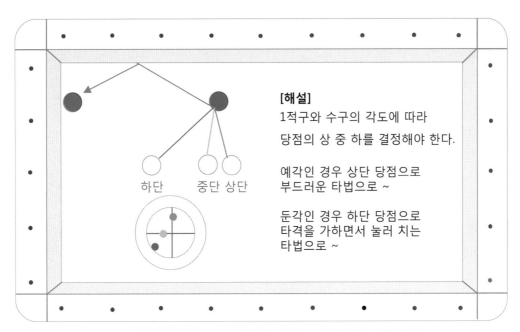

[해설]

1적구와 수구의 각도에 따라
당점의 상 중 하를 결정해야 한다.

예각인 경우 상단 당점으로
부드러운 타법으로 ~

둔각인 경우 하단 당점으로
타격을 가하면서 눌러 치는
타법으로 ~

하단   중단 상단

1적구와 수구가 예각인 경우에는 부드럽게 굴려 치는 것이 기본 타법이며,
둔각인 경우에는 각도에 따라 큐 선의 길이를 길게 밀어 주는 것이 기본 타법이다.

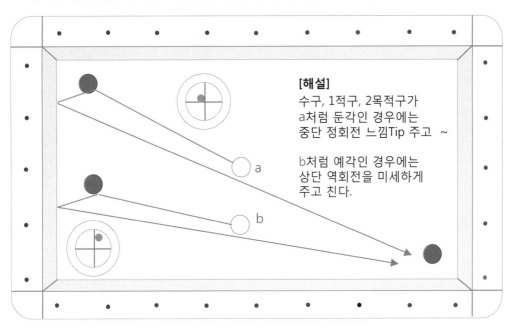

[해설]

수구, 1적구, 2목적구가
a처럼 둔각인 경우에는
중단 정회전 느낌Tip 주고 ~

b처럼 예각인 경우에는
상단 역회전을 미세하게
주고 친다.

1적구를 얇게 다루어야 할 경우에는 그립을 아주 가볍게 하고 큐의 무게를 느끼며 등속으로
천천히 큐를 밀어 주어야 하며 임펙트 이후에 그립을 결속하지 말아야 한다.

35

◆ 당점의 직진력과 회전력

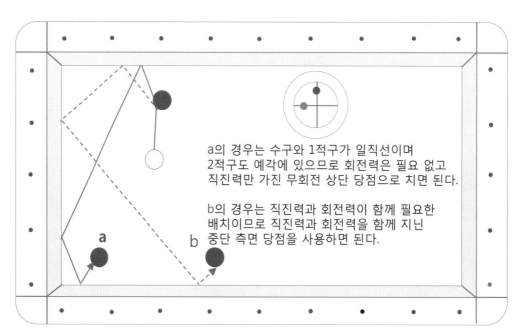

a의 경우는 수구와 1적구가 일직선이며
2적구도 예각에 있으므로 회전력은 필요 없고
직진력만 가진 무회전 상단 당점으로 치면 된다.

b의 경우는 직진력과 회전력이 함께 필요한
배치이므로 직진력과 회전력을 함께 지닌
중단 측면 당점을 사용하면 된다.

제각돌리기를 잘하려면 2Tip을 주는 것을 기준으로 견실한 연습이 필요하다.

1적구의 두께는 얇지 않게 결정하고, 스트록은 맞을 만큼 약하게 치는 것이 득점 요령이다.

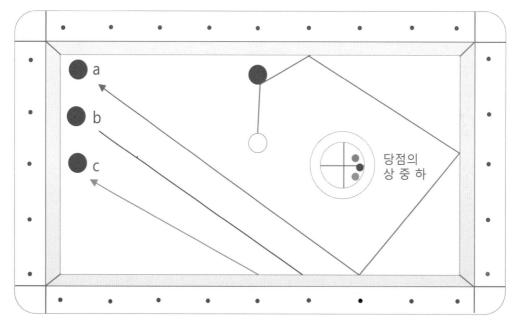

당점의
상 중 하

a의 경우 직진력과 회전력을 감안해 당점을 중 중 상단으로 한다.
b의 경우는 두께를 ⅛ 만큼 더 두껍게 겨냥하고 당점을 중단으로 한 단계 내리고 치면 된다.
C의 경우는 b보다 두께도 한 단계 더 두껍게 치면서 당점도 중 하단으로 한 단계 더 내린다.

[당점]

당점이란 ? 득점을 위해 큐로 쳐야 할 수구의 겨냥점을 말한다.

당점은 12시에서 3시까지를 3등분으로 분류하는 3Tip당점과,

12시에서 3시 까지를 45분 간격으로 4등분한 4Tip 당점이 있다.

고점자가 되면서 System을 활용할 경우에는 4Tip 방식 당점을 대부분 사용한다.

당점을 또 다르게는 종 회전 당점과 횡 회전 당점으로 분류하기도 한다.

종 회전 당점이란 수구의 직진성을 위한 상단 당점을 의미하며,

횡 회전 당점은 직진성 보다는 회전력을 중시하여 측면에 겨냥하는 당점을 말한다.

예를 들어 12시 또는 1시 방향에 주는 당점은 종 회전 특성이 강하며,

2시에서 3시 방향에 주는 당점은 전진력보다는 회전력에 더 중심을 두는 횡 회전 당점이다.

따라서 종 회전과 횡 회전을 겸비한 2Tip 당점은 당구에서 60 % 정도까지 사용되는 가장
이상적인 당점이므로 당구를 배울 때부터 2Tip 당점을 정확하게 사용하는 것이 바람직하다.

[스트로크]

당구에서 좋은 스트로크를 한마디로 표현하라면 **"찌르다 "** 로 표현하는 것이 가장 맞는
이야기가 될 것 같다.

마치 송곳으로 사과를 단 한번에 찔러서 반대편으로 송곳을 통과시키듯 흔들림 없이
정확하게 단 한번에 찔러야 한다.

만일 송곳으로 사과를 일직선으로 정확하게 찌르지 못하거나 흔들림이 있다면 결국 송곳은
사과에 흠집만 내고 말 것이다.

따라서 정확하고 예리한 스트로크를 하기 위해서는 큐 무게를 느끼며 정확하게 당점을
찌를 수 있어야 하며 그러기 위해서는 브리지의 견고함이 절대적이다.

비록 530g 정도 밖에 안 나가는 큐 이지만 스트로크를 하는 당사자는 1Kg 이상으로 큐의
묵직함을 느낄 수 있도록 노력해야 한다.

당구에서 대부분은 큐 무게로 스트로크를 해야 하는 형태가 대부분이다.

그립을 가볍게 감싸고 큐 무게를 느끼며, 겨냥한 당점의 반대편으로 큐 끝이 뚫고 나간다는
생각으로 날카롭게 찌르는 스트로크를 연마해야 한다.

그 다음에는 약하게, 보통으로, 강하게, 아주 강하게, 이러한 방법으로 큐를 자연스럽게
무게를 느끼며 다룰 수 있어야 한다.

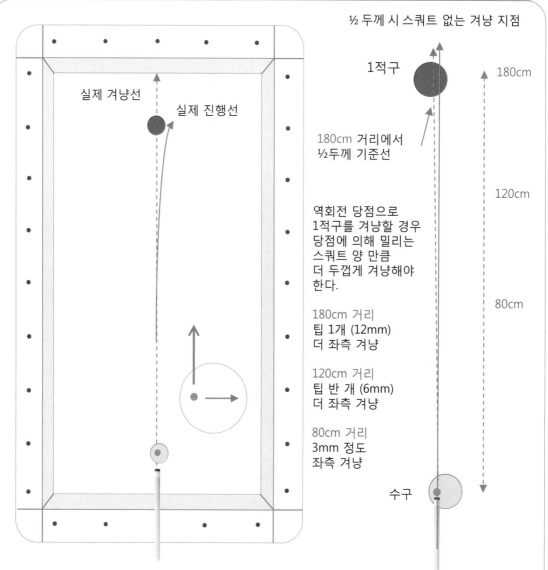

½ 두께 시 스쿼트 없는 겨냥 지점

1적구

180cm

120cm

80cm

180cm 거리에서
½두께 기준선

역회전 당점으로
1적구를 겨냥할 경우
당점에 의해 밀리는
스쿼트 양 만큼
더 두껍게 겨냥해야
한다.

180cm 거리
팁 1개 (12mm)
더 좌측 겨냥

120cm 거리
팁 반 개 (6mm)
더 좌측 겨냥

80cm 거리
3mm 정도
좌측 겨냥

수구

실제 겨냥선

실제 진행선

스쿼트 현상은 공이 큐의 연장 일직선으로 굴러가다 회전을 준 반대 방향으로 휘어지는
것을 말하는데, 이 현상은 회전을 많이 주고 강하게 치거나, 큐의 하대를 들 경우 더 많이
발생하며, 수구와 1적구의 비거리가 먼 경우 심하면 팁 한 개(12mm) 정도 발생한다.

평소 뒤돌려치기가 생각보다 얇게 맞는 경우가 많다면 강한 스트록에 의해 밀림 현상이
심하게 발생하기 때문이다. 심한 경우 6Point 거리에서 팁 1개(12mm) 정도까지도 발생한다.
따라서 평소 거리 별로 자신의 스쿼트 현상을 체크해 보고 보정 기준을 알아두어야 한다.
이러한 문제점을 최소화 하기 위해서는 필요 이상의 회전을 주지 않는 습관부터 가져야 한다.

◆ 커브 Curve 현상

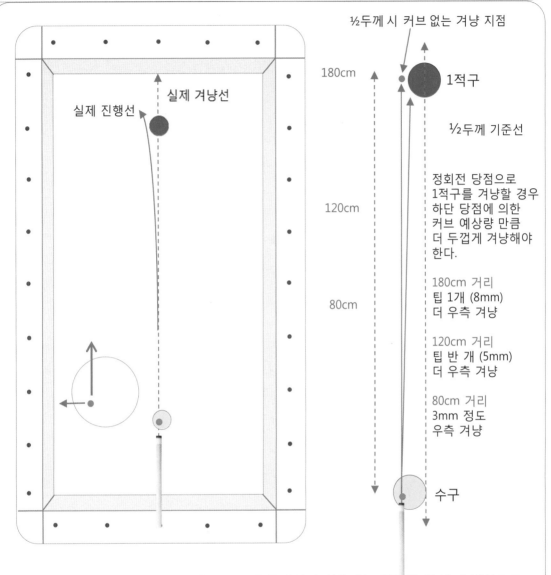

½두께 시 커브 없는 겨냥 지점

180cm
1적구

½두께 기준선

정회전 당점으로
1적구를 겨냥할 경우
하단 당점에 의한
커브 예상량 만큼
더 두껍게 겨냥해야
한다.

120cm

180cm 거리
팁 1개 (8mm)
더 우측 겨냥

120cm 거리
팁 반 개 (5mm)
더 우측 겨냥

80cm

80cm 거리
3mm 정도
우측 겨냥

수구

실제 겨냥선

실제 진행선

커브 현상은 스쿼트 현상과는 반대로 수구의 움직임이 처음에는 당점을 준 반대 방향으로
아주 미세하게 밀렸다가 차츰 회전방향으로 휘어지는 것을 말한다.

커브 현상이 생기는 이유는 회전을 많이 주고 살살 칠 경우 또는 수구의 회전력을 살린다는
느낌으로 큐의 뒤쪽을 살짝 들어주고 부드러우면서 가볍게 찍어 친다는 기분으로 치면
수구의 회전력이 당구대 바닥과 마찰하면서 더 많이 생긴다.
커브 현상을 억제하려면 당점을 1Tip 범위로 유지하는 것이 바람직하다.
제각돌리기가 생각보다 얇게 맞는 현상이 있다면 커브 현상을 점검해 보아야 한다.

두께 계냥법을 배우고

익힌 다음에는

½, ⅓, ¼ 두께를 중심으로

조금 더 두껍게

조금 더 얇게 방식으로

쉽게 익혀 나갈 수 있다.

두께 겨냥법

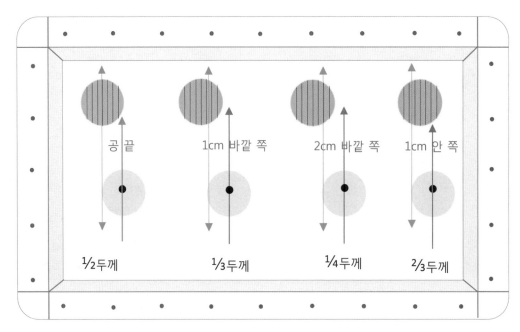

두께 겨냥법은 큐 중심을 좌측 그림처럼 1적구의 끝에 맞추면 정확히 ½두께로 맞는 것을 기준으로 ⅛두께를 옮길 때마다 8mm 씩 큐를 이동하면 된다. (4구 공의 경우)

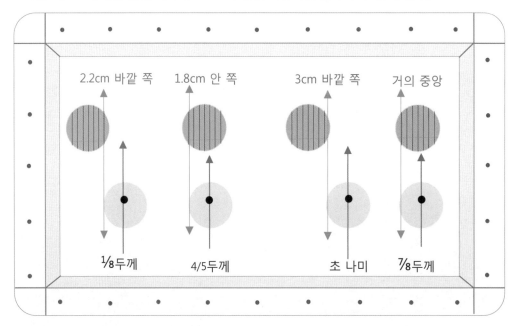

위 도형은 무회전 당점으로 두께를 겨냥하는 만큼 스쿼트나 커브가 발생하지 않는다.
따라서 위 겨냥법을 그대로 활용하면 된다.

◆ 무회전 두께 겨냥법

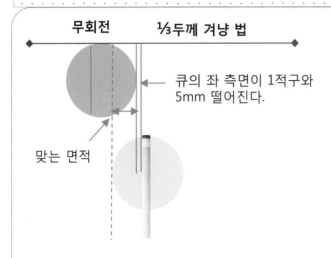

무회전   **⅓두께 겨냥 법**

맞는 면적

큐의 좌 측면이 1적구와
5mm 떨어진다.

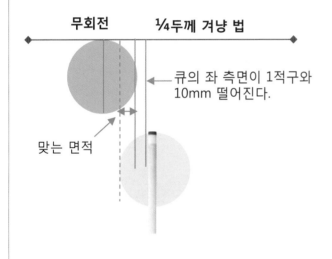

무회전   **¼두께 겨냥 법**

맞는 면적

큐의 좌 측면이 1적구와
10mm 떨어진다.

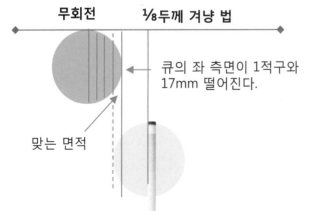

무회전   **⅛두께 겨냥 법**

맞는 면적

큐의 좌 측면이 1적구와
17mm 떨어진다.

[해설]
3구 공의 지름은 61.5mm.
4구 공의 지름은 63mm ~ 65mm
반지름을 약 3cm로 가정한다.

큐팁의 정 중앙을 1적구의 끝에
맞추면 정확하게 1적구의 ½
두께가 맞는 것을 기준으로,

⅓두께는 ½ 두께보다 1cm 얇은
두께이므로,
큐팁의 중심이 아닌 좌 우측 끝을
1적구 측면에서 4mm 정도 떼고
겨냥하면 된다.

¼ 두께는 ⅓두께보다 5mm 얇고,
⅛ 두께는 ¼ 두께보다 7.5mm
얇은 이론이므로,

이 이론을 근거해서 각자의
노하우를 만들어야 한다.

2Tip을 주고 칠 경우에는 팁 한 개 (12mm) 정도 당점을
옮겨 주고 스쿼트나 커브는 별도 계산해야 한다.

정회전 두께 겨냥법 (1시 30분 방향 2Tip 줄 경우)

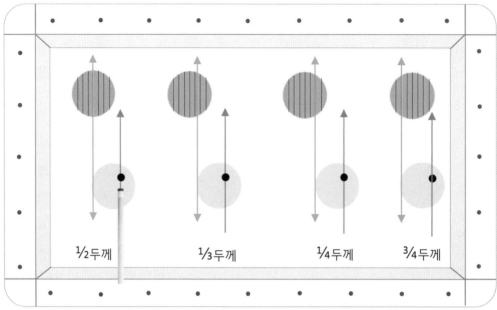

수구와 1적구의 비거리에 따라 발생하는 커브와 스커트는 계산하지 않은 기초 이론이며, 2Tip을 주고 1.5m에서 강하게 칠 경우 약 팁 한 개 정도 스커트가 생길 수 있다

역회전 두께 겨냥법 (10시 30분 방향 2Tip 줄 경우)

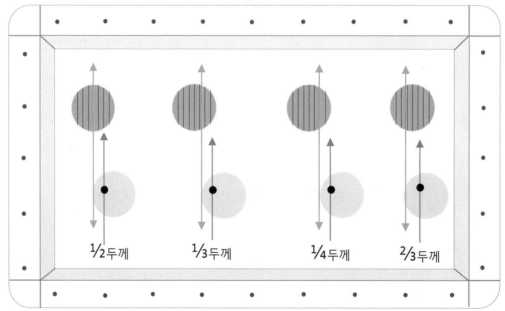

공을 잘 치기 위해서는 철저하게 두께 겨냥법에 따라 1적구를 겨냥하는 습관을 들여야 하며, 1/2두께와 1/3두께를 정확하게 다룰 수 있으면 나머지는 조금 두껍게, 조금 얇게 치면 된다.

◆ ½두께 겨냥법

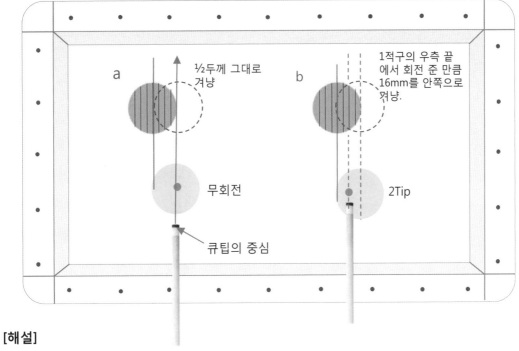

1적구와 수구의 거리가 멀거나 강하게 칠 때 역회전을 줄 경우에는
스쿼트를 별도로 계산해 두껍게 쳐야 한다.

a ½두께 그대로
겨냥

b 1적구의 우측 끝
에서 회전 준 만큼
16mm를 안쪽으로
겨냥.

무회전

2Tip

큐팁의 중심

[해설]

위 도형은 두께 겨냥법의 가장 기초가 되는 ½두께 겨냥법이다.

a도형은 무회전 당점으로 1적구의 우측 끝을 겨냥하면 정확하게 ½두께로 맞게 되는 것을
나타낸 장면이다.

b도형은 2Tip을 주고 칠 때 겨냥점을 나타낸 것이다.
4구 공의 경우 직경을 65mm로 보면 반지름은 약 32.5mm이며 2Tip을 줄 경우 32.5mm의
절반인 16.3mm를 1적구의 안쪽으로 겨냥해야 하는 이론적인 원리이다.

하지만 회전을 주고 칠 경우 당점에 의해 우(좌)측으로 공이 밀리는 스쿼트가 발생 하는데
1.5m 정도 거리에서 강하게 칠 경우 심한 경우 약 7 ~ 8mm 정도에서 큐팁 한 개 (12mm)
정도까지 밀림 현상이 생기는 것을 감안해 그만큼 더 두껍게 겨냥해야 한다.

각자 자신의 스쿼트 양을 파악해 그만큼 오조준 하는 것이 요령이며,
그보다 더 좋은 방법은 부드러운 스트록으로 스쿼트 양을 최소화 시키는 것이다.

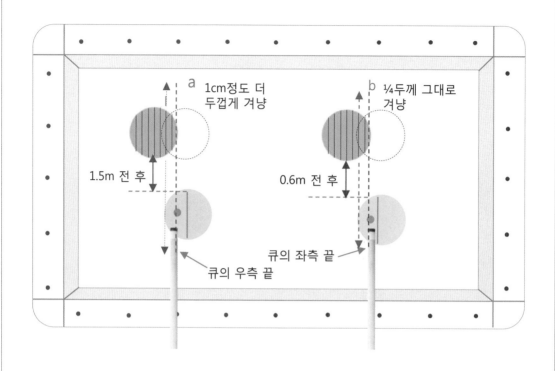

[해설]

위 도형은 좌측 당점으로 1적구 오른쪽의 ¼두께를 거리에 따라 겨냥하는 법을 나타낸 도형이다.

a도형처럼 약 1.5m 전후에서 1적구를 겨냥할 때는 ¼두께 보다 약간 두꺼운 ⅓두께로 겨냥하면서 큐의 오른쪽 끝을 1적구의 오른쪽 끝에 겨냥하면 된다.
실제 ¼보다 두껍게 겨냥하는 이유는 왼쪽 당점에 의한 스쿼트 현상을 고려하기 때문이다.

B도형처럼 0.6m 전후에서 1적구를 겨냥할 때는 가까운 거리이기 때문에 스쿼트 현상을 고려하지 않아도 된다.
큐의 좌측 끝을 1적구의 오른쪽 끝에 겨냥하면 된다.

¼두께는 ½두께 다음으로 중요한 두께이다. 뒤돌려치기는 물론 다양한 형태에서 활용되는 두께이므로 평소 연습을 통해 두께 감각을 확실하게 익혀 두어야 한다.

큐팁의 중심이 1적구의 끝을 겨냥하면
왜 ½두께가 맞는지를 먼저 이해하고,
공의 반지름이 약 3.2cm인 것을 감안해
나머지 두께의 경우 큐 끝을 어느 지점에
겨냥해야 하는지 스스로 생각해 본다

1적구의 오른쪽을 겨냥할 경우 ~
큐팁의 좌측 끝을 1적구의 끝에 겨냥하면
⅓두께가 맞고,큐팁의 오른쪽 끝을 겨냥하면
대략 ⅝두께가 맞는다.

1.5m 이상 거리에서 강하게 뒤돌려치기를 할
경우에는 당점에 의해 공이 회전을 준
반대 방향으로 밀려 얇게 맞을 수 있으므로
팁1개(12mm)정도 더 두껍게 겨냥해야 한다.

하단 정회전을 주고 Slow로 칠 경우
회전 준 방향으로 커브가 되어 1적구가
생각보다 얇게 맞을 수 있으며,
극단적으로 얇게 겨냥한 경우에는 1적구를
못 맞힐 수도 있으므로 약간 두껍게 겨냥해야
한다.

특히 앞돌려치기에서 오른쪽으로 공을 맞힐
경우에는 얇게 잘 맞는데, 왼쪽으로 돌릴 경우
에는 겨냥한 것보다 두껍게 맞는다면 주안시
때문이다. 주안시에 대한 이해도를 높이고
자신의 주안시 정도를 파악해야 한다.

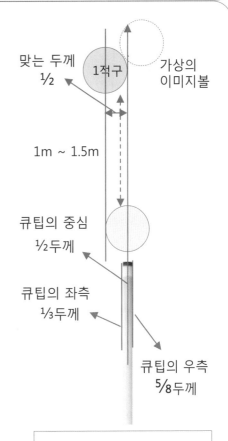

맞는 두께
½

1적구

가상의
이미지볼

1m ~ 1.5m

큐팁의 중심
½두께

큐팁의 좌측
⅓두께

큐팁의 우측
⅝두께

공을 얇게 치는 기술은 ~
두께 겨냥법을 적극 활용
하면서, 위 그림처럼 가상의
이미지볼을 만든 다음,

상체의 힘을 모두 빼고 가상
의 이미지볼(허공)을 향해
맞을 만큼 천천히 부드럽게
굴려 친다.
큐선의 길이가 10cm 가 넘지
않는 것이 Point 이다.

체중의 70% 이상을 오른발에
두고 스트록 이후에 그립을
결속하지 않고 열어 놓는다.
그립을 잡는 순간 공은
끌림 현상이 생기기 때문이다

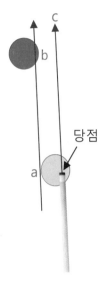

[정회전 얇게치기 겨냥법]

1. a(수구의 좌측 끝)와 b (맞히고 싶은 두께) 를 일직선
   으로 맞춘다.

2. 수구를 겨냥한 큐 끝은 **c** 지점을 향한다.

3. 하단 당점을 주고 천천히 칠 경우 커브 현상으로
   1적구를 못 맞힐 수 있으므로 좌측 도형을 기준으로
   수구와 1적구의 두께를 맞추고,
   큐 선이 향하는 지점을 파악하고 거리별 두께 연습을
   통해 얇게 치는 겨냥법을 연습한다.

[역회전 얇게치기 겨냥법]

1. 큐의 좌측 면과 우측 면을 이용해 화살표가 통과하는
   지점 (맞히고 싶은 두께)에 맞춘다.

2. 큐의 좌측 면을 맞추면 얇은 두께이며, 우측 면을 맞추면
   더 얇은 두께이다.

3. 2m 정도의 거리에서 강하게 칠 경우 대략 큐팁 한 개
   정도 (약 12mm) 스쿼트가 생기므로 스쿼트 만큼 더
   두껍게 겨냥해야 한다.

4. 1m 정도의 거리라면 스쿼트를 약 6mm 정도 계산해
   더 두껍게 겨냥해야 한다. (개인의 스트록에 따라 다름)

5. 역회전 얇게치기 겨냥법의 핵심은 큐의 좌 우측 면을
   이용해 자신의 겨냥 기준을 찾는 것이다.

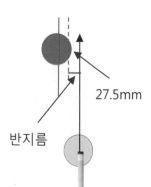

[무회전 얇게치기 겨냥법]

1. 공의 반지름은 30.7mm (3구 공)와 32.5mm(4구 공)
   이다.

2. 큐의 중심 지점으로 계산한다.

3. 반지름 – 맞히고 싶은 두께 = 겨냥점 (큐의 중심)이 된다.

4. 4구 경우 5mm 두께를 맞히려면 1적구의 끝 부분에서
   큐의 중심 부분을 27.5mm 떼고 겨냥하면 된다.

실제 공이 있는 위치   눈에 보이는 공의 위치

- **Master eye (주안시)란?**

사람의 두 눈은 각기 다른 역할을
맡아서 한다.
방향을 측정하는 눈을 주안시 또는
Master eye라고 하며, 또 다른 눈은
거리를 측정하는 역할을 한다.

노잉글리시에서 왼쪽으로 칠
경우와 오른쪽으로 칠 경우
입사각 반사각이 정확하지
않고 다른 이유는 주안시 문제
로 당점을 중앙에 정확히 주지
못하기 때문이다.

오른 눈이 주안시인 경우
그림처럼 45°로 비스듬히 서서
목표물을 겨냥하게 되면 오른 눈은
자연적으로 정면보다 약간 뒤쪽에 위치
하게 되며, 목표물이 실제 목표 지점
보다 약간 오른쪽에 있는 것처럼
보이게 된다.

앞돌려치기에서 오른쪽으로
돌릴 때는 두께가 잘 맞는데
왼쪽으로 돌릴 때는 두껍게
맞는 경향이 있다면 이는
바로 주안시의 문제이다.

골프를 처음 배울 때 퍼팅을 오른쪽
으로 자주 빼는 이유도 바로 주안시
의 문제를 모르기 때문이다.

따라서 평소 연습을 통해 자신의
주안시 정도를 파악해 두어야 한다.

1적구의 오른쪽 면을 비껴 칠
때는 두께가 맞는데,
1적구의 왼쪽을 비껴 칠 때는
두껍게 맞는다면 이 것 또한
주안시 문제를 고려해 보아야
한다.

프로선수 또는 고점자들의
자세와 얼굴 위치가 조금씩
다른 가장 큰 이유는 주안시를
큐 선과 일치 시키기 위한 것
이라 할 수 있다.

45°

오른 눈이 주안시인 경우

분리각 원리를 이해하면
모아치기에 큰 도움이 되며

3쿠션에서는
Kiss를 계산하기 쉽고
포지션 플레이를
펼치기도 쉬워 진다.

분리각 이론

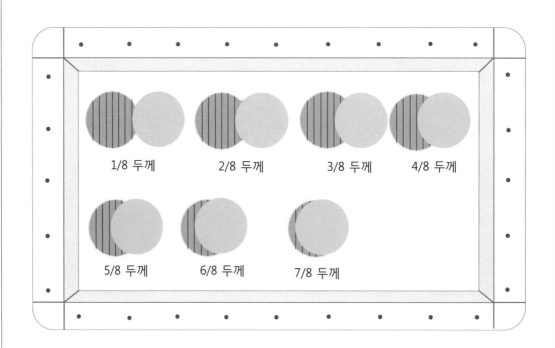

1/8 두께   2/8 두께   3/8 두께   4/8 두께

5/8 두께   6/8 두께   7/8 두께

[수구와 1적구의 분리각]

두께	1/8	1/5	1/4	1/3	1/2	2/3	3/4	4/5
수구	29°	37°	42°	48°	60°	70°	75°	78°
1적구	61°	53°	48°	42°	30°	20°	15°	12°

위 도표의 분리각은 공의 중심을 보통의 세기로 직진성 없이 부딪쳤을 때의 이론이다.

공은 당점에 따라 분리각이 달라지며, 스트로크의 강약에 따라 분리각은 달라진다.

예를 들어 ½두께로 공을 쳤을 때 수구의 분리각은 60°이나 부드럽게 굴리면 45°로 분리되고 밀어 치면 33°로 분리되기도 하며, 하단 당점에 강하게 치면 90°로 분리될 수 있다

◆ 분리각 이론

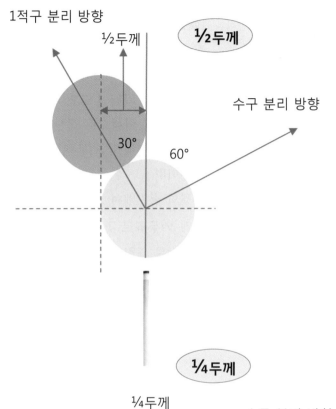

1적구 분리 방향

½두께

½두께

수구 분리 방향

30° 60°

[해설]

좌측 도형은 1적구를 ½두께로 부딪쳤을 때 수구와 1적구의 분리각도를 나타낸 도형이다. 단, 정 중앙 당점으로 직진성을 배제하고 부딪쳤을 때 분리되는 이론이며,
실제로 경기에서 1적구를 부드럽게 ½두께로 맞혔을 때 수구의 분리각은 대략 45° 정도로 작아진다.

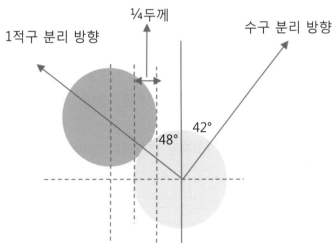

¼두께

¼두께

1적구 분리 방향

수구 분리 방향

48° 42°

[해설]

좌측 도형은 1적구를 ¼두께로 부딪쳤을 때 수구와 1적구의 분리각도를 나타낸 도형이다. 단, 정 중앙 당점으로 직진성을 배제하고 부딪쳤을 때 분리되는 이론이며,
실제로 경기에서 1적구를 부드럽게 ¼두께로 맞혔을 때 수구의 분리각은 대략 20% 정도 작아진다.

[Point]
수구와 1적구의 분리각 합계는 90°(이론적) 이지만 공을 부드럽게 칠 경우 수구의 분리각은 대략 20% 정도 작아진다. 또한 수구와 1적구가 가까이 있을 경우에는 생각보다 분리각이 커지므로 1적구의 두께를 얇게 다루어야 한다.

◆ 분리각 이론

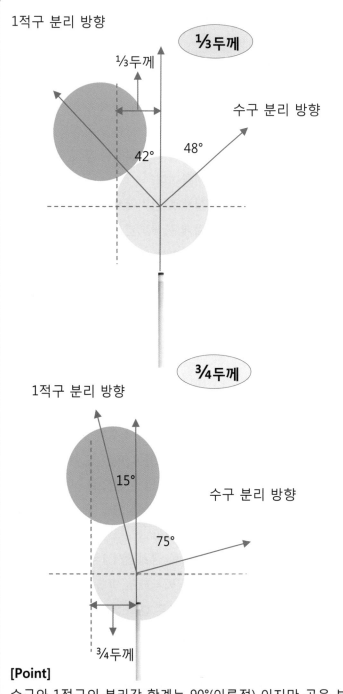

1적구 분리 방향

⅓두께

⅓두께

수구 분리 방향

42°   48°

¾두께

1적구 분리 방향

15°

수구 분리 방향

75°

¾두께

[해설]

좌측 도형은 1적구를 ⅓두께로
부딪쳤을 때 수구와 1적구의
분리각도를 나타낸 도형이다.
단, 정 중앙 당점으로 직진성을
배제하고 부딪쳤을 때 분리되는
이론이며,
실제로 경기에서 1적구를 부드
럽게 ⅓두께로 맞혔을 때 수구의
분리각은 대략 20% 정도 작아
진다.

[해설]

좌측 도형은 1적구를 ¾두께로
부딪쳤을 때 수구와 1적구의
분리각도를 나타낸 도형이다.
단, 정 중앙 당점으로 직진성을
배제하고 부딪쳤을 때 분리되는
이론이며,
실제로 경기에서 1적구를 부드
럽게 ¾두께로 맞혔을 때 수구의
분리각은 대략 20% ~ 25% 정도
작아진다.

[Point]
수구와 1적구의 분리각 합계는 90°(이론적) 이지만 공을 부드럽게 칠 경우 수구의 분리각은
20% ~ 25% 정도로 작아진다. 또한 수구가 1적구에 가까이 있을 경우에는 분리각이 커지
므로 1적구의 두께를 얇게 다루어야 한다.

{당점에 의한 분리각 변화}

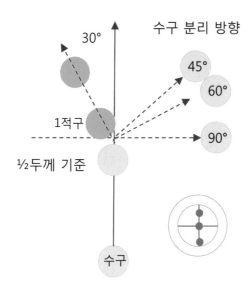

- 수구로 1적구를 ½ 두께로 부딪쳤을 경우
- 상단 당점 주고 부드럽게 치면 45°로 분리되고,
- 중앙에 당점 주고 전진력 없이 부딪치면 60°로 분리된다.
- 하단 당점 주고 강하게 부딪치면 90° 까지 분리된다.

[스피드에 의한 분리각 변화]

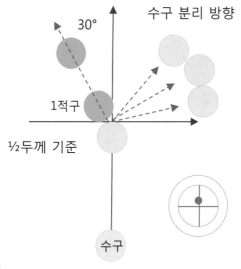

- 수구로 1적구를 부딪쳤을 경우
- 약하게 치면 분리각이 작아지고,
- 강하게 치면 분리각이 커진다.
- 수구와 1적구 분리각의 합계는 약 90°이며, 스피드에 따라 수구의 분리각은 변하지만 1적구의 분리각은 변하지 않는다.

[Point]
분리각을 아는 것은 4구 모아치기에서 필수적이며, 3쿠션에서는 포지션 플레이는 물론 Kiss까지 배제시킬 수 있다. 고점자들은 스피드 또는 당점을 이용한 분리각으로 득점에 쉽게 접근하는 것을 흔히 볼 수 있다.

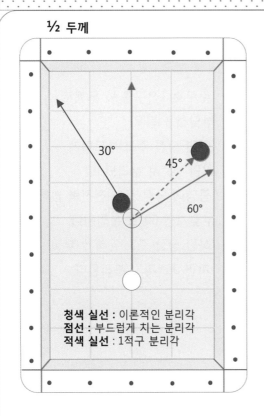

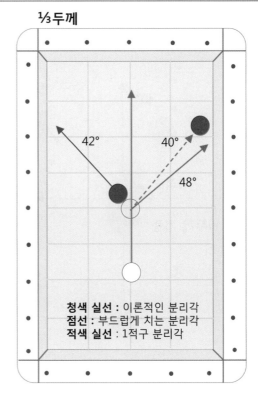

[해설]

위 도형은 수구가 1적구를 부딪쳤을 때 각각 분리되는 각도를 나타낸 도형이다.

청색 실선은 정 중앙 당점으로 전진력없이 1적구를 부딪쳤을 때 분리되는 이론적인 각도이며,
청색 점선은 1적구를 부드럽게 부딪쳤을 때 실제로 분리되는 대략 45°의 각도이다.
적색 선은 1적구가 분리되는 각도를 나타낸 것이다.
(수구와 1적구의 분리각 합계는 90°이다)

이 도표에 Line을 그려 놓은 이유는 두께에 따른 실제 분리각도를 눈으로 익히기 위함이다.
예를 들어 ½두께로 1적구를 부드럽게 부딪치면 45°로 분리 되는데 정사각형의 절반이면
45°가 되는 것을 Line으로 알 수 있다.

청색 점선으로 표시된 실제 분리각은 대략적인 것이며, 스트록에 따라 조금씩 달라질 수 있다.
청색 실선의 이론적인 분리각 보다는 20% 정도 분리각이 작아진다.

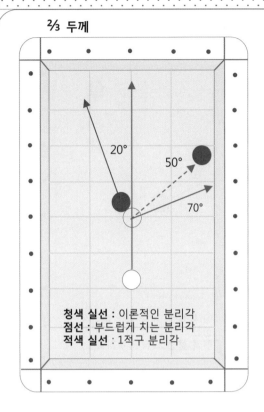

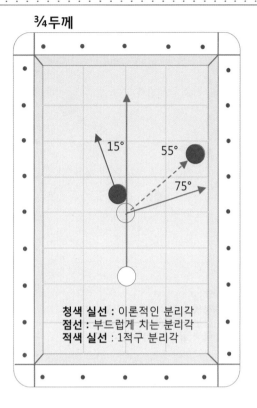

[해설]

위 도형은 수구가 1적구를 ⅔ 두께와 ¾ 두께로 각각 부딪쳤을 때 분리되는 각도를 나타낸 것이다.

청색 실선은 정 중앙 당점으로 전진력없이 1적구를 부딪쳤을 때 분리되는 이론적인 각도이며, 청색 점선은 1적구를 부드럽게 부딪쳤을 때 실제로 분리되는 각도이다.

적색 선은 1적구가 분리되는 각도를 나타낸 것이다.

(수구와 1적구의 분리각 합계는 90°이다)

1적구의 분리각은 수구의 스트록에 관계없이 거의 이론 수치대로 분리된다.

청색 점선으로 표시된 실제 분리각은 대략적인 것이며, 스트록에 따라 조금씩 달라질 수 있다. 청색 실선의 이론적인 분리각 보다는 약 20% 정도 분리각이 작아진다.

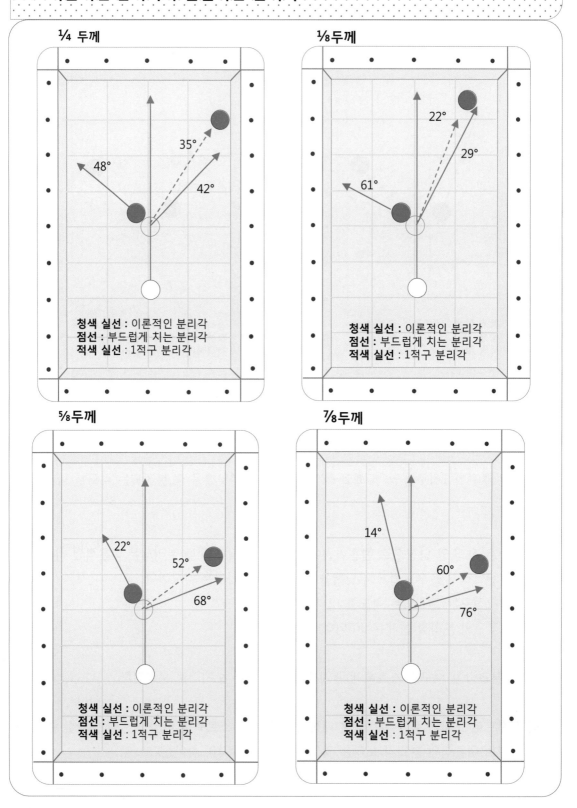

¼ 두께

48°
35°
42°

청색 실선 : 이론적인 분리각
점선 : 부드럽게 치는 분리각
적색 실선 : 1적구 분리각

⅛두께

22°
61°
29°

청색 실선 : 이론적인 분리각
점선 : 부드럽게 치는 분리각
적색 실선 : 1적구 분리각

⅝두께

22°
52°
68°

청색 실선 : 이론적인 분리각
점선 : 부드럽게 치는 분리각
적색 실선 : 1적구 분리각

⅞두께

14°
60°
76°

청색 실선 : 이론적인 분리각
점선 : 부드럽게 치는 분리각
적색 실선 : 1적구 분리각

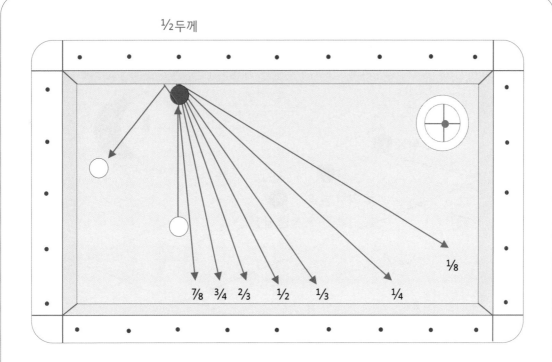

[해설]

위 도형은 1적구와 수구가 일직선으로 있을 경우, 정 중앙 무회전으로 1적구를 두께별로
맞혔을 때 1적구의 분리각을 나타낸 도형이다.

7/8두께로 맞히면 1적구는 거의 일직선에 가까운 1/2 Point 지점으로 분리되고,
3/4두께면 1Point, 2/3두께면 1.5Point, 1/2두께면 2.3Point, 1/3두께면 3Point, 1/4두께면 5Point
1/8두께면 대략 7Point 정도로 각각 분리된다.

1적구의 분리각 이론은 경기에서 아주 중요하다.
특히 제각돌리기에서 Kiss의 유무 ~
4구 모아치기에서 1적구의 진행 궤도 등, 다양한 상황에서 활용할 수 있다.

1/2두께로 맞히려면 큐팁의 중앙이 1적구의 우측 끝을 겨냥하면 되며,
1/8두께가 차이 날 때마다 7.5mm씩 겨냥점을 옮기면 된다.

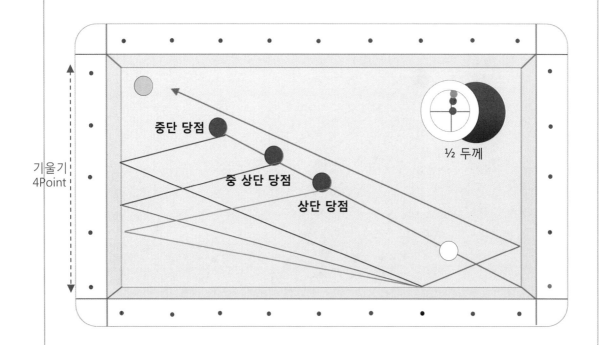

[해설]

위 도형은 기울기 4Point에서 분리각을 이용해 득점하는 방법을 나타낸 도형이다.
(기울기 4란 수구와 1적구를 대각선으로 연결했을 때 차이 나는 단쿠션 Point수를 말한다)

위 도형처럼 1적구와 수구의 기울기가 4Point인 경우 1적구의 위치에 따라 당점만 달리
하여 ½ 두께로 공략하면 된다.

1적구가 중앙에 위치해 있을 경우 상단 당점을 사용하고,
1적구가 수구와 멀리 있을 경우에는 중앙 당점을 사용하면 된다.

½ 두께를 활용하는 이유는 그만큼 두께 조절이 쉽기 때문이다.

위 도형의 경우 대부분 1적구를 얇게 다루는 경향이 있는데, 이론을 믿고 과감하게 ½
두께를 다 사용하면 된다.

◆ 분리각을 이용한 득점 방법

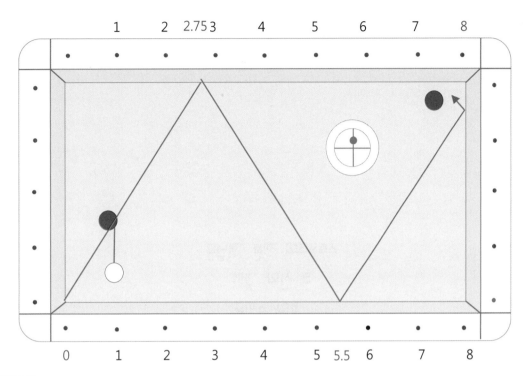

[해설]

위 도형은 분리각을 이용해 더블 쿠션으로 득점하는 장면이다.

1적구가 0에 있고 2목적구는 8의 지점에 있다고 가정할 경우 대략 위 도형과 같은 Line을 그려야 득점할 수 있다.

최초 1적구를 2.75Point 분리시켜 보내면 1차 반사각은 대략 1 : 1로 반사되어 5.5Point 지점으로 간다. 1차 반사 후 2차 반사각은 1차 반사각의 $\frac{2}{3}$ 정도로 다시 반사된다.

대부분 중하점자들이 득점에 실패하는 이유는 스트록에 문제가 있기 때문이다.

위 도형과 같은 더블 쿠션의 형태에서는 스트록이 아주 짧은 쇼트 타법으로 쳐야 한다.

큐를 길게 밀어 치면 1쿠션과 2쿠션의 반사각이 전혀 예상치 못하게 발생할 수가 있다. 그냥 성의 없이 짧게 툭 치고 마는 쇼트 타법으로 짧게 스트록을 구사하면 된다.

스트로크의 기본 개념은

큐 선의 길이

큐의 스피드

당점의 조화로

다양한 구질을

만들 수 있는 것이다.

스트로크의
기본 개념

4구에서 주로 사용하는 스트로크의 종류를 크게 분류하면 아래 5가지로 분류할 수 있다.
끌어치기는 4구에서 40% 정도를 차지하며, 모아치기을 위한 핵심 기술이다.
밀어치기는 당구에서 가장 기본이 되는 스트로크이며, 끌어치기도 알고 보면 당점을
하단에 주고 밀어치기 하는 것이다.
굴려치기는 공을 부드럽게 다루기 위한 스트로크이며, 고점자로 갈수록 굴려치기를 잘한다.
죽여치기는 1적구를 맞힌 수구의 힘을 죽이는 타법이며, 모아치기를 위한 필수적인 타법이다.

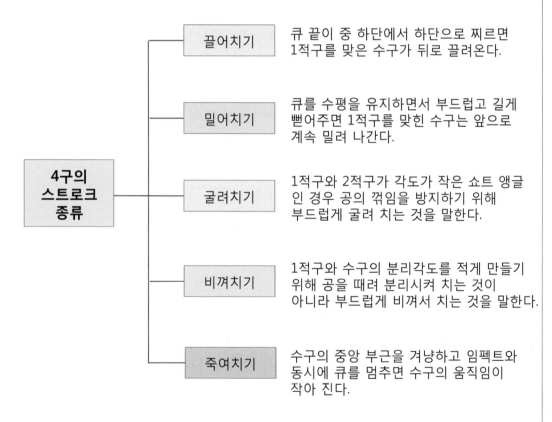

4구의 스트로크 종류		
	끌어치기	큐 끝이 중 하단에서 하단으로 찌르면 1적구를 맞은 수구가 뒤로 끌려온다.
	밀어치기	큐를 수평을 유지하면서 부드럽고 길게 뻗어주면 1적구를 맞힌 수구는 앞으로 계속 밀려 나간다.
	굴려치기	1적구와 2적구가 각도가 작은 쇼트 앵글인 경우 공의 꺾임을 방지하기 위해 부드럽게 굴려 치는 것을 말한다.
	비껴치기	1적구와 수구의 분리각도를 적게 만들기 위해 공을 때려 분리시켜 치는 것이 아니라 부드럽게 비껴서 치는 것을 말한다.
	죽여치기	수구의 중앙 부근을 겨냥하고 임펙트와 동시에 큐를 멈추면 수구의 움직임이 작아 진다.

[스트로크의 강약 조절]

1. 아주 약하게
2. 약하게
3. 보통
4. 강하게
5. 아주 강하게

다양한 타법을 구사하기 위해서는
브리지의 역할을 함께 이해해야 된다.

평소 스트로크에 대한 이해와 함께
꾸준한 연습이 필요하다.

◆ 스트로크의 분류

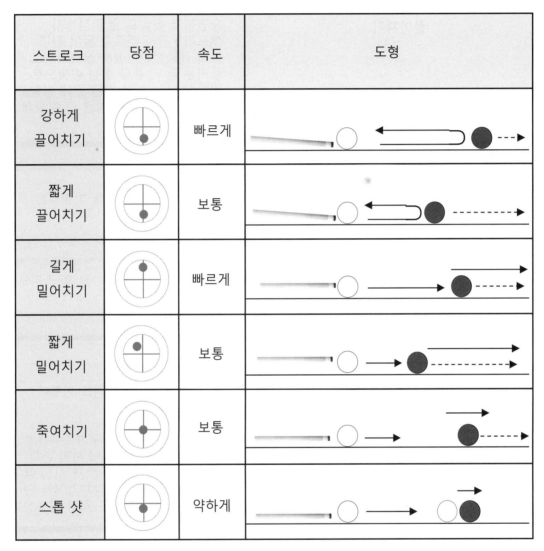

스트로크	당점	속도	도형
강하게 끌어치기		빠르게	
짧게 끌어치기		보통	
길게 밀어치기		빠르게	
짧게 밀어치기		보통	
죽여치기		보통	
스톱 샷		약하게	

강하게 끌어치기 : 수구와 1적구의 거리가 먼 경우 또는 1적구를 맞힌 후 수구의 이동 거리가 긴 경우 하단 당점으로 빠르게 친다.

짧게 끌어치기 : 수구와 1적구의 거리가 짧은 경우 하단 당점으로 보통의 세기로 친다.

길게 밀어치기 : 1적구를 맞힌 후 수구의 이동 거리가 멀 때 부드러우면서 빠르게 친다.

짧게 밀어치기 : 1적구의 거리가 짧거나 수구의 이동거리가 가까울 때 보통의 세기로 친다.

죽여치기 : 1적구를 눌러치면서 수구의 이동 거리를 적게 만들 때 보통의 세기로 친다.

스톱 샷 : 1적구와 2적구를 맞힌 후 수구를 정지 시켜야 할 때 약하게 친다.

끌어치기

큐의 진행 방향

큐 끝이 완만하게 계속 밑으로 하향한다.

큐 끝이 도형의 화살표 방향처럼 완만하게 화살표 끝 지점까지 부드러우면서 빠르게 밀어 친다. 특히 제각돌리기에서 끌어치기로 돌리는 경우, 큐를 회전 방향으로 비틀지 말고 회전 주는 반대 방향으로 밀어주는 느낌으로 치면 아주 쉽게 잘 끌린다.

밀어치기

큐의 진행 방향

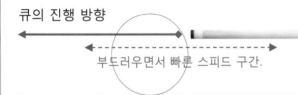

부드러우면서 빠른 스피드 구간.

큐 끝이 도형의 화살표 방향처럼 일직선으로 화살표 지점까지 부드럽게 밀어 친다.

밀어치기의 핵심은 그립을 부드럽게 감싸고 임펙트 지점의 전 후 스피드가 빨라야 한다.

Up Follow shot

큐의 진행 방향

임펙트와 동시에 큐 끝을 살짝 Up 해준다.

큐 끝을 도형처럼 임펙트 이후에 살짝 위로 올려 준다.

Up Shot의 특징은 수구가 1쿠션에 반사되면서 회전을 감소시켜 준다. 길게치기에서 회전을 억제 시킬 경우, 또는 아주 짧은 뒤돌려치기에서 Up Shot을 사용하면 수구 각이 짧아진다.

Down Follow shot

큐의 진행 방향

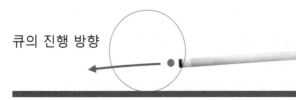

큐팁이 완만하게 계속 하향한다.

큐 끝이 도형처럼 임펙트 이후 밑으로 향한다.

Down shot의 특징은 1적구를 쉽게 끌어치기 할 수 있다.

앞돌려치기를 길게 칠 경우 부드러운 Down shot을 사용하기도 한다.

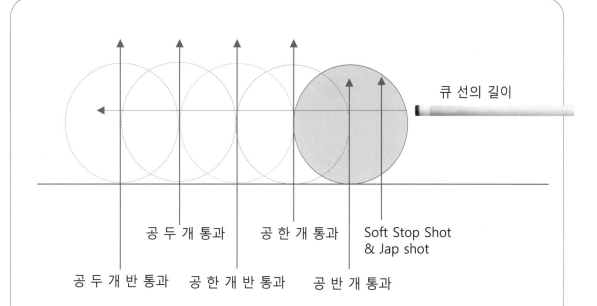

공 두 개 통과   공 한 개 통과   Soft Stop Shot & Jap shot

공 두 개 반 통과   공 한 개 반 통과   공 반 개 통과

큐 선의 길이

[스트로크 길이의 중요성]

당구에서 스트로크의 길이는 당구의 진행 경로와 직접적으로 연관된다.

따라서 스트로크를 하기 전에 반드시 스트로크의 길이를 정하는 것은 매우 중요하다.

예를 들어 1적구를 70° ~ 80° 정도로 끌어치기 할 경우 중 하점자의 경우는 1적구를
두껍게 완전 끌어치기로 칠 것이고 고점자의 경우는 당점만 내리고 스트로크를 길게 뻗어
가볍게 수구를 분리시켜 목적을 달성할 것이다.

고점자의 경우처럼 스트로크를 길게 뻗어 분리각을 만들 경우 2쿠션 3쿠션으로의 진행이
가능해 질 것이고. 중 하점자의 경우처럼 두껍게 끌어치기를 한다면 수구가 2쿠션 3쿠션으로
진행하는 것이 쉽지 않을 것이다.

반대로 도표처럼 Soft Stop shot 또는 Jap shot을 할 경우에는 큐가 수구의 ¼ 정도 지점
에서 더 이상 통과하지 않고 멈추게 스트로크 하는 것이다.

수구의 회전을 억제 시키거나 1적구를 얇고 가볍게 다루어야 할 경우 스트로크를 아주
짧고 간명하게 한다는 의미이다.

반대로 수구가 밀리지 않게 회전을 억제 시켜야 할 경우에도 Jap shot를 사용하면 된다.

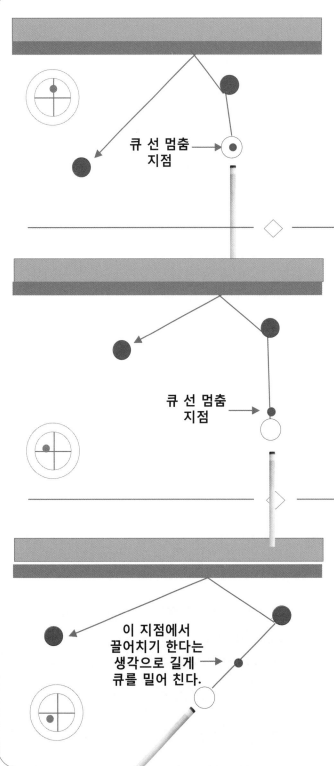

A shot

공을 얇게 다루어야 할 경우에는
큐 선의 길이가 ●지점에서 짧게
멈추어야 한다.

스크로크에서는 A. B. C의 3가지
샷 형태로 분류되어야 하며,
분류하는 방법은 큐 선의 길이로
조절해야 한다.

B shot

수구를 1적구와 45° 정도로 분리
시켜야 할 경우에는 큐 선의 길이가
● 지점까지 공 한 개 통과하는
정도로 큐 선의 길이를 관리해야
한다.

스트로크 하기 전에 스트로크의
길이 (A.B.C)를 먼저 결정한 다음
스트로크를 한다.

C shot

1적구를 그림처럼 끌어 치는
형태에서는 큐 선의 길이가
● 지점까지 공 두 개 ~ 세 개
길이를 통과해야 한다.

● 지점에서 끌어 친다는 생각으로
큐 선을 일직선으로
길게 뻗어야 하며 큐를 절대
왼쪽으로 비틀지 않는다.

큐 선 멈춤
지점

큐 선 멈춤
지점

이 지점에서
끌어치기 한다는
생각으로 길게
큐를 밀어 친다.

◆ 수구와 1적구의 각도에 따른 스트로크 선택

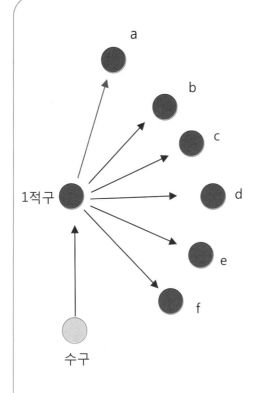

[수구와 1적구의 각도에 따른 스트로크]

a : 밀어치기 (상단 3Tip)

b : 부드럽게 얇게 굴려치기

c : 경쾌하게 부딪쳐 치기

d : 끌어치기 (½ 두께로)

e : 끌어치기 (⅔ 두께로)

F : 끌어치기 (¾ 두께로)

[1적구와 2목적구 직접치기 득점률을 높이려면)

1. a의 경우 얇게 칠 수 없으므로 큐 무게로만 부드럽게 밀어 친다.

2. b의 경우 두께 겨냥법을 정확히 사용하면서 부드럽게 굴려서 얇게 친다.

3. c의 경우 1적구를 경쾌하게 부딪쳐 분리각으로 친다.

4. d의 경우 두께는 ½ 두께로 겨냥하지만 끌어치기 스트록을 해야 한다.

5. e의 경우 두께는 ⅔ 두께로 겨냥하지만 끌어치기 스트록을 해야 한다.

6. f의 경우 두께를 ¾ 두께로 겨냥하고 끌어치기 스트록을 해야 한다.

7. 4구 경기는 브리지를 15cm 정도로 짧게 잡아야 수구와 1적구를 콘트롤 하기 쉽다.

8. d, e, f 처럼 특히 끌어 쳐야 하는 각도에서는 브리지를 짧고 아주 견고하게 해야 한다.

9. 얇게치기 겨냥법을 정확하게 알고 있으면 4구에서 경기를 유리하게 이끌 수 있다.

10. 얇게 치는 공은 상단 당점, 두껍게 치는 공은 중하단, 끌어치는 공은 하단 당점을 사용.

같은 두께 같은 회전으로 쳐도 2적구의 거리에 따라 큐 선의 길이를 다르게 해야 한다.

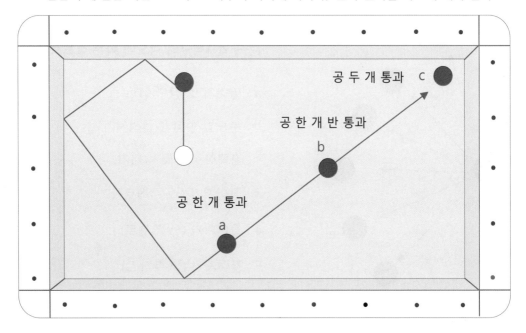

[해설]
위 도형은 2적구의 위치에 따라 밀어 쳐야 하는 큐 선의 길이를 나타내기 위한 도형이다.
Ball System 으로 보면 총량 7이므로 ½ 두께에 3Tip을 주고 쳐야 득점할 수 있는 형태이다.

2목적구 a의 경우, 큐 선의 길이가 공 한 개 정도 통과하는 느낌으로 쳐야 득점할 수 있다면
같은 두께 같은 회전을 주었을 경우 2목적구 b의 경우에는 큐 선의 길이가 공 반 개 정도
더 길게 밀어 쳐야 득점 확률을 높일 수 있다.
2목적구 c의 경우에는 공 두개 정도 통과하는 느낌으로 큐 선을 더 길게 밀어 쳐야 한다.

밀어 치는 큐 선의 길이에 따라 3쿠션 이후 수구가 짧아질 수도 있고 길어질 수도 있다는
뜻이다.
따라서 공의 형태에 따라 큐 선의 길이(밀어 치는 길이)를 결정하는 것은 아주 중요하다.

모든 스트로크의 기본 원리는 밀어치기이며, 끌어치기도 당점을 하단에 주고 밀어치기 하는
것이다. 밀어치기를 1~ 3단계로 분류하여 공의 형태에 따라 공식화 시켜 놓는 것이 득점률을
높일 수 있는 방법이다.

스트로크의 종류는 많지만 또 다른 관점에서 스트로크를 분류하라면 다음과 같은 방법으로 분류할 수 있으며, 수구와 1적구의 타구 각도에 따라 스트로크를 달리 선택해야 한다.

[굴려 치는 스트로크]
1적구와 수구를 30° 전후로 얇게 다루어야 하는 형태라면 대부분 부드럽게 굴려 치는 스트로크를 선택해야 분리각을 작게 만들 수가 있다.

[부딪쳐서 분리각으로 치는 스트로크]
수구와 1적구를 40° ~ 50° 정도로 분리 시켜야 할 경우에는 1적구를 분리각으로 부딪쳐 진행 시키면 수구의 구름이 변화 없이 안정적으로 구르게 할 수 있다.

[눌러 치는 스트로크]
수구와 1적구의 각도를 60°이상으로 크게 만들어야 할 경우에는 1적구를 눌러 쳐야 분리각을 크게 만들 수 있으며 수구의 구름도 변화 없이 안정적으로 진행 시킬 수 있다.
Kiss를 빼거나 포지션 플레이를 위해서 눌러 치는 스크로크를 사용하기도 한다.

따라서 스트로크를 결정하기 전에 굴려 칠 것인지, 부딪쳐 칠 것인지, 눌러 칠 것인지를 반드시 결정한 후에 엎드려야 한다.

[1적구를 비껴 치는 스트로크]
1적구를 비껴치는 스트로크는 수구의 진로를 길게 만들어야 할 때 주로 사용하는 스트로크로, Kiss를 빼야 할 경우 사용하기도 한다.

[1적구와 분리 시켜 치는 스트로크]
1적구와 분리 시킨다는 의미는 1적구를 부드럽게 타격 없이 비껴치는 것이 아니라 스트로크에 어떤 행위를 별도로 가하지 않고 수구를 1적구에 자연스럽게 부딪쳐 순수 분리각으로 공의 진로를 만드는 스트로크를 뜻한다.

1적구와 수구의 각도에 따라 스트로크 방법을 정확하게 선택하는 것은 득점률을 높이는 데에 가장 핵심이 된다.

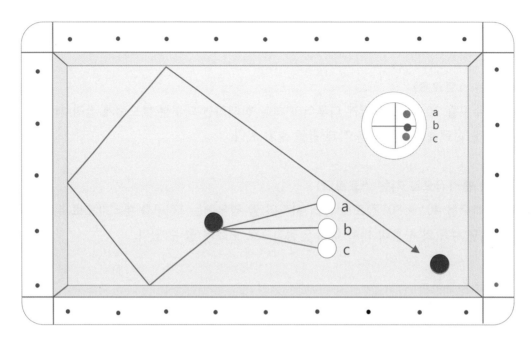

[해설]
위 도형은 스트로크의 구분을 나타내기 위한 뒤돌려치기 장면이다.

1적구와 2목적구의 위치는 변동이 없고 수구의 위치가 a b c 처럼 다를 경우 스트로크
방법은 각각 달라져야 한다.

a : 수구와 1적구가 예각인 경우에는 1적구를 부드럽게 맞히며 굴려 치면 된다.
b : 수구와 1적구가 평각일 경우에는 1적구를 부딪쳐 분리각을 만들어 득점 Line을 만든다.
C : 수구와 1적구가 둔각일 경우에는 1적구를 살짝 눌러 주면서 때려 치는 타법으로 분리각
    을 만들어 득점 Line을 만든다.

당구에서 득점률을 높이는 중요한 방법 중의 하나는 1적구를 다루는 요령이다.

수구와 1적구의 위치가 예각인지 둔각인지를 파악하고, 당점 선정과 함께 굴려 칠 것인지.
때려서 분리각을 만들어 칠 것인지, 살짝 눌러 치면서 분리각을 만들어 득점 Line을 만들
것인지를 판단하는 자체가 실력이라 할 수 있다.

대부분의 아마추어 동호인들이 너무나 타격을 주는 샷에 길들여져 있는 것 같다.
어쩌면 타격감 없는 샷이란 용어 자체가 생소하게 들릴지도 모른다.

타격감 없는 샷이란 팔로우 샷처럼 수구를 강하게 힘으로 밀어 치는 것과는 달리 일정한
속도와 큐 선의 길이로 부드럽게 1적구에 힘을 가하지 않는 샷을 말한다.

특히 리버스 형태에서 역 회전력을 끝까지 살리기 위해서는 절대적으로 필요한 샷이다.

큐를 부드럽게 감싸고 1적구의 두께에 상관없이 임펙트 순간을 느끼지 못하도록 오직 큐의
길이로만 수구에 힘을 가해 당점을 관통하는 샷이 타격감 없는 샷이다.

고점자가 되기 위해서는 반드시 타격감 없는 샷을 구사할 수 있어야 한다.

[연습 방법]
1) 가상의 수구 당점 부분을 겨냥하고 천천히 백스윙 한다.
2) 가상의 수구 당점을 일직선으로 관통하며 느리게 샷을 한다.
3) 큐가 나갈 때 보다 더 느리게 백스윙 한다.
4) 공 세 개를 관통하는 부드러우면서 긴 스트록을 한다.
5) 그립을 부드럽게 감싸고 큐를 일정한 속도로 일직선으로 뻗어주는 연습을 한다.

(위 다섯 가지 동작은 연결된 동작이다)
백스윙과 릴리즈가 부드럽게 물 흐르듯이 그리고 아주 천천히 구사되지 않으면 절대
타격감 없는 샷을 구사할 수 없으며 임펙트 이후 그립을 잡아주는 것 또한 절대 금물이다.

[Tip]
많은 초 중급자들의 그립 잡는 모습을 보면 대체적으로 강하게 잡는 경향이 있다.
그립을 단단히 잡는 것이 나쁜 것은 아니지만 그립의 특성을 모르고 강하게 잡는 것은
바람직하지 않다. 그립을 부드럽고 정교하게 잡는 방법 중의 하나는 그립을 잡은 손을 놨다
잡았다 놨다 잡았다를 두 번 정도 반복해주면 어깨의 힘도 빠지고 중립적인 그립을 잡는데
도움이 된다. 특히 3쿠션은 스트록이 70%이고 스트록은 그립이 좌우하는 것을 잊지 말자.

공을 의지대로 치기 위해서는 반드시 예비 스트록이 필요하다.

예비 스트록은 본 스트록을 하는데 탄력을 더해 주는 것은 물론 정렬과 자세를 최종적으로 점검하는 과정이기 때문이다.

예비 스트록을 하는 것은 절대 Slow Play가 아니므로 항상 일정한 예비 스트록을 꾸준히 습관 들여야 한다.

상대 경기자와 만났을 때 기본 자세와 예비 스트록을 보게 되면 상대의 실력을 어느 정도 가늠할 수 있게 된다.

[예비 스트록 전에 점검해야 할 사항]

1. 오른발 앞부분이 1적구와 수구와 일직선이 되도록 위치한 다음 왼발을 45°로 벌린다.

2. 1적구와 수구와 큐 스틱을 일직선으로 정렬한다.

  (큐 스틱이 오른발 등 수직 위에 일치 되도록 한다)

3. 브리지, 팔, 머리(코), 그립이 큐 스틱과 일렬로 되도록 정렬한다.

4. 왼팔은 뻗고 상체를 낮춘다.

5. 브리지는 견고하게 취한다.

6. 양발에 균형을 유지하고 체중의 55% 정도를 뒤쪽에 둔다.

7. 하박을 축 늘어뜨린 상태에서 큐를 꼬임 없이 가볍게 잡는다.

8. 어깨와 상박을 고정한 상태에서 하박이 상박과 90°가 될 때 임펙트를 가해야 한다.

9. 만일 전체적인 자세에 어색함이 있다면 자세를 풀고 다시 세팅해야 된다.

10. 두 차례의 예비 스트록은 당점에 집중하고 세 번째 백스윙은 아주 천천히 한다.

[위의 동작들은 동시에 이루어져야 하는 동작이므로, 평소 자세를 잡는 꾸준한 훈련이 필요하다]

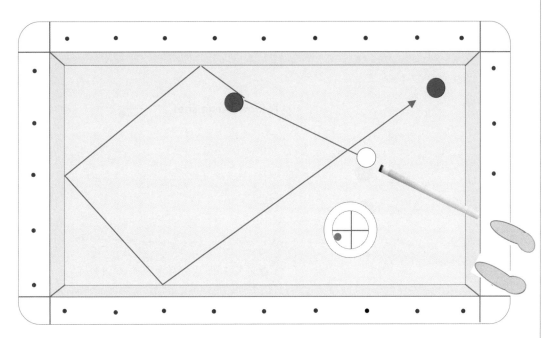

극단적인 얇게치기의 비법은 오른발을 1적구와 일자로 맞추고 체중을 오른발에 95%를 두고 큐 무게로만 스트로크 하면, 얇게 맞은 후에 공이 길어지는 효과를 만들 수 있다.

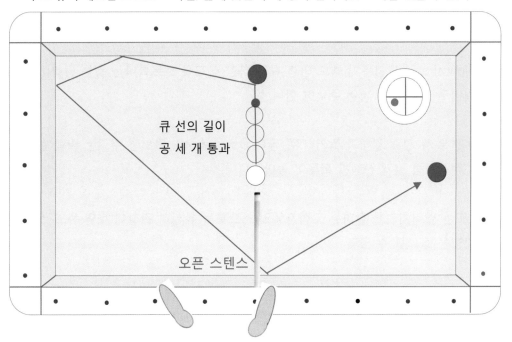

큐 선의 길이
공 세 개 통과

오픈 스텐스

1적구를 길게 쳐야 할 경우에는 오픈 스텐스를 취하고 큐 선을 아주 길게 뻗어 준다.

75

◆ Down Folllow shot

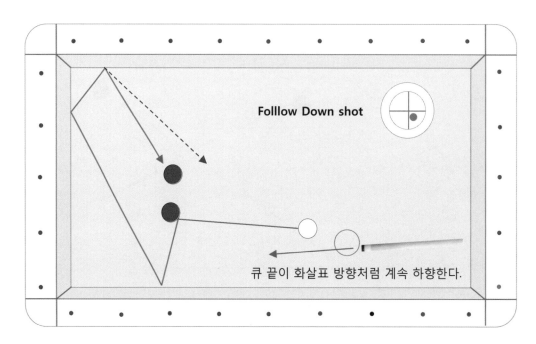

Folllow Down shot

큐 끝이 화살표 방향처럼 계속 하향한다.

[해설]

위 도형은 끌어치기 고급 기술 중의 하나인 Down Follow shot의 대표적인 예를 나타낸 것이다.

Down Follow shot의 요령은 임펙트 이후 큐가 하향 하도록 스트록하는 것을 말하며, 큐 선의 길이도 아주 깊게 넣어 주어야 한다.

위 도형의 경우 큐 선의 길이가 짧거나 큐 끝이 Down shot이 안되면 수구는 밀림 현상에 의해 적색 점선처럼 길게 진행할 확률이 높아진다.

프로선수 또는 끌어치기를 잘하는 고점자들의 스트록을 유심히 관찰해 보면 큐의 스피드와 큐 끝의 방향을 살펴볼 수 있다.

Down Follow shot의 스피드와 큐 선의 길이에 따라 아주 어려운 끌어치기가 가능하며, 더 어려운 끌어치기 상황이라면 하박 사용만으로는 힘들고 상박을 함께 사용하면 도움이 된다. 위 도형을 기억하여 끌어 치는 연습을 꾸준히 하시기를 권장한다.

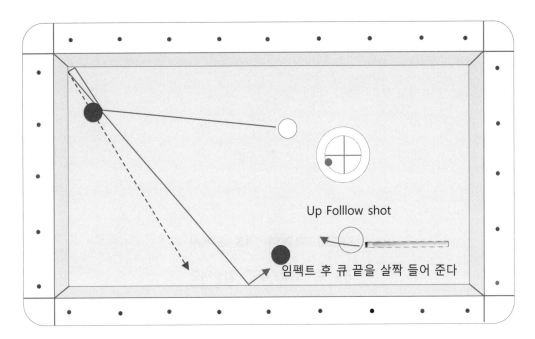

Up Folllow shot

임펙트 후 큐 끝을 살짝 들어 준다

[해설]

위 도형은 공을 길게 만들 때 주로 사용하는 Up shot을 설명하기 위한 도형이다.

Up shot은 도형처럼 1적구를 맞힌 후 수구를 최대한 길게 만들 때 사용하는 기술로 특히 길게 쳐야 하는 뒤돌려치기 형태에서 유용하게 사용할 수 있는 기술이다.

많은 동호인님께서는 위와 같은 형태에서 수구에 곡구가 발생하여 적색 점선처럼 짧게 진행되는 경우를 많이 경험하셨을 것이다.

이러한 경우 큐팁을 하단 당점에 겨냥하고 임펙트와 동시에 큐를 살짝 up을 해주면 곡구를 최대한 방지할 수 있으며 수구를 최대한 긴 각으로 진행시킬 수 있다.

Up shot은 특히 앞으로 돌리기를 길게 치기 어려울 경우 큐 끝을 살짝 들어 up shot을 해주면 수구의 진행을 길게 만들 수 있다

다양한 형태에서 up shot에 대한 Test를 해보시기를 권장한다.

당구의 다양한 기초 중에서
½ 두게와 45° 활용법은
아주 중요하게
활용 된다.

기초 이론을 알면
당구가 쉬워진다.

4구 Billiards 레슨

아래 도형의 기울기 각도는 개념적인 것이며 1° ~ 2° 정도의 차이는 있을 수 있다.

기울기 각도에 대한 개념을 알고 있으면 1적구의 두께를 다루는데 도움이 된다.

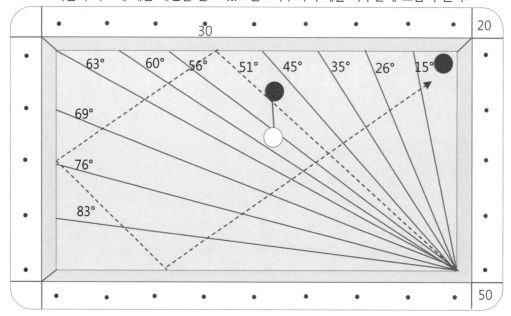

위 도형은 우측 하단 코너를 기준으로 각 Point별 기울기를 나타낸 것이다.

공의 두께와 분리각을 함께 병행하면서 이해하면 득점률을 높이는데 많은 도움이 된다.

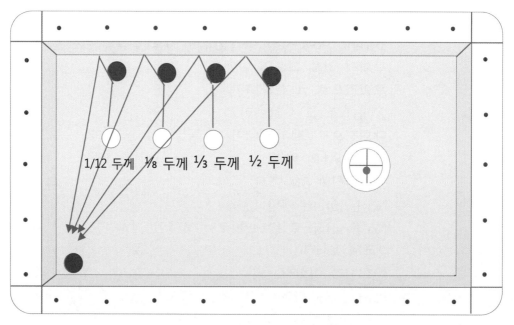

위 도형은 1적구와 수구가 일직선인 상태에서 각각의 포인트에서 좌측 하단 단쿠션 코너에

있는 공을 맞히기 위한 두께를 나타낸 도형이다. 알아 두면 활용 가치기 많은 System 이다.

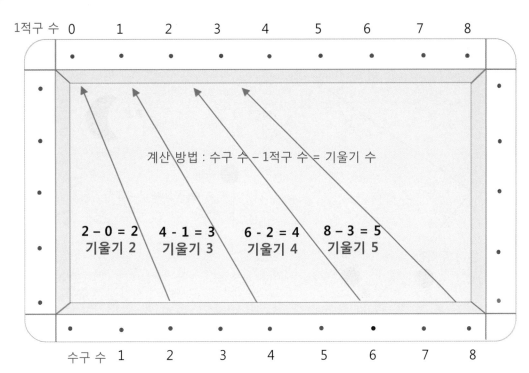

기울기 사용법을 터득하면 향후 System 활용에 큰 도움이 된다.

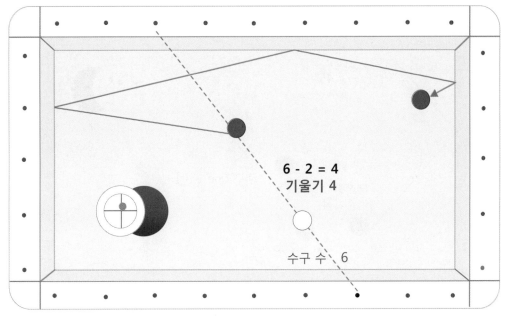

위 도형은 기울기를 이용한 System 으로 득점하는 장면이다. 1적구의 위치에 상관없이
기울기 4에서 1적구를 ½ 두께로 맞히면 우측 상단 단쿠션 반 포인트 지점으로 간다.

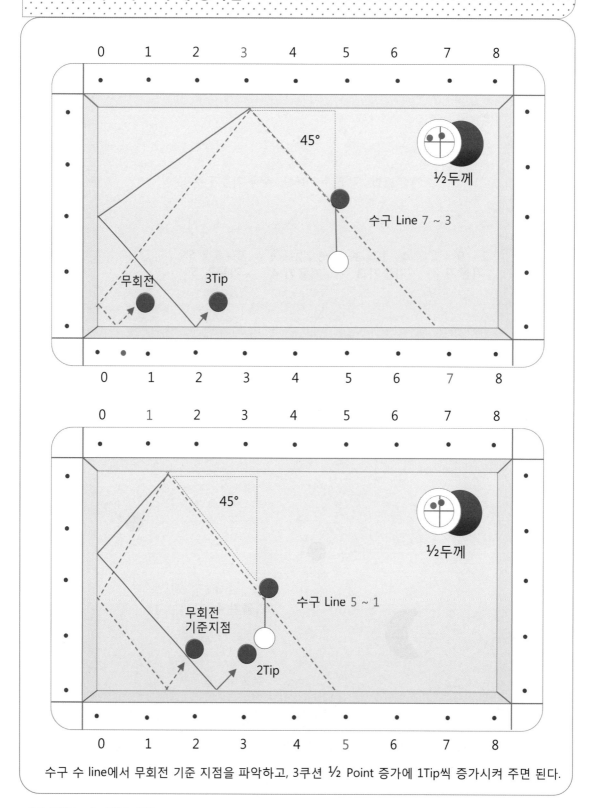

수구 수 line에서 무회전 기준 지점을 파악하고, 3쿠션 ½ Point 증가에 1Tip씩 증가시켜 주면 된다.

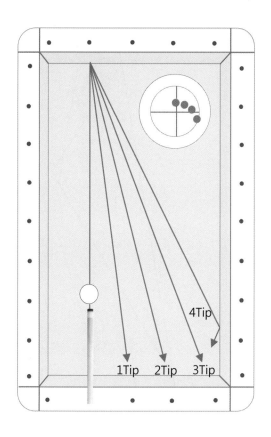

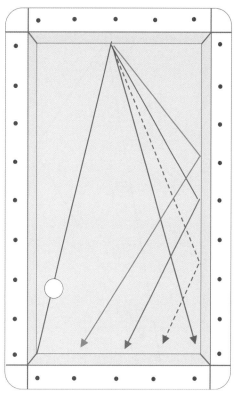

3Tip   2Tip   1Tip   무회전

[해설]

위 도형은 수구를 일직선으로 맞은편에 입사
시켰을 때 당점에 따른 수구의 반사각을
나타낸 도형으로 1Tip 증가에 단쿠션 1Point
씩 이동되는 것을 알 수 있다.

이 도형에서의 당점 기준은 12시에서 3시를
기준으로 4등분한 Tip수이다.

1Tip에 45분 간격으로 계산하면 2Tip이면
1시 30분이 된다.

[타법]

부드럽게 1쿠션을 밀어 치는 타법

[해설]

위 도형은 좌측 하단 코너에서 맞은편
중심 지점을 칠 때 각각 회전력에 따른
3쿠션 지점을 나타낸 도형이다.

무회전으로 치면 대칭으로 반사되어
우측 코너로 가고 1Tip 증가할 때마다
1Point씩 이동된다

당점은 1Tip(1시) 2Tip(2시). 3Tip(3시)
(당점으로 계산한 것이다.)

[타법]

부드럽게 1쿠션을 밀어 치는 타법

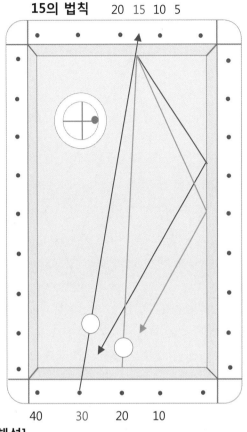

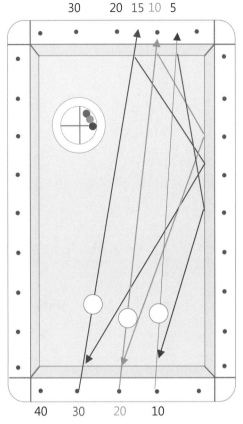

[해설]

좌측 도형은 15의 법칙을 나타낸 도형이다.

수구가 어느 지점에 있든 3Tip을 주고 상단
단쿠션 15를 치면 수구 출발 지점으로 되돌아
온다.
이 동선을 이용해 빈쿠션치기 또는 비껴치기
등에 활용하면 된다.

[타법]

각자의 회전량이 다름으로 연습을 통해 일정한
회전을 찾아내야 한다. 3Tip을 넉넉하게 주는
느낌으로 치면 된다.

[해설]

우측 도형은 회전량에 따른 수구의 진행
동선을 나타낸 도형이다.

수구 수 30에서 3Tip 주고 1쿠션 15를
치면 출발점 제자리로,

수구 수 20에서 2Tip 주고 1쿠션 10을
치면 출발점 제자리로,

수구 수 10에서 1Tip 주고 1쿠션 5를
치면 출발점 제자리로 각각 돌아온다.
당점의 중요성을 나타낸 도형이다.

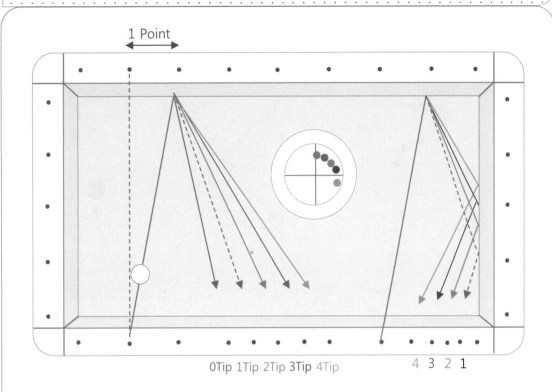

0Tip 1Tip 2Tip 3Tip 4Tip   4 3 2 1

[해설]

수구 위치에서 무회전으로 1Point를 내려 칠 때 Tip수에 따른 수구의 진행 동선이다.
0Tip~4Tip으로 분류되어 있으므로 외워 두면 활용도가 높은 System이다.

우측 그림은 2차 반사각을 나타낸 수치이므로 외워 두면 짧은 각에서 유용하게 응용할 수 있다.

◆ 우측 하단 장쿠션 0~4까지의 대략 Point 수치는 0.4, 0.7, 1.0, 1.4이다.

◆ 당점은 12시~3시를 기준으로 정확하게 4등분 한 것을 기준으로 한다.

◆ 1Tip에 반 포인트 씩 이동된다는 점을 활용하면 더블 쿠션 또는 빈쿠션치기 등 다양하게 활용할 수 있다.

[타법]

비틀어치지 않고 해당 Tip만 주고 부드럽게 1쿠션에 부딪쳐 주는 타법으로 굴려 준다.

85

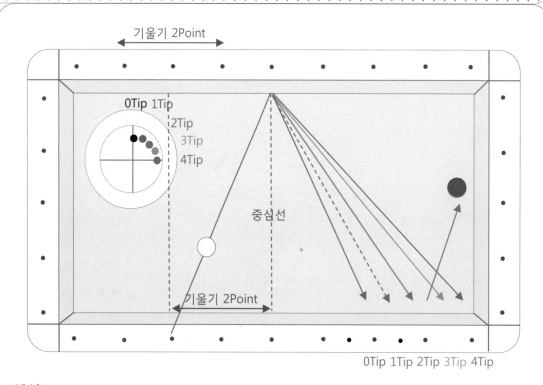

기울기 2Point

0Tip 1Tip
2Tip
3Tip
4Tip

중심선

기울기 2Point

0Tip 1Tip 2Tip 3Tip 4Tip

[해설]

수구 위치에서 2Point를 내려 칠 때 Tip수에 따른 수구의 진행 동선이다.
0Tip~4Tip으로 분류되어 있으므로 알아 두면 활용도가 높은 System이다.

2Point 아래로 무회전으로 입사시키면 1 : 1인 2Point 아래 대칭 지점으로 반사된다.
그 지점을 기준으로 1Tip을 더 줄 때마다 0.5Point 씩 더 길게 반사된다.

이 System을 알고 있으면 더블 쿠션에서 2쿠션 지점을 정할 때 쉽게 계산할 수 있다.

[Point]

회전을 주더라도 생각보다 크게 길어지지 않으며, 1Tip 증가할 때마다 반 포인트 씩만
늘어나는 것을 기억한다.

[타법]

비틀어치지 않고 해당 Tip만 주고 부드럽게 1쿠션에 부딪쳐 밀어 치는 타법으로 굴려 준다.

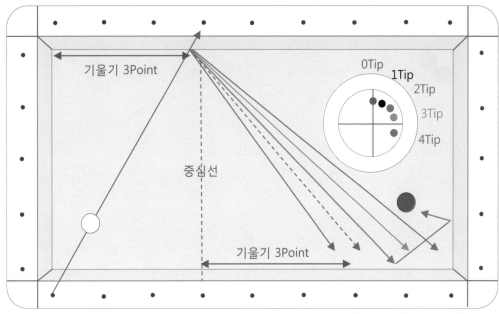

0Tip 1Tip 2Tip 3Tip 4Tip

[해설]

수구 위치에서 3Point를 내려 칠 때 Tip수에 따른 수구의 진행 동선이다.
0Tip~4Tip으로 분류되어 있으므로 알아 두면 활용도가 높은 System이다.

3Point 아래로 무회전으로 입사시키면 1 : 1인 대칭 지점인 3Point 아래로 반사된다.
그 지점을 기준으로 1Tip을 더 줄 때마다 0.5Point 씩 더 길게 반사된다.

이 System을 알고 있으면 더블 쿠션에서 2쿠션 지점을 정할 때 쉽게 계산할 수 있다.

[Point]

기울기가 3에서 회전을 주더라도 생각보다 크게 길어지지 않고 1Tip 증가할 때마다
반 포인트 씩만 늘어나는 것을 기억한다.

[타법]

비틀어치지 않고 해당 Tip만 주고 부드럽게 1쿠션에 부딪쳐 밀어 치는 타법으로 굴려 준다.

무회전으로 4에서 ½인 2를 치면 도형 실선처럼 다이아몬드를 그리며 제자리로 진행되어야 하지만, 실제로는 공이 도는 방향으로 회전이 발생되어 6을 거쳐 좌측 상단 코너로 진행한다.

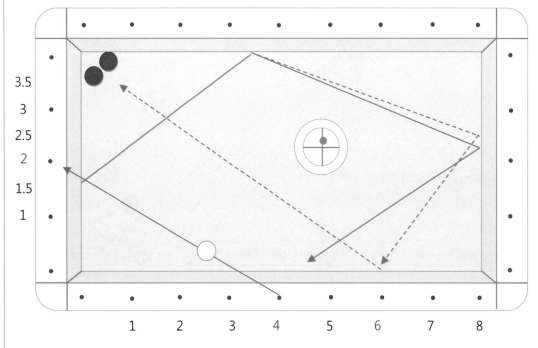

타법 : 중 상단 당점 주고 부드러운 롱 스트로크로 1쿠션을 밀어 친다.

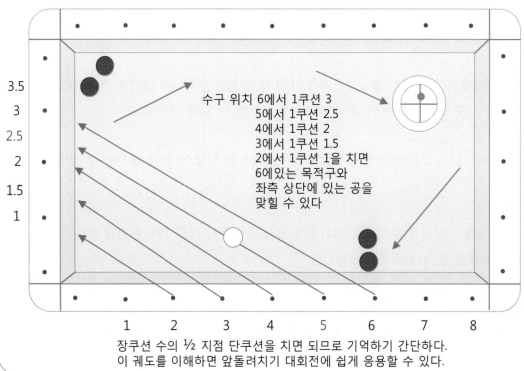

수구 위치 6에서 1쿠션 3
5에서 1쿠션 2.5
4에서 1쿠션 2
3에서 1쿠션 1.5
2에서 1쿠션 1을 치면
6에있는 목적구와
좌측 상단에 있는 공을
맞힐 수 있다

장쿠션 수의 ½ 지점 단쿠션을 치면 되므로 기억하기 간단하다.
이 궤도를 이해하면 앞돌려치기 대회전에 쉽게 응용할 수 있다.

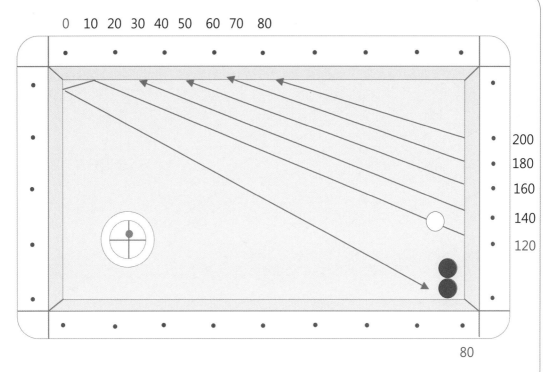

[해설]

위 도형은 각각의 수구 위치에서 우측 하단 코너로 보내는 장면이다.

이 도형의 Line을 알아야 하는 이유는 3뱅크 샷에서도 중요하지만,

더 중요한 것은 4구 경기에서 모아치기 할 경우 이 도형 Line을 이용해 1적구를 보내면

코너로 공을 모을 수 있기 때문이다.

이 도형의 기본은 우측 수구 수 120에서 좌측 상단 코너를 치면 우측 하단 코너 80에 도착

하는 것을 기준으로, 수구 수가 반 포인트 올라갈 때마다 1쿠션은 1Point씩 따라 이동되는

것을 기억하면 된다.

노잉글리시 계산법은 3쿠션은 수구 수의 ⅔ 수치 지점에 도착하는 것이 기본으로 되어

있으며 1쿠션은 반 포인트 지점이 10이며, 1Point 지점이 20이 된다.

예를 들어 수구 수 200에서 3쿠션 80에 보내려면 수구 수 120 보다 80이 더 많으므로

1쿠션 80을 치면 코너로 보낼 수 있다.

코너 기준점에서 좌측 상단 코너 40을 치면 우측 하단 단쿠션 코너로 도착한다.
수구 출발 1Point 차이에 1쿠션은 0.6Point 씩 대략 이동된다.

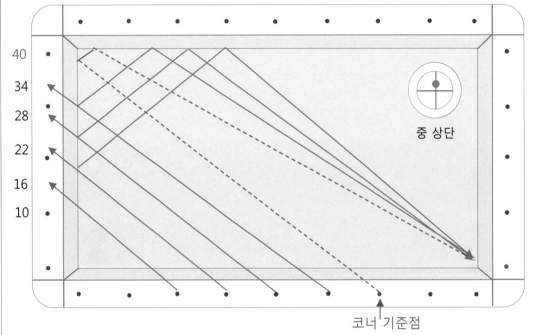

코너 기준점

모든 No English 타법은 중 상단 당점으로 부드럽게 1쿠션을 밀어 친다.

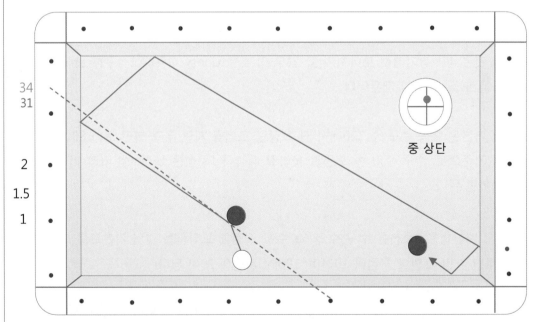

위 도형의 코너 Line은 34이므로 2목적구가 코너각 보다 반 포인트 긴 위 도형의 경우
0.6Point 차이의 ½인 0.3Point 가 긴 31까지 수구를 보내면 된다.

우측 하단 코너 80에서 좌측 단쿠션 10을 치는 것을 기준으로 수구 수가 1Point 짧아질 때마다 1쿠션 0.25Point 씩 이동하면 된다.

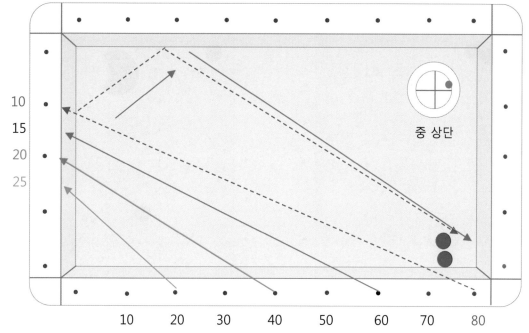

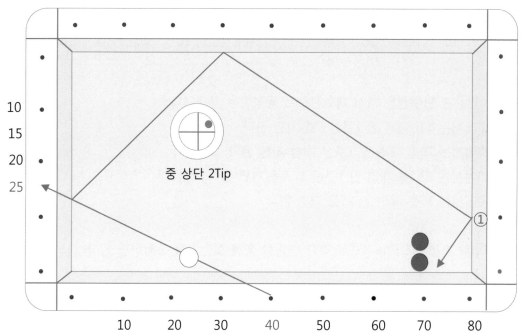

수구 수 40에서 우측 하단 코너로 보내려면 1쿠션 20을 쳐야 하지만 ① 지점으로 보내려면 도형처럼 ½ Point가 긴 25를 치면 된다.

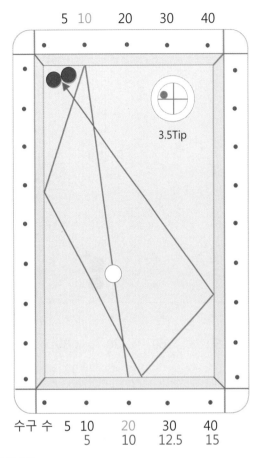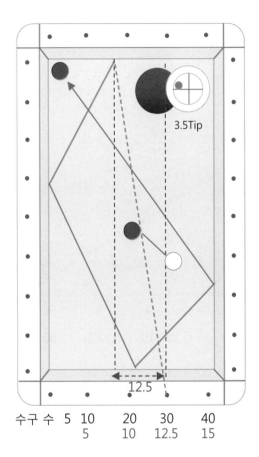

[해설]

위 도형은 맞은편 단쿠션을 쳐서 대회전으로 득점하는 장면이다.

수구 수 10에서는 5를 내려 친 1쿠션 5를 치면 된다.

수구 수 20에서는 10을 내려 친 1쿠션 10을 치면 된다.

수구 수 30에서는 12.5를 내려 친 1쿠션 17.5를 치면 된다.

수구 수 40에서는 15를 내려 친 25를 치면 된다.

회전은 4Tip에 가까운 3.5Tip이므로 각자 연습을 통해 회전력을 고정하면 된다.

우측 도형은 좌측 Line을 이용해 1적구를 비껴치기로 득점하는 장면이다.

수구의 위치에 따라 스트록이 약간씩 달려져야 하지만 대체적으로 등속 샷

(일정한 속도로 치는 샷)으로 치는 스트록이 득점 확률을 높일 수 있다.

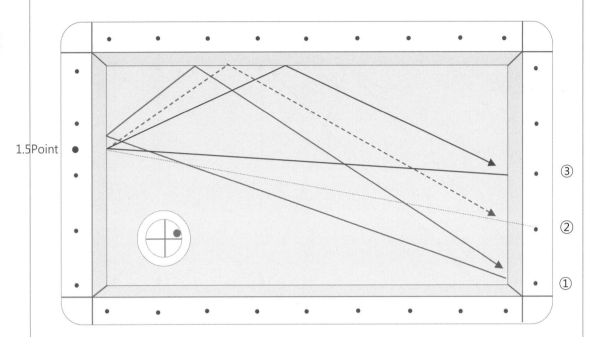

수구가 어디에 있던 3.5Tip을 주고 좌측 단쿠션 1.5Point를 치면 제자리로 돌아온다

①구역에서 칠 경우에는 ②③ 구역에서 칠 때보다 0.2Point 정도 짧게 보정해 준다.

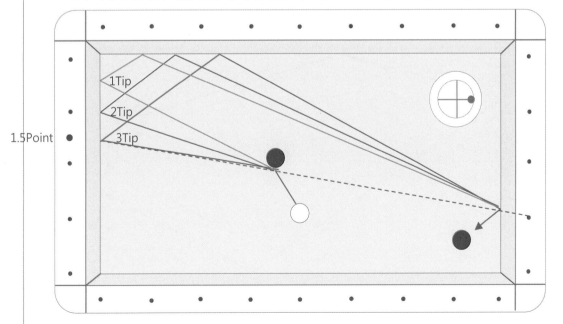

회전을 2Tip 또는 1Tip으로 조절해서 칠 경우에는 1.5Point를 기준으로 반 포인트 씩 이동하면 우측 단쿠션은 같은 지점으로 진행된다.

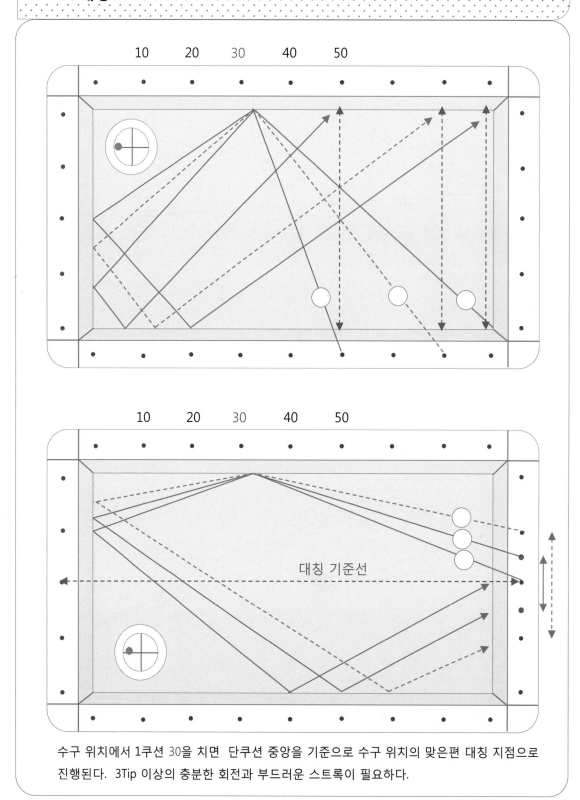

수구 위치에서 1쿠션 30을 치면 단쿠션 중앙을 기준으로 수구 위치의 맞은편 대칭 지점으로 진행된다. 3Tip 이상의 충분한 회전과 부드러운 스트록이 필요하다.

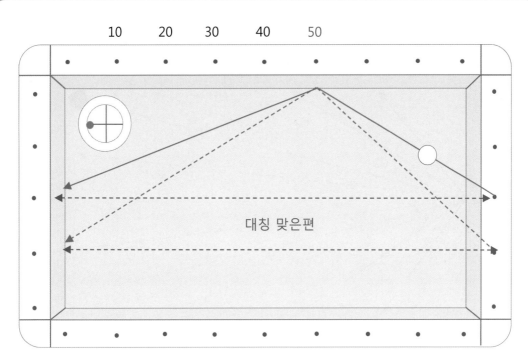

1쿠션은 멕시멈 회전 주고 프레임 포인트가 아닌 레일 포인트를 사용한다.

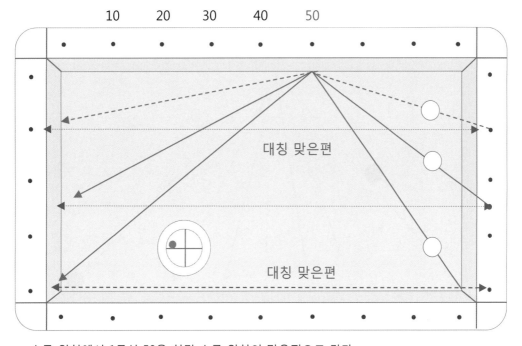

수구 위치에서 1쿠션 50을 치면 수구 위치의 맞은편으로 간다.

타법 : 최대 멕시멈 회전 주고 1쿠션을 스치듯이 부드럽게 회전을 다 살리며 굴려 친다.

보내고 싶은 지점(칸 수)의 ½지점을 부드럽게 밀어 치면 된다.
둔각인 경우에는 상단 당점을 사용하고, 예각인 경우에는 중 상단 당점을 사용한다.

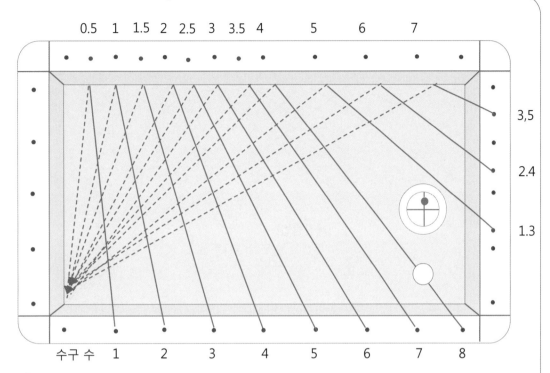

[해설]

장축에서 수구 수의 ½을 쳐서 좌측 하단 단쿠션 코너로 보내는 도형이다.

수구 수 1 ~ 8까지는 Point 칸수의 절반을 치면 되므로 아주 외우기가 간단하지만,
단축에서 출발할 경우는 수구의 출발 지점을 잘 기억해야 한다.
단축 출발 지점(1.3Point, 2,4Point, 3,5Point)

무회전 코너 보내기 System은 수구 수의 ½지점을 치면 좌측 하단 단축으로 입사되기
때문에 외우기가 쉽고 활용도도 아주 높다.

1적구를 맞히고 코너로 보낼 경우 Line을 기준으로 계산하기가 쉬우며,
코너 부근에 있는 목적구를 빈쿠션으로 칠 경우 아주 쉽게 득점할 수 있다.

당구대의 쿠션 상태에 따라 약간씩 오차가 발생할 수 있으나,
프레임 포인트와 레일 포인트를 적절히 공략하면 크게 문제 되지는 않는다.
무회전 타법은 상단을 주면 짧아질 수 있으므로 중 상단 당점이 무난하다.

[계산방법]

2쿠션 × 수구 수 = 1쿠션

[계산방법]

2쿠션 × 수구 수 = 1쿠션

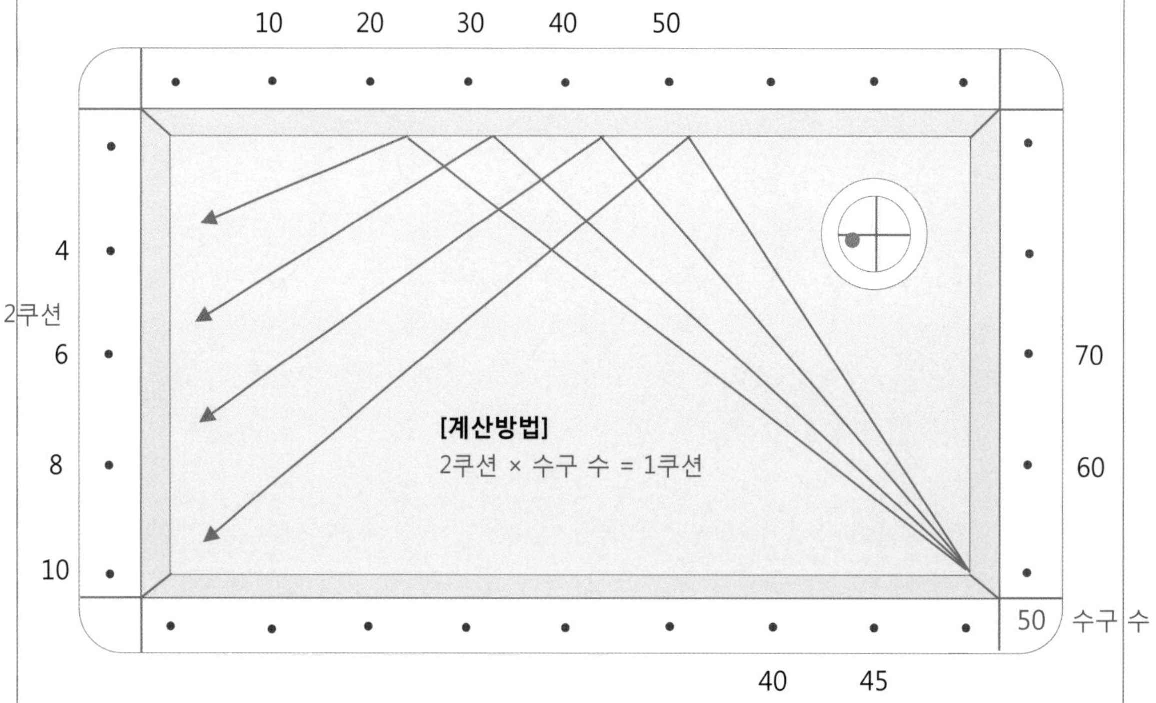

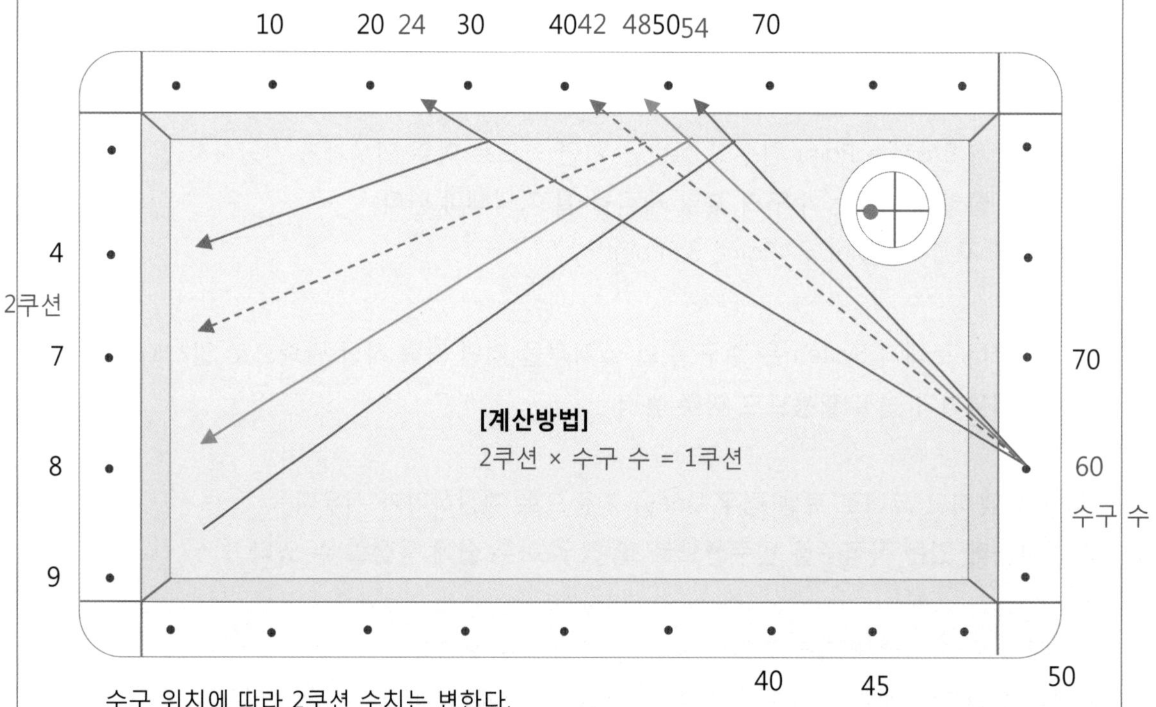

수구 위치에 따라 2쿠션 수치는 변한다.

타법 : 9시 당점 주고 부드럽게 굴려 친다.

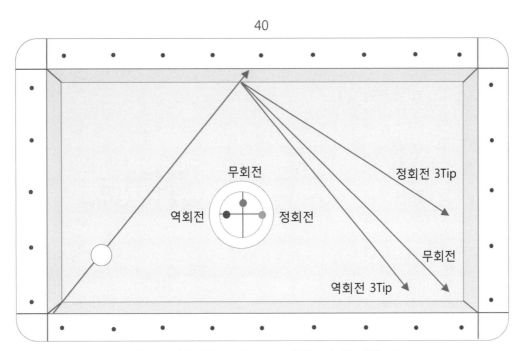

기울기 4Point정도에서는 역회전을 주더라도 크게 짧아지지는 않는다.
단, 타법에 따라 약간의 차이는 만들 수 있다.

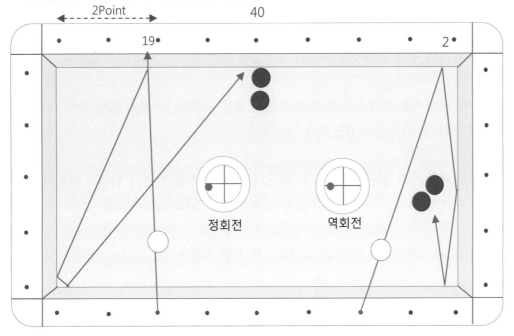

2Point 이내에서 멕시멈 회전 주고 일직선으로 치면 40지점으로 진행한다.

우측 도형은 멕시멈 역회전 주고 코너를 쳐서 득점하는 장면이다.

◆ Half Line 안에서 코너로 보내기

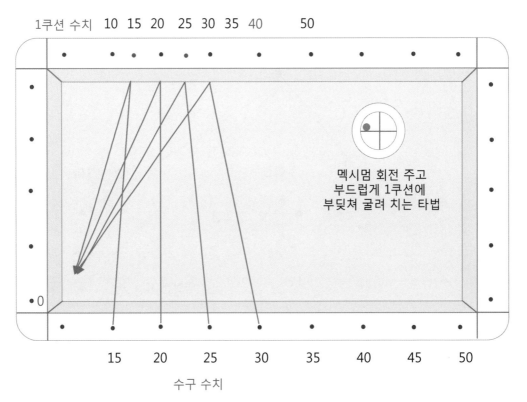

1쿠션 수치 10 15 20 25 30 35 40   50

멕시멈 회전 주고
부드럽게 1쿠션에
부딪쳐 굴려 치는 타법

0

15   20   25   30   35   40   45   50

수구 수치

[해설]

위 도형은 각각의 수구 위치에서 맞은편 장쿠션을 쳐서 코너로 보내는 장면이다.

Five & Half System을 알고 있다면 수구 수치와 같은 수치의 1쿠션을 치면 좌측 하단 코너 0으로 가는 것으로 외우기가 간단하다.

짧은 각에서 수구 수와 같은 1쿠션 수를 칠 경우 강하게 치면 튀면서 회전이 부족해 단쿠션에 맞지 않을 수도 있으므로 3Tip을 충분히 주고 부드럽게 스트록을 구사해야 된다.

수구 수치 20 이하에서 4Tip을 주고 일직선으로 치면 최종 4쿠션 지점은 4Point (40) 지점이 된다.

수구 수치 25에서 1쿠션 25를 치면 4쿠션 수치는 대략 43 ~ 45 정도에 도착하며,
수구 수치 30에서 1쿠션 30을 치면 4쿠션 수치는 대략 50 정도가 된다.

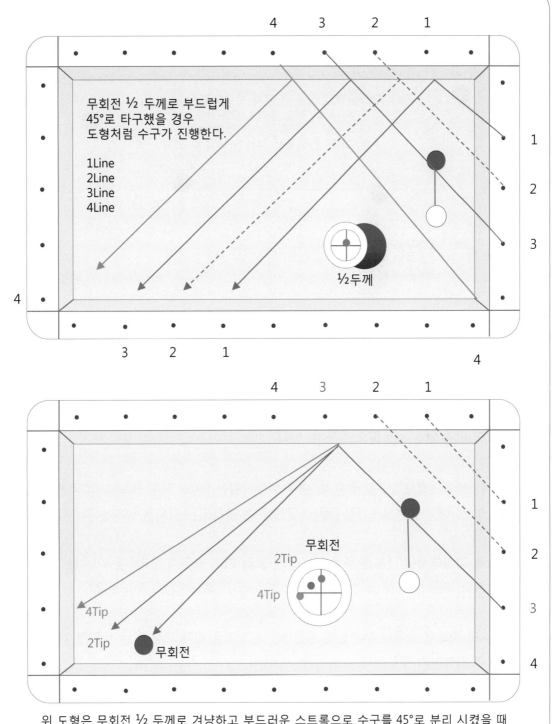

무회전 ½ 두께로 부드럽게
45°로 타구했을 경우
도형처럼 수구가 진행한다.

1Line
2Line
3Line
4Line

½두께

무회전

2Tip

4Tip

4Tip

2Tip

무회전

위 도형은 무회전 ½ 두께로 겨냥하고 부드러운 스트록으로 수구를 45°로 분리 시켰을 때
수구의 진행 동선을 나타낸 것이다. 장쿠션과 단쿠션에 각각 표시된 1.2.3.4 Line을 참고하여
이용하면 된다. 1Tip 당 반 포인트 씩 길어진다.

◆ 45°의 타법

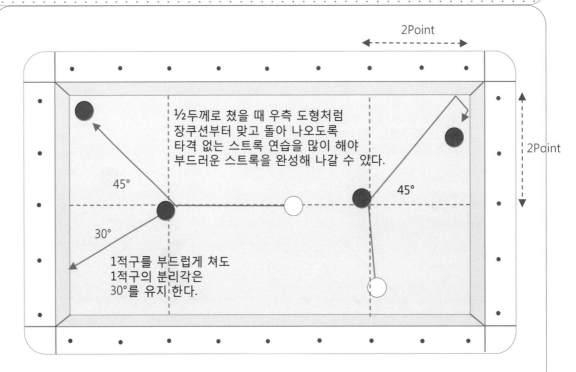

[해설]

위 도형은 1적구와 2적구가 45°일 경우 기본 타법을 나타낸 도형이다.

수구와 1적구가 일직선으로 있을 때 ½두께로 굴려 1적구를 맞히고 좌측 상단 코너에 있는 공을 맞히면 타격 없는 스트록으로 볼 수 있다.

이론적으로 ½두께로 1적구를 맞힌 후 수구의 분리각은 60°로 되어 있으나 이 이론은 직진성 없이 정 중앙 당점으로 1적구를 부딪쳤을 때 분리되는 각도를 말하는 것이다.

하지만 실제 경기에서는 대부분 공을 부드럽게 굴려 치기 때문에 분리각은 이론보다 훨씬 작게 분리된다. 아주 약하게 밀어칠 경우에는 35° ~ 37° 정도까지도 분리된다.

45° 분리각의 중요한 이유는 대부분의 공은 45°보다 조금 얇게 또는 조금 두껍게 겨냥하면 거의 득점이 가능하기 때문이다.

½두께로 맞히고 나머지 회전만 조절하면 거의 원하는 방향으로 공을 보낼 수 있다.

3쿠션에서도 마찬가지로 ½두께와 45° 분리각의 활용도는 너무 넓다.

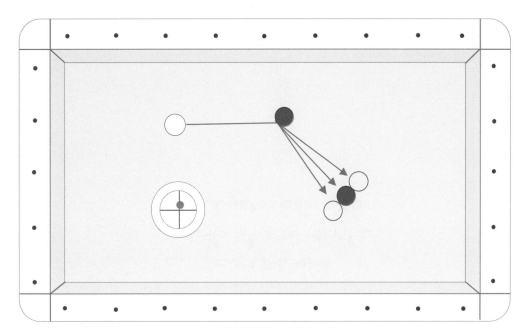

당구는 2적구의 좌 우측 공 한 개만큼 오차가 나도 득점이 되는데, 그것을 에러마진 이라고 한다.
에러마진이 큰 공을 선택할 줄 아는 것이 득점 확률을 높이는 비결이다.

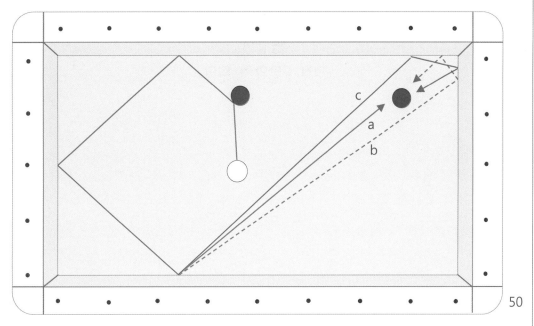

도형처럼 득점 기회가 a b c로 3번 있는 공을 Big Ball 이라고 한다.
따라서 공을 선택할 때는 에러마진이 큰 Big Ball을 선택할 줄 알아야 한다.

103

당구에 입문한지 오랜 기간이
지났는데도 당구가 늘지 않는다면
분명한 이유가 있다.

당구란 기본적으로 알아야 할
원칙들이 있으며
결국 기본기가 잘되어 있는 사람이
결승점에
먼저 도달하게 된다.

당구가 늘지 않는
10가지 이유

기본 자세와 기본 이론의 숙지 부족

브리지의 중요성

두께 겨냥법 활용을 하지 않는다

잘못된 연습 과정

멘탈 강화 부족

다양한 끌어치기의 기술 부족

프리샷 루틴

System을 배우려 하지 않는다

4구 Billiards 레슨

1. 기본 자세와 기본 이론을 중요하게 생각하지 않는다.
 당구는 기본 자세와 기본 이론(브리지, 그립, 당점, 두께 겨냥법, 분리각 이론, 타법, System) 등을 아주 중요하게 생각하고 꾸준히 익히고 습관 들여야 한다.

2. 브리지의 중요성을 인식하지 못하고 있다.
 골프, 야구, 탁구 등 모든 구기 운동은 공을 친 이후의 피니시 동작에서 파워와 방향성이 결정된다. 당구는 공에 임펙트를 가한 후 브리지를 바닥에 그대로 밀착 시키는 것을 피니시 동작이라고 생각해야 한다.
 하지만 대부분의 중 하급자 경우 공을 치자마자 브리지를 떼고 상체를 일으켜 공의 힘도 약해지고 방향성도 틀어지면서 공이 가볍게 날아다니는 것을 흔히 볼 수 있다.
 수구가 최소한 2쿠션을 돌아갈 때까지 절대 브리지를 당구대에서 떼면 안 된다.
 연습을 통해 2목적구가 맞을 때까지 브리지를 당구대에 밀착시키고 버텨보자.

3. 두께 겨냥법을 모르거나 전혀 활용하지 않는다.
 당구란 어느 정도 공을 맞히는 감각을 익히게 되면 그 다음부터는 두께 싸움이다.
 큐의 좌측과 우측 선을 이용해 1적구의 어느 지점을 겨냥할 것인지 꾸준히 노력하고 체크해야 한다.
 두께 겨냥법을 마스터하게 되면 6개월이면 충분히 300점을 달성할 수 있다.

4. 타법에 대한 이해도가 부족하다.
 공이 잘 늘지 않는 동호인을 보면 대부분 타법에 대한 이해도가 부족하다.연습을 할 때도 편한 공만 연습하는 장면을 흔히 볼 수 있다. 연습 과정을 통해 평소 잘 안 되는 타법을 익혀야 하며, 한가지 타법을 될 때까지 반복해서 확실하게 자신의 것으로 만들어야 한다.
 끌어서 치기, 부딪쳐서 치기, 밀어서 치기, 얇게 치기, 굴려서 치기 등 타법에 대한 이해도를 꾸준히 높혀나가야 한다.

5. 모르는 공을 배우려는 노력이 부족하다.
 모르는 공을 고점자에게 물어 보는 것은 절대 실례가 되지 않는다.
 또 질문해오는 하점자를 싫어하거나 답변을 회피하려는 고점자는 거의 없을 것이다.
 단, 직전 게임을 나에게 진 경우가 아니라면 ~
 사람이란 누구나 자신이 알고 있는 지식이나 상식을 상대방이 물어올 때 남에게 가르쳐 준다는 것을 절대 싫어하지 않는 것이 사람의 본성이다.
 하루에 한 가지만 물어서 배우는 것을 목표로 세우고 3개월 후의 나를 상상해 보라.
 그리고 배운 공이 이론이 아닌 나의 것이 될 때까지 꾸준히 연습하라.
 당구란 한가지를 배우면 그것을 응용하여 10가지를 칠 수 있는 것이 당구이다.

6. 멘탈이 약하다.
 하점자는 안 맞은 공에 대한 실망이 너무 크다.
 공이란 잘 친 공이 안 맞을 수도 있고, 잘못 친 공이 맞을 수도 있다. 실수한 공에 대해 연연하기 보다는 자신의 스트록이 잘되고 있는지 지속적으로 점검하는 것이 더 중요하다. 상대방의 다 득점에 동요 된다거나, 게임에 미리 질 것 같다는 생각을 갖는 것은 절대 금물이다. 가급적 에러 마진이 큰 공을 잘 선택하고 고점자와 같은 점수가 남아 있더라도 더 열심히 치는 모습을 보여야 한다. 고점자도 사람이기 때문에 긴장하기는 마찬가지이며, 어쩌면 하점자 보다 더 긴장하고 있을지 모른다.

7. 끌어치기에 대한 기술이 부족하다.

4구에서는 끌어치기가 40% ~ 50% 정도를 차지하는데, 특히 모아치기를 하려면
끌어치기 기술이 반드시 필요하다. 얇게 맞히면서 끌어치기, 수구의 힘을 죽이면서
끌어치기, 파워 끌어치기 등 다양한 끌어치기 기술을 별도로 터득해야 한다.
끌어치기를 잘하려면 첫 번째로 브리지가 견고해야 큐 미스를 방지할 수 있으며,
부드러우면서도 짧은 스피드도 필요하다. 또한 큐가 하단 수평에서 약간 아래 방향
으로 찔러 주어야 하며, 어깨 힘을 빼는 것을 반드시 챙겨야 한다.
끌어치기가 잘 안되더라도 힘 빼고 부드럽게 큐를 일직선으로 빠르게 찌르는 연습을
꾸준히 하다 보면 어느 날 갑자기 끌어치기가 아주 간단한 원리이며 쉽다는 것을
알게 된다.
끌어치기도 결국 알고 보면 하단 당점으로 밀어 치는 것이란 것을 잊지 말자.

8. 프리샷 루틴이 일정하지 않다.

골프를 잘 치려면 프리샷 루틴(타구하기 전에 하는 일정한 동작)을 잘해야 한다.
당구도 마찬가지로 타구하기 전까지 일정한 동작을 일관되게 취하는 것이 좋다.
예를 들어, 타석에 들어서면 득점을 위한 설계와 점검을 하게 되는데, 수구와 1적구의
궤도, Kiss의 유무, 스트록의 강약 결정 등 일련의 사항들을 짧은 시간에 반드시 점검
하고 엎드려야 한다.
위 사항들을 점검하기 전에는 절대 엎드리지 말고, 일단 엎드리면 스트록 이외의
다른 것들은 절대 생각하지 않고 스트록과 1적구의 두께에만 집중해야 한다.
(프리샷 루틴을 습관 들이자)

9. 기본 당구라고 너무 쉽게 생각한다.

당구란 쉬운 기본 공을 누가 더 잘 치는가에 따라 승부가 갈린다.
하점자는 쉬운 형태의 기본 공일수록 쉽게 생각하고, 고점자는 쉬운 형태의 기본
공일수록 실수하지 않으려고 최선을 다한다.
그 이유는 쉬운 공을 놓쳤을 때 그에 대한 파장을 너무도 잘 알기 때문이다.
게임의 승패가 뒤바뀌는 것도 대부분 쉬운 기본 공을 놓치면서 시작된다는 것을 명심
해야 한다. 특히 3쿠션은 제각돌리기와 뒤돌려치기가 60% 이다.
어려운 난구를 푸는 것도 중요하지만 기본 당구를 잘 치는 사람이 훨씬 더 실속 있게
당구를 즐길 수 있으며 승률도 높일 수 있다.

10. System을 복잡해 하고 배우려 하지 않는다.

대부분의 하점자의 경우 System은 고점자의 영역이라 생각하고 아예 배워 볼 생각
조차 하지 않는 동호인들이 적지 않은 현실이다.
사실 System을 배운다는 것은 너무나도 쉬운 일이고 너무나도 흥미있는 일이다.
System 이란 10 – 5 = 5 란 정도만 알면 누구나 쉽게 배울 수 있다.
System대로 해봤는데 잘 안 맞는다고 포기한 사람의 이야기를 듣고 System을 포기
하는 것은 정말 어리석은 일이다. 프로선수의 경우 대부분 경기 내용의 70% ~ 80%
이상을 System에 의한 계산으로 친다. 단지 계산이 빠르고 익숙해져 있기 때문에 일반인이
볼 때는 감으로 치는 것처럼 보이는 것 뿐이다.
(System이 없이 감으로 치던 시절 세계 일류 선수의 평균 타수는 약 0.7타 이고 System이
생긴 후 세계 일류 선수의 평균 타수는 약 2.0 이상이다. 이것이 System의 위력이다)

"3쿠션 Billiard 마스터 " 라는 책에는 모든 System이 아주 배우기 쉽게 설명되어 있다.

당구는 연습의 과정이
실전보다 더 중요하다.

당구를 어떠한 자세로
연습 하는가에 따라
6개월 안에 300점을 칠 수도 있고

아니면 20년을 쳐도
200점에 머무를 수도 있다.

효과적인
연습 방법

◆ 초보자의 기초 연습 단계

1 정확한 자세와 정렬 연습

가장 먼저 자세(스텐스)와 정렬을 정확히 취하는 연습을 한다. 그 이유는 자세가 똑바르지 않으면 그 다음 동작들을 정확히 취할 수 없기 때문이다.

2 그립과 브리지 취하는 연습

그립과 브리지는 공을 정확히 치기 위해 가장 기본이며 핵심인 만큼 바닥에 밀착된 견고한 브리지와 달걀을 감싸는 듯한 부드럽게 그립을 잡는 방법을 숙달 시킨다.

3 큐를 일직선으로 뻗는 연습

공을 일직선으로 친다는 것이 그리 쉬운 일이 아니다. 큐를 수평으로 낮추고 당구대 포인트에 맞춰 일직선으로 부드럽게 밀어 치는 연습을 꾸준히 한다.

4 느린 백스윙과 임펙트 연습

느린 백스윙 연습과 상박과 하박이 90°가 될 때 공에 임펙트를 가하는 연습을 한다. 공은 팔꿈치가 백스윙에서 90°로 돌아오는 순간 타구하는 것이다.

5 공 부딪치는 연습

정확한 임펙트 순간에 공을 맞히는 연습을 한다. 공을 잘 치려면 공을 부딪치는 강도를 숙달 시켜야 한다. 강하게, 약하게, 또는 보통으로 자연스럽게 부딪쳐 수구의 분리각을 형성 시키는 감각을 키운다.

6 회전 주는 연습

나침반 또는 시계판을 생각하면서 시침이 가리키는 위치, 또는 동,서,남,북, 동북, 서북, 동남, 서남 방향에 당점을 주고 회전을 주는 연습을 한다.

7 두께 겨냥 연습

두께 겨냥법을 배우고 모든 1적구의 두께는 두께 겨냥법에 따라 큐를 정확히 겨냥하는 연습을 꾸준히 하다 보면 자신도 모르게 당구가 아주 쉬운 스포츠란 것을 느끼게 된다.

8 실전

얇게치기, 두껍게치기로 1적구를 원하는 만큼 맞힐 수 있게 되면 실전으로 들어간다. 당구란 6개월 만에 300을 칠 수도 있지만, 20년을 쳐도 200밖에 못 치는 것이 당구다.

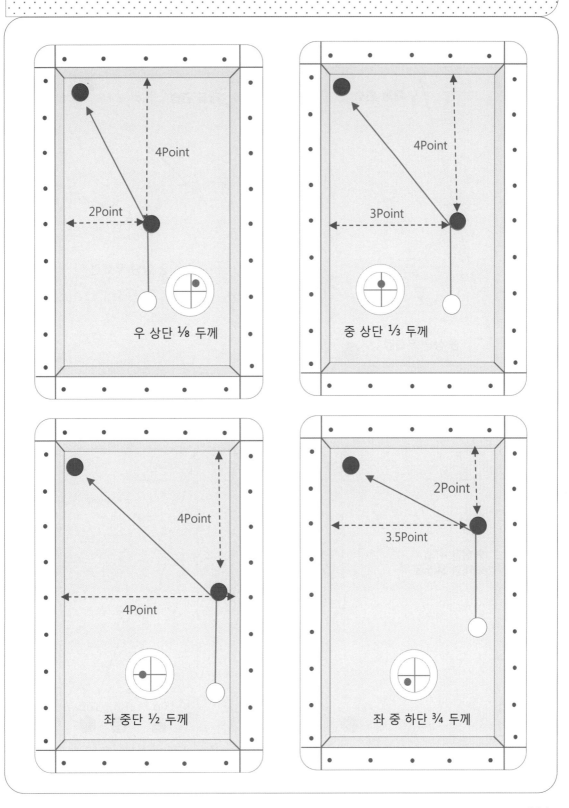

우 상단 ⅛ 두께

중 상단 ⅓ 두께

좌 중단 ½ 두께

좌 중 하단 ¾ 두께

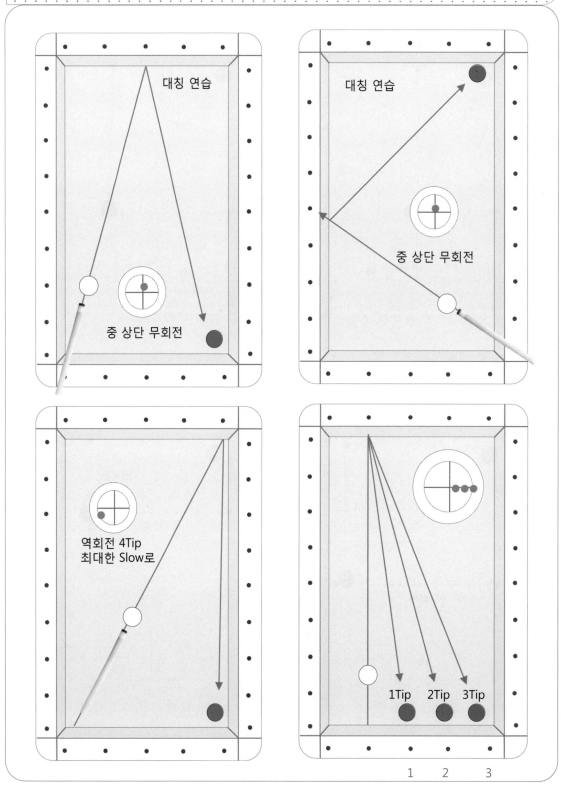

대칭 연습

중 상단 무회전

대칭 연습

중 상단 무회전

역회전 4Tip
최대한 Slow로

1Tip   2Tip   3Tip

1   2   3

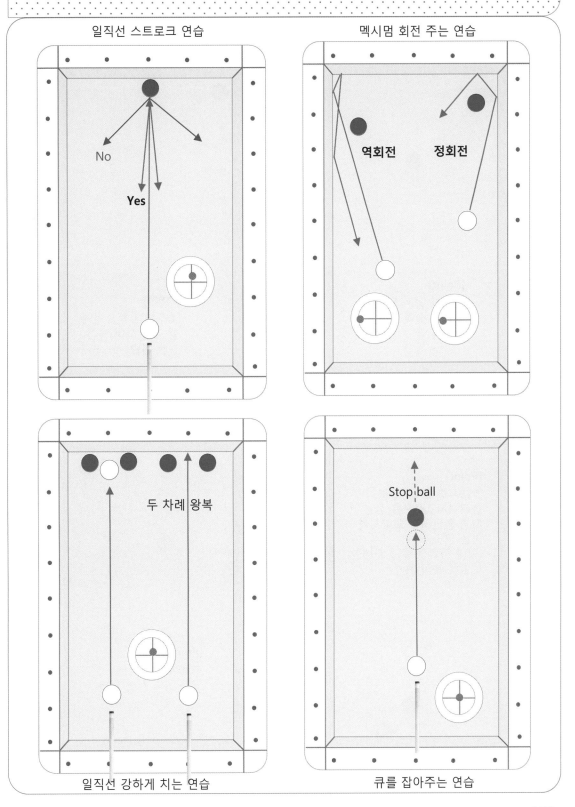

일직선 스트로크 연습

No

Yes

멕시멈 회전 주는 연습

역회전   **정회전**

두 차례 왕복

Stop ball

일직선 강하게 치는 연습

큐를 잡아주는 연습

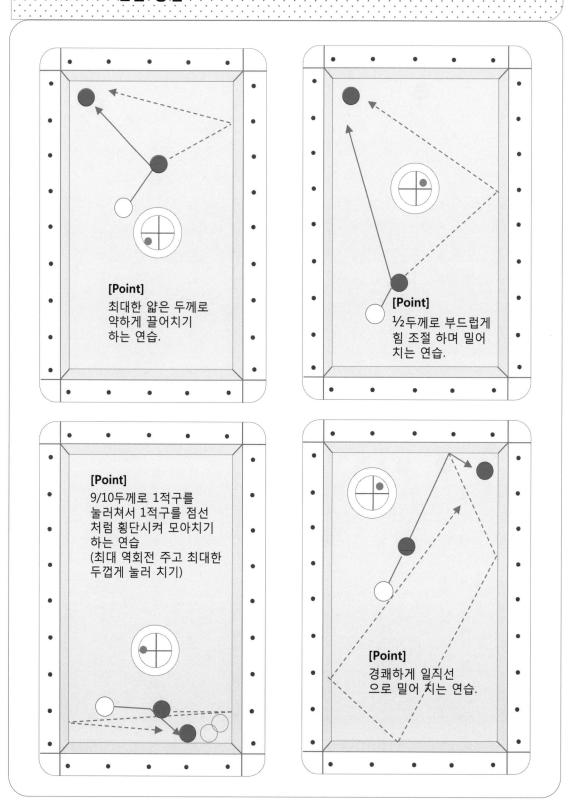

[Point]
최대한 얇은 두께로
약하게 끌어치기
하는 연습.

[Point]
½두께로 부드럽게
힘 조절 하며 밀어
치는 연습.

[Point]
9/10두께로 1적구를
눌러쳐서 1적구를 점선
처럼 횡단시켜 모아치기
하는 연습
(최대 역회전 주고 최대한
두껍게 눌러 치기)

[Point]
경쾌하게 일직선
으로 밀어 치는 연습.

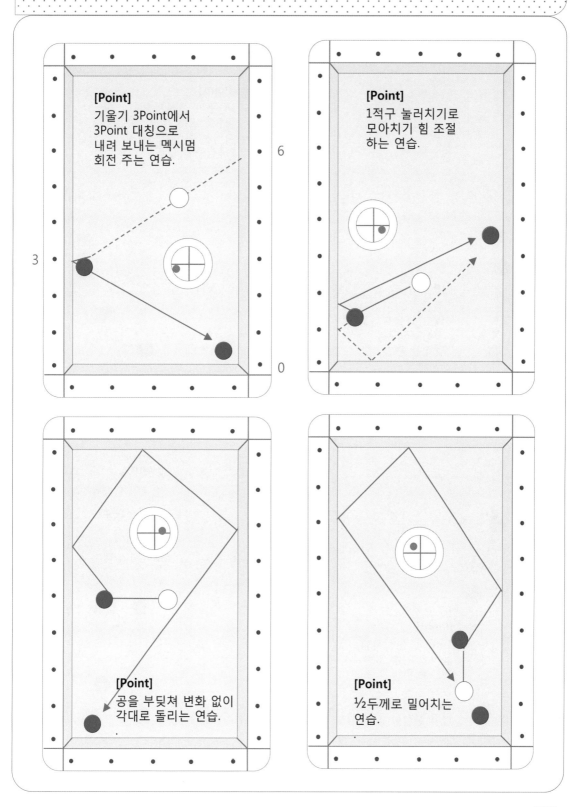

[Point]
기울기 3Point에서
3Point 대칭으로
내려 보내는 멕시멈
회전 주는 연습.

[Point]
1적구 눌러치기로
모아치기 힘 조절
하는 연습.

[Point]
공을 부딪쳐 변화 없이
각대로 돌리는 연습.

[Point]
½두께로 밀어치는
연습.

115

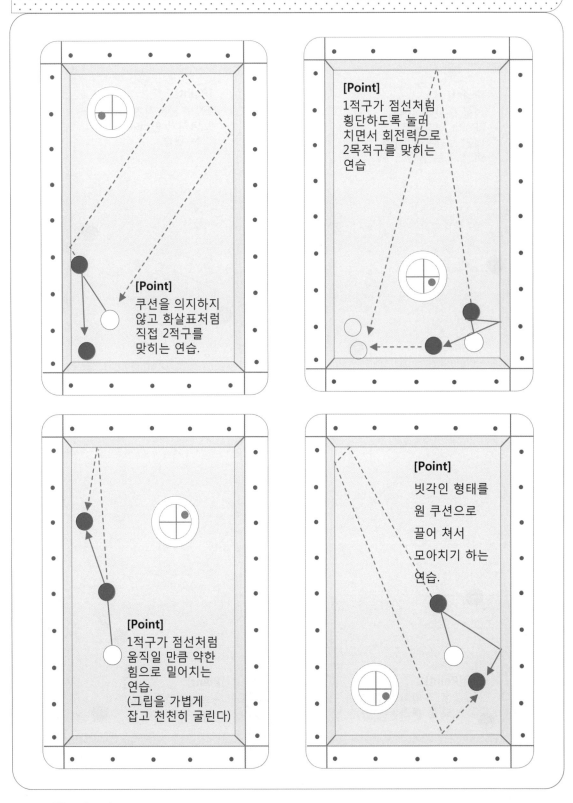

[Point]
쿠션을 의지하지
않고 화살표처럼
직접 2적구를
맞히는 연습.

[Point]
1적구가 점선처럼
횡단하도록 눌러
치면서 회전력으로
2목적구를 맞히는
연습

[Point]
1적구가 점선처럼
움직일 만큼 약한
힘으로 밀어치는
연습.
(그립을 가볍게
잡고 천천히 굴린다)

[Point]
빗각인 형태를
원 쿠션으로
끌어 쳐서
모아치기 하는
연습.

4구 Billiards 레슨 **116**

◆ 죽여치기 연습 방법

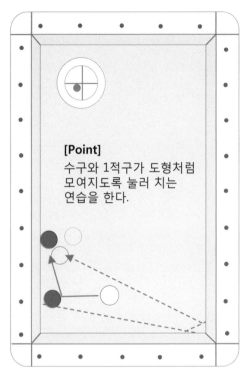

[Point]
수구와 1적구가 도형처럼
모여지도록 눌러 치는
연습을 한다.

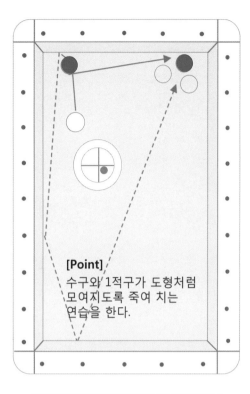

[Point]
수구와 1적구가 도형처럼
모여지도록 죽여 치는
연습을 한다.

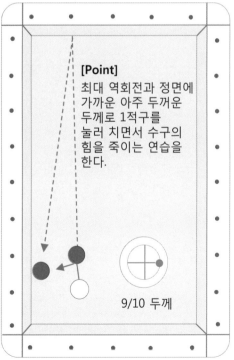

[Point]
최대 역회전과 정면에
가까운 아주 두꺼운
두께로 1적구를
눌러 치면서 수구의
힘을 죽이는 연습을
한다.

9/10 두께

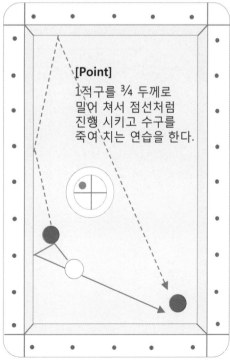

[Point]
1적구를 ¾ 두께로
밀어 쳐서 점선처럼
진행 시키고 수구를
죽여 치는 연습을 한다.

117

1쿠션과 2쿠션은

모든 당구의

기초가 된다

1쿠션. 2쿠션을
이용한 득점 방법

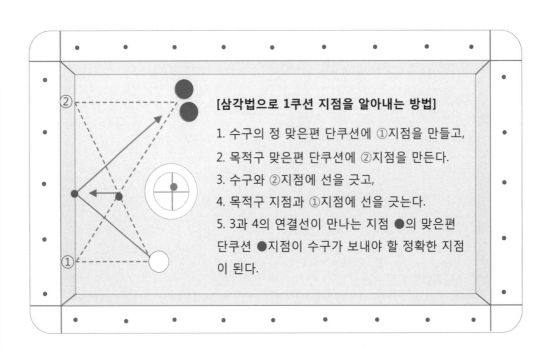

[삼각법으로 1쿠션 지점을 알아내는 방법]

1. 수구의 정 맞은편 단쿠션에 ①지점을 만들고,

2. 목적구 맞은편 단쿠션에 ②지점을 만든다.

3. 수구와 ②지점에 선을 긋고,

4. 목적구 지점과 ①지점에 선을 긋는다.

5. 3과 4의 연결선이 만나는 지점 ●의 맞은편 단쿠션 ●지점이 수구가 보내야 할 정확한 지점이 된다.

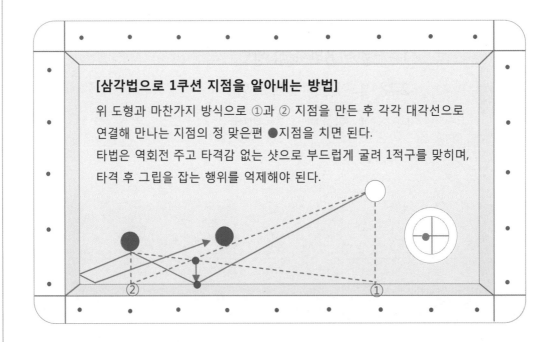

[삼각법으로 1쿠션 지점을 알아내는 방법]

위 도형과 마찬가지 방식으로 ①과 ② 지점을 만든 후 각각 대각선으로 연결해 만나는 지점의 정 맞은편 ●지점을 치면 된다.

타법은 역회전 주고 타격감 없는 샷으로 부드럽게 굴려 1적구를 맞히며, 타격 후 그립을 잡는 행위를 억제해야 된다.

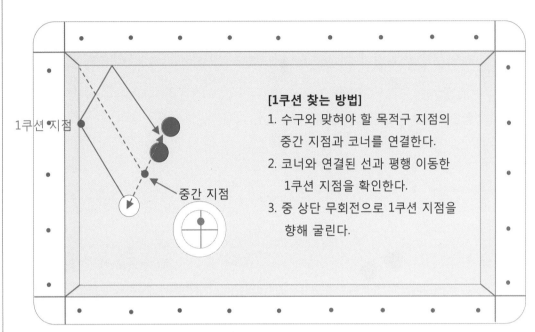

[1쿠션 찾는 방법]

1. 수구와 맞혀야 할 목적구 지점의 중간 지점과 코너를 연결한다.
2. 코너와 연결된 선과 평행 이동한 1쿠션 지점을 확인한다.
3. 중 상단 무회전으로 1쿠션 지점을 향해 굴린다.

1쿠션 지점

중간 지점

[무회전으로 공을 칠 때 주의해야 할 2가지]
1. 상단 당점이 아닌 중 상단 당점을 사용한다.
2. 수구를 겨냥 하면서 역회전이 되지 않도록 당점에 집중한다.

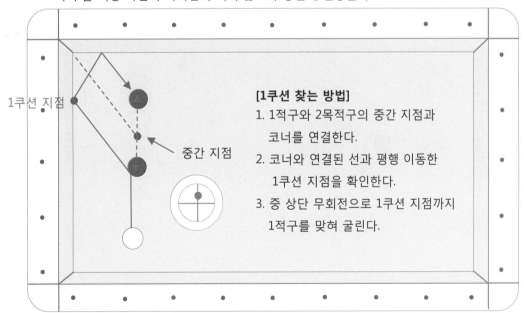

[1쿠션 찾는 방법]

1. 1적구와 2목적구의 중간 지점과 코너를 연결한다.
2. 코너와 연결된 선과 평행 이동한 1쿠션 지점을 확인한다.
3. 중 상단 무회전으로 1쿠션 지점까지 1적구를 맞혀 굴린다.

1쿠션 지점

중간 지점

무회전으로 칠 경우 큐팁이 수구의 중심에 정확히 겨냥되었는지 확인하는 방법은
큐팁을 중심으로 수구의 솨 우측 거리가 1 : 1로 정확한지 확인한 후 스트록을 해야 한다

수구가 쿠션에서 많이 떨어져 있을 때 수구 위치를 계산하는 방법

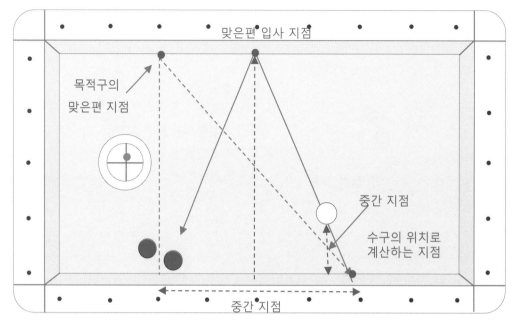

목적구의 맞은편에서 수구와 쿠션의 중간 지점을 연결해 닿는 지점이 수구의 위치가 되며, 그 위치와 목적구의 중간 지점의 맞은편 지점이 입사 지점이 된다.

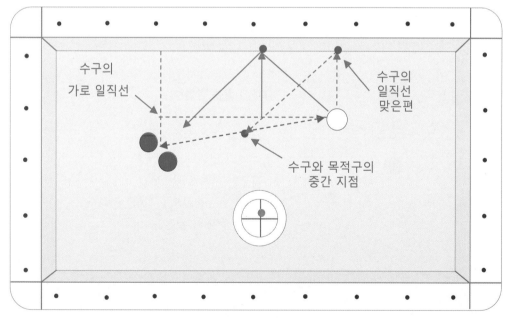

수구와 목적구의 중간 지점과 수구의 일직선 맞은편을 연결한다. 수구와 가로 일직선으로 선을 그은 다음, 위 도형처럼 만나는 지점의 맞은편을 친다.

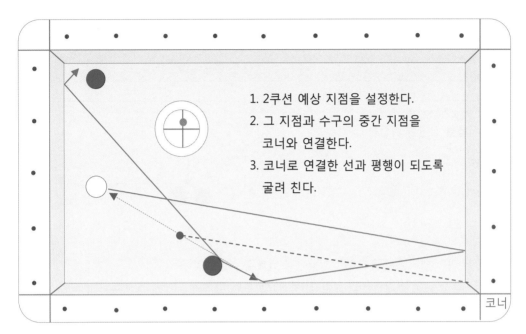

1. 2쿠션 예상 지점을 설정한다.
2. 그 지점과 수구의 중간 지점을 코너와 연결한다.
3. 코너로 연결한 선과 평행이 되도록 굴려 친다.

코너

No English에서 실패하는 가장 큰 이유는 당점을 정확하게 겨냥하지 못하기 때문인데, 그 이유는 주안시 때문이다. 미세하게 정회전 느낌Tip을 주고 시도해 보는 방법도 있다.

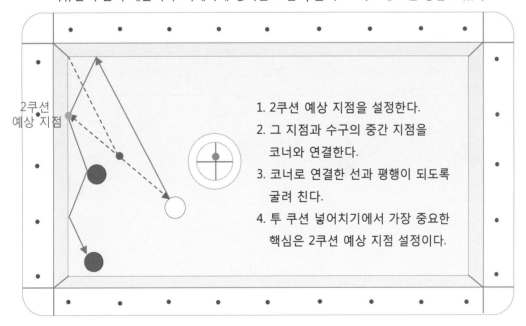

2쿠션 예상 지점

1. 2쿠션 예상 지점을 설정한다.
2. 그 지점과 수구의 중간 지점을 코너와 연결한다.
3. 코너로 연결한 선과 평행이 되도록 굴려 친다.
4. 투 쿠션 넣어치기에서 가장 중요한 핵심은 2쿠션 예상 지점 설정이다.

위 도형과 같은 형태에서 빈쿠션을 먼저 칠 때는 철저하게 굴려서 쳐야 공의 변화를 억제할 수 있어 득점률을 높일 수 있는 방법이며, 안으로 잘 빠지는 경우라면 미세하게 성회선을 수고 치녀 된다.

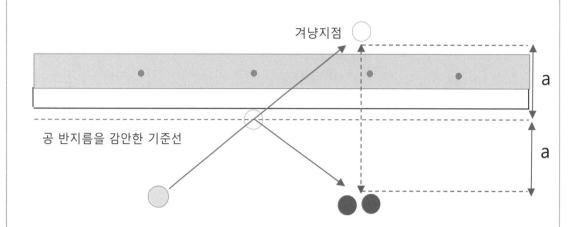

[해설]

위 도형은 미러 법칙을 이용해 1쿠션 지점을 알아내는 방법이다.

1. 공 반지름을 감안한 기준선을 정한다 (쿠션으로부터 약 3cm)

2. 기준선을 중심으로 1적구의 1 : 1 맞은편에 이미지 볼 지점을 정한다.

3. 이미지 볼을 향해 무회전으로 굴려 친다.

4. 기준선 지점과 공이 쿠션 날에 닿는 지점을 기억한다.

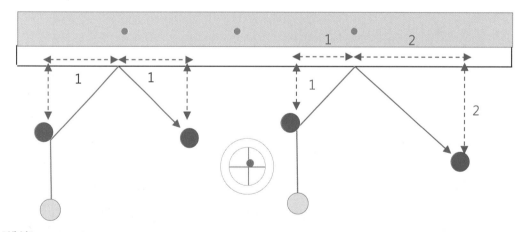

[해설]

위 도형은 1적구와 2적구가 각각 쿠션에서 떨어져 있는 거리를 비율로 계산해 1쿠션 지점을 산출하는 방식이다.

좌측 도형처럼 1적구와 2목적구가 쿠션에서 떨어져 있는 거리가 같을 때는 중간 부분을 치면 되고, 우측 도형처럼 1적구와 2목적구의 거리가 다를 때는 거리의 비율로 계산해서 1쿠션을 치면 된다.

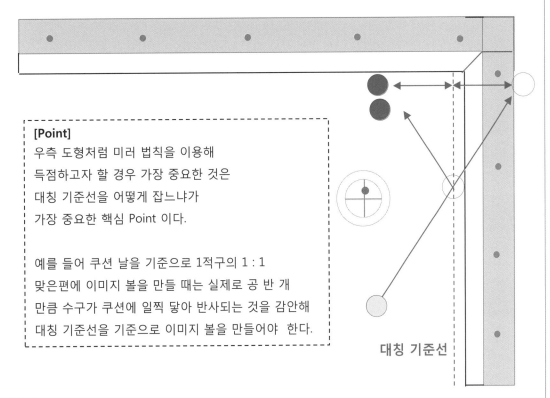

[Point]
우측 도형처럼 미러 법칙을 이용해
득점하고자 할 경우 가장 중요한 것은
대칭 기준선을 어떻게 잡느냐가
가장 중요한 핵심 Point 이다.

예를 들어 쿠션 날을 기준으로 1적구의 1 : 1
맞은편에 이미지 볼을 만들 때는 실제로 공 반 개
만큼 수구가 쿠션에 일찍 닿아 반사되는 것을 감안해
대칭 기준선을 기준으로 이미지 볼을 만들어야 한다.

대칭 기준선

[해설]
위 도형은 미러 법칙을 이용해 1쿠션 지점을 알아내는 방법이다.

1. 공 반지름을 감안한 대칭 기준선을 정한다 (쿠션으로부터 약 3cm)
2. 대칭 기준선을 중심으로 목적구의 1 : 1 맞은편에 이미지 볼 지점을 정한다.
3. 이미지 볼을 향해 무회전으로 굴려 친다.
4. 대칭 기준선 지점과 공이 쿠션 날에 닿는 지점을 이해하면서 연습을 통해 감각을 익힌다.

위 도형의 활용 범위는 앞으로 걸어치기와 안으로 넣어치기에서도 같은 이론이 적용되므로
이론적인 부분을 꼭 이해하고 넘어가야 한다.

이미지 볼을 만들 때는 대칭 기준선을 정하고, 그 대칭 기준선을 기준으로 1 : 1 대칭 지점에 이미지
볼을 만든 다음 미러 법칙을 활용하면 된다.

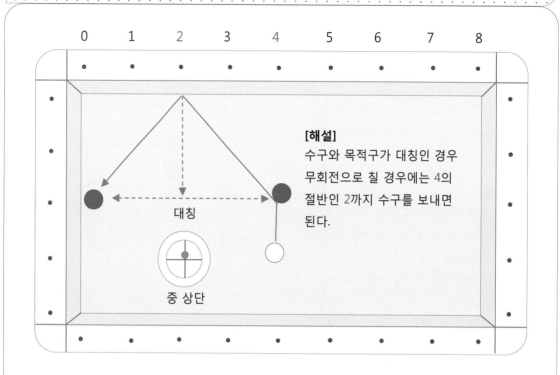

[해설]
수구와 목적구가 대칭인 경우
무회전으로 칠 경우에는 4의
절반인 2까지 수구를 보내면
된다.

[해설]
수구와 목적구가 대칭인 경우
무회전으로 칠 경우에는 4의
절반인 2까지 수구를 보내면
된다.
2.2 지점까지 보내면 더 안전하게
득점할 수 있다.

원 쿠션을 이용할 때는 일단 중심 지점을 파악한 다음 무회전으로 ½을 칠 것인지,
회전을 주고 약간 얇게 칠 것인지를 판단해야 한다.

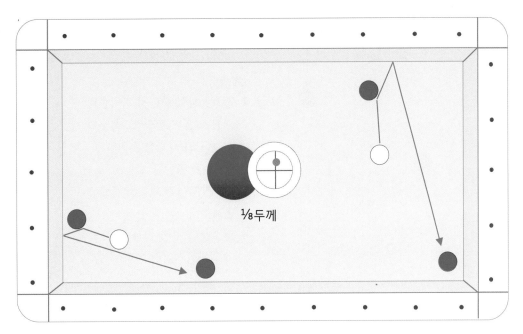

¹/₈두께

4구를 배우는 단계에서는 공을 천천히 부드럽게 굴려 맞히는 습관부터 들이는 것이
실력 향상에 도움이 된다.

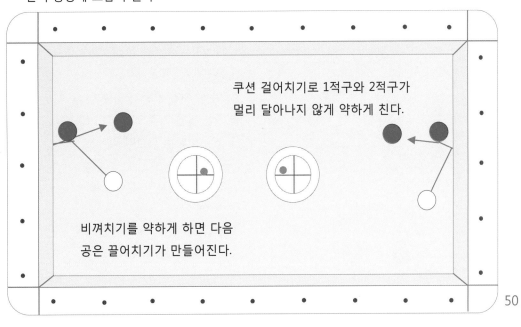

쿠션 걸어치기로 1적구와 2적구가
멀리 달아나지 않게 약하게 친다.

비껴치기를 약하게 하면 다음
공은 끌어치기가 만들어진다.

50

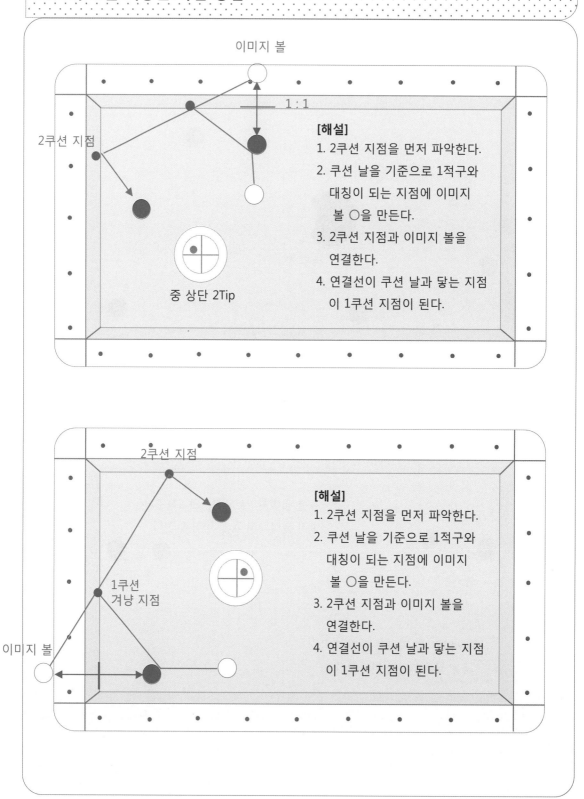

이미지 볼

1 : 1

2쿠션 지점

중 상단 2Tip

[해설]
1. 2쿠션 지점을 먼저 파악한다.
2. 쿠션 날을 기준으로 1적구와
   대칭이 되는 지점에 이미지
   볼 ○을 만든다.
3. 2쿠션 지점과 이미지 볼을
   연결한다.
4. 연결선이 쿠션 날과 닿는 지점
   이 1쿠션 지점이 된다.

2쿠션 지점

1쿠션
겨냥 지점

이미지 볼

[해설]
1. 2쿠션 지점을 먼저 파악한다.
2. 쿠션 날을 기준으로 1적구와
   대칭이 되는 지점에 이미지
   볼 ○을 만든다.
3. 2쿠션 지점과 이미지 볼을
   연결한다.
4. 연결선이 쿠션 날과 닿는 지점
   이 1쿠션 지점이 된다.

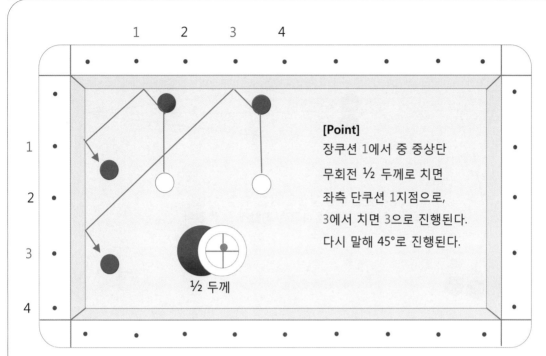

[Point]
장쿠션 1에서 중 중상단
무회전 ½ 두께로 치면
좌측 단쿠션 1지점으로,
3에서 치면 3으로 진행된다.
다시 말해 45°로 진행된다.

½ 두께

위 도형은 ½ 두께 무회전으로 치면 각각 45° Line으로 수구가 이동되는 것을 나타낸 것이며, 이 45° 도형을 참고하면 다양한 형태에 응용할 수 있다.

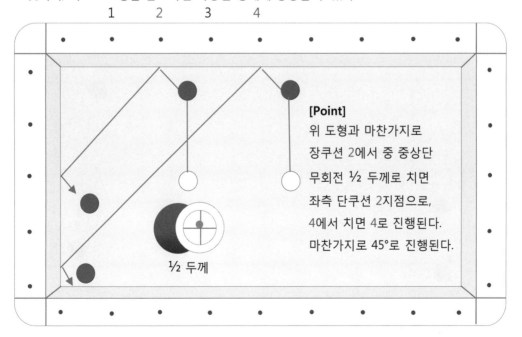

[Point]
위 도형과 마찬가지로
장쿠션 2에서 중 중상단
무회전 ½ 두께로 치면
좌측 단쿠션 2지점으로,
4에서 치면 4로 진행된다.
마찬가지로 45°로 진행된다.

½ 두께

위 도형에서 1Tip을 주면 3쿠션이 0.5Point 길어지고, 2Tip을 주면 1Point, 3Tip을 주면 1.5Point 가 각각 길어진다.

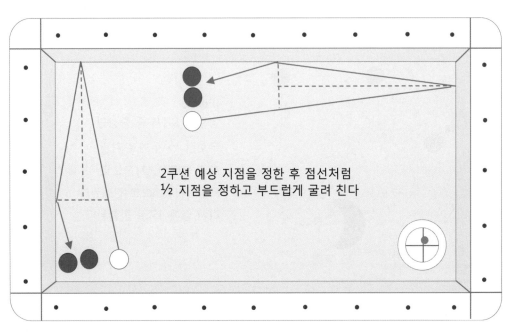

2쿠션 예상 지점을 정한 후 점선처럼
½ 지점을 정하고 부드럽게 굴려 친다

위 도형은 목적구와 수구가 일직선으로 있을 경우 맞은편 쿠션을 쳐서 득점하는 방법이다 .
무회전 중 상단 당점으로 부드럽게 굴려 치는 타법을 구사해야 한다.

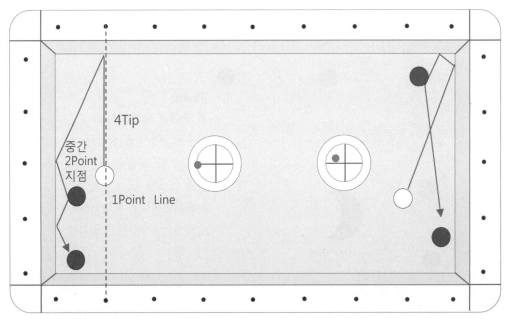

좌측 도형의 경우는 1Point Line에서 4Tip 주고 정면을 치면 단쿠션 중간 지점으로 가는 것을
이용해 득점한 것이다.
우측 도형의 핵심은 하단 당점을 사용해 2쿠션 이후 끌리는 것을 방지하는 것이 핵심이다.

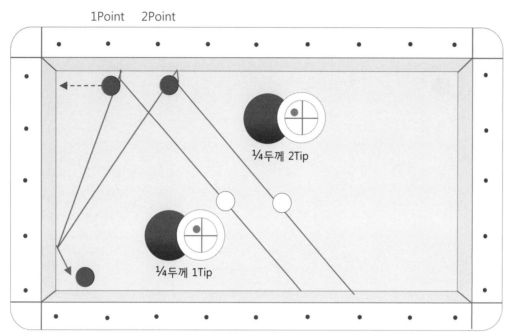

1적구가 점선처럼 단쿠션에 맞도록 ¼두께로 비껴 치는 것이 Point이며,
수구와 1적구의 기울기가 45°이며, 1적구가 1Point에 있을 경우는 1Tip,
2Point에 있을 경우는 2Tip, 3Point에 있을 경우는 3Tip을 주면 각각 코너 단쿠션으로 간다.

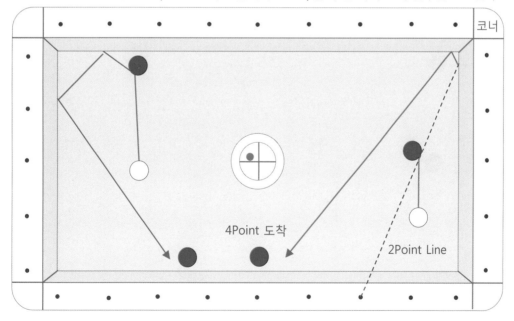

좌측 도형은 ½두께 2Tip으로 2적구가 맞을 만큼 1적구를 부딪쳐 분리각으로 친다.
우측 도형은 2Tip으로 부드럽게 고니까지 굴러 분리각으로 친다.

131

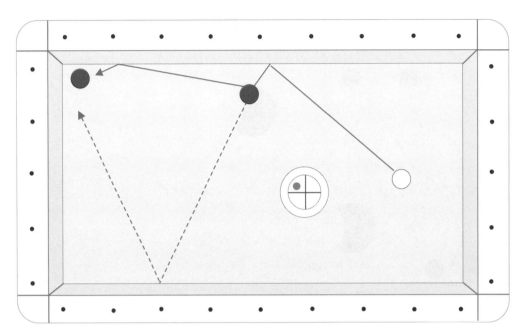

1쿠션 입사 지점을 향해 부드럽게 굴려 놓으면 분리각에 의해 득점이 되면서,
1적구는 점선처럼 동선을 그리며 모아치기가 된다.

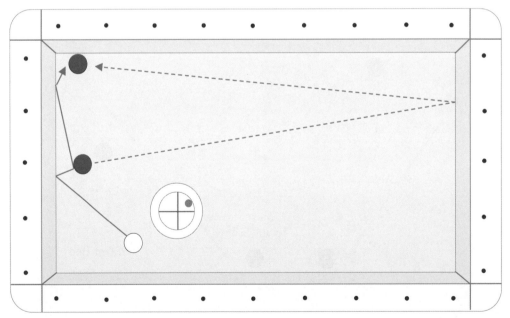

위 도형과 같은 형태이며 부담스럽게 얇게치기를 시도하는 것 보다는 도형처럼 편하게
입사 지점을 찾아 상단 당점 주고 굴려 치면 된다. 위 도형처럼 모아치기가 가능하다.

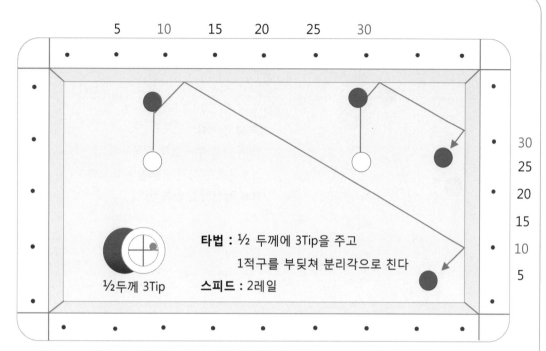

이 System은 향후 제각돌리기의 가장 핵심이 될 수 있으므로 타법의 강약과 포인트 수치를 정확히 알고 있어야 한다. (2레일 스피드로 부드럽게 밀어치기)

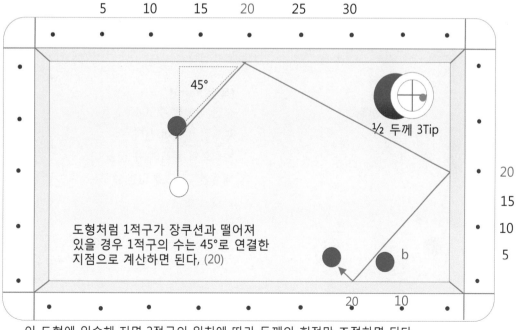

이 도형에 익숙해 지면 2적구의 위치에 따라 두께와 회전만 조절하면 된다.
예를 들어 2적구가 b의 위치에 있다면 2쿠션 10에 와야 하므로 반 포인트에 1Tip씩 계산해 ½ 두께에 1Tip으로 치면 득점할 수 있다.

133

더블 쿠션 또는 횡단 샷의 경우 중대 당구대와 대대 당구대는 수구의 진행이 다르다.
중대 당구대의 경우 회전에 의한 각으로 만 내려가며, 대대의 경우는 스트록으로도 내려간다.

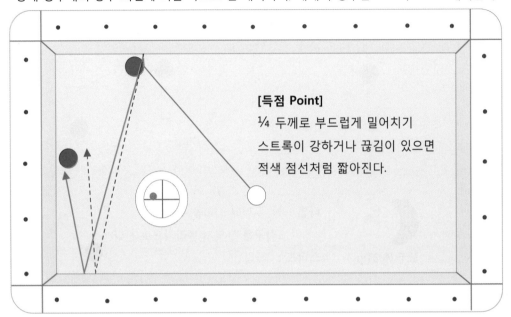

[득점 Point]

¼ 두께로 부드럽게 밀어치기
스트록이 강하거나 끊김이 있으면
적색 점선처럼 짧아진다.

더블 쿠션을 칠 경우 절대 빠르거나 강한 스트록은 삼가해야 한다.
대대 당구대의 경우 큐가 공 두 개 정도 통과할 정도로 부드럽게 밀어 쳐놓고 기다리면
수구는 각 대 각으로 진행하면서 득점하게 된다.

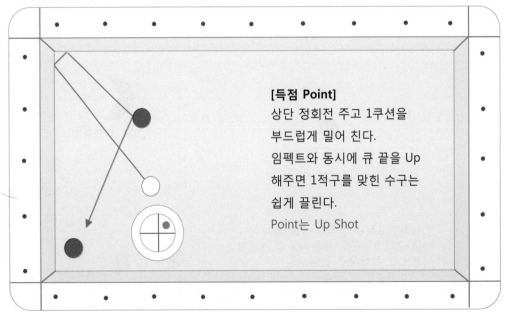

[득점 Point]

상단 정회전 주고 1쿠션을
부드럽게 밀어 친다.
임펙트와 동시에 큐 끝을 Up
해주면 1적구를 맞힌 수구는
쉽게 끌린다.
Point는 Up Shot

2쿠션 걸어치기에서 1적구를 맞힌 수구가 꺾여야 할 경우에는 상단 당점으로 1쿠션을
밀어 쳐야 하고, 길게 퍼져야 할 경우에는 하단 당점으로 부드럽게 굴려 쳐야 한다.

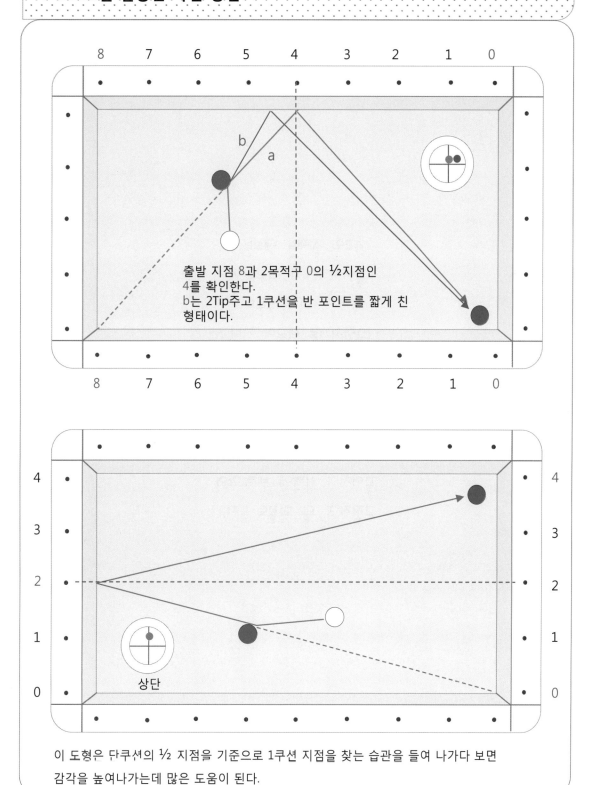

출발 지점 8과 2목적구 0의 ½지점인
4를 확인한다.
b는 2Tip주고 1쿠션을 반 포인트를 짧게 친
형태이다.

상단

이 도형은 단쿠션의 ½ 지점을 기준으로 1쿠션 지점을 찾는 습관을 들여 나가다 보면
감각을 높여나가는데 많은 도움이 된다.

4구의 승패는 대부분
끌어치기에서 좌우되며,
모아치기의 대부분은
끌어치기로 만들어 진다.

끌어치기를 잘하면 어떤 형태이든지
대부분 득점 할 수 있으며,

끌어치기 실력에 비례하여
고점자가 될 확률도 높다.

4구는 끌어치기가
40% 이상을 차지한다

[끌어치기 스트로크]

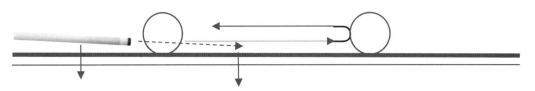

1. 큐의 경사 각도　　　2. 이 지점에서 끌어치기 한다는 느낌을 갖고 큐를
　　　　　　　　　　　　　 깊게 찔러 준다.

1. 끌어치기의 경사 각도
큐 끝의 방향이 위 도형의 점선처럼 약간 아래를 향해 밀어주어야 한다,

2. 큐를 뻗어야 할 지점
점선 화살표 끝 지점까지 한번에 거침없이 큐를 찔러 준다.

[밀어치기 스트로크]

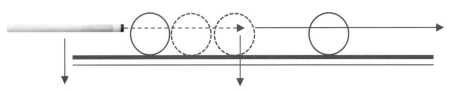

1. 큐의 경사 각도　　　2. 큐를 뻗어야 할 지점

1. 밀어치기의 경사 각도
큐의 방향이 수평을 유지하고 공 두개 이상 통과하는 느낌으로 수평으로 밀어 준다
밀어치기의 핵심은 부드러우면서 큐 스피드를 잘 이용하는 것이다.
(가장 중요한 것은 큐의 무게를 이용하는 것이며, 임펙트 이후에 그립을 잡지 않는다)

2. 큐를 뻗어야 할 지점
큐를 점선 화살표 끝 지점까지 뻗어 주는 느낌으로 부드럽게 밀어 준다.

수구와 1적구를 연결하고, 1적구와 2적구를 연결해서 만나는 지점의 중간 지점이 겨냥점이다.

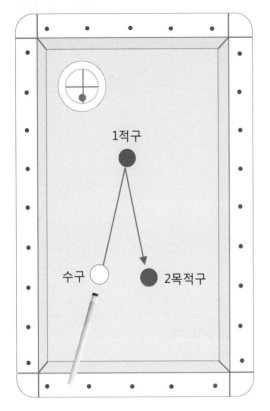 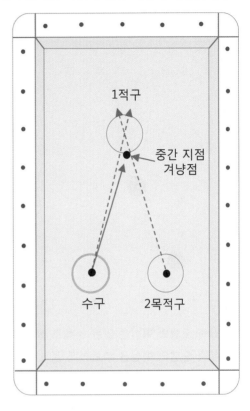

[해설]

당구의 기술 중에서 가장 흥미있는 기술 중의 하나가 끌어치기라고 할 수 있다.

실제로 공이 뒤로 끌리기 시작하면서 당구의 역사가 바뀌기 시작했을 정도로 끌어치기는
당구에서 가장 중요한 부분을 차지하고 있으며, 모아치기에서 가장 많이 활용되는 기술이다.

끌어치기 기술을 크게 분류하면 길게 끌어치기와 짧게 끌어치기가 있다.

짧게 끌어치기 할 때는 브리지를 짧게 잡고 스트록도 빠르고 간명하게 하는 것이 요령이다.

브리지를 짧게 잡으면 큐의 흔들림이 방지되고, 순간 스피드를 낼 수 있으며 자세가 안정
되어 미스 샷을 방지할 수 있다.

반대로 길게 끌어 칠 때는 브리지의 거리를 멀리하고 어깨와 손목의 힘을 완전 뺀 다음
스트록을 부드럽게 물 흐르듯이 하단을 깊이 밀어주는 것이 요령이다.

또한 끌어치기 할 때는 브리지를 견고히 하고 큐 끝이 겨냥점보다 아래쪽으로 향하도록
큐를 전진시키면서 부드럽게 그립을 잡아 마무리하는 것이 요령이다.

4구에서 승리하는 비결은 끌어치기로 모아치기를 잘하는 것이다..

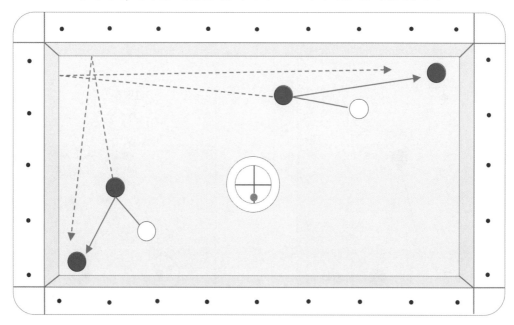

좌측 도형의 핵심은 얇은 두께로 끌어치기 하는 것이 핵심이며,
우측 도형의 핵심은 부드럽게 끌어치기 하는 것이 핵심이다.

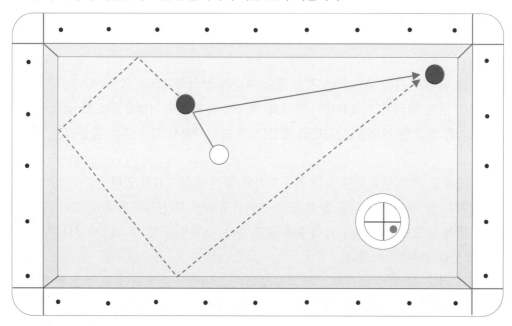

위 도형의 끌어치기 핵심은 4/5 두께로 두껍게 누르면서 끌어치기 하는 것이다.
하단 당점이 아닌 중 하단 당점에 우측 회전을 최대한으로 준다.

◆ 끌어치기로 코너로 모아치기

끌어치기에서 공이 약간씩 덜 끌리는 현상이 생기면 큐 끝을 임펙트 이후 계속 아래로 향하라

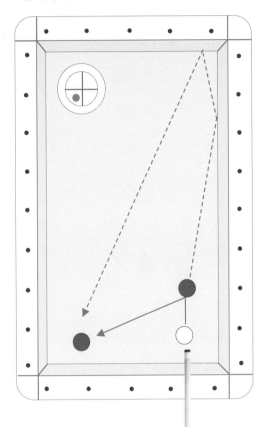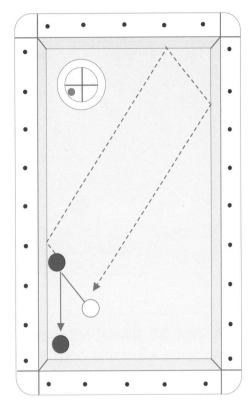

[해설]
위 도형은 끌어치기로 모아치기 하는 대표적인 형태이다.

이 두 형태에서 대부분의 동호인들이 모아치기에 실패하는 경우를 흔히 볼 수 있다.
좌측 도형처럼 90°가 넘는 형태에서는 완전 끌어치기 스트록을 사용해야 한다.
단 두께를 조금 얇게 사용할 뿐이다.

우측 도형의 경우는 쿠션을 의지하지 않고 2목적구를 직접 맞힌다는 자세로 끌어치기
해야 한다.
쿠션을 의존하면서 1적구를 얇게 맞히거나 완전 끌어치기 타법이 안되면 수구는 쿠션을
맞는 순간 튀어 나가 득점에 실패하거나, 설사 2적구를 맞힌다 해도 얇은 두께로 끌어치기
하면 모아치기가 되지 않는다.

4구에서 승리하는 비결은 끌어치기로 모아치기를 잘하는 것이다.

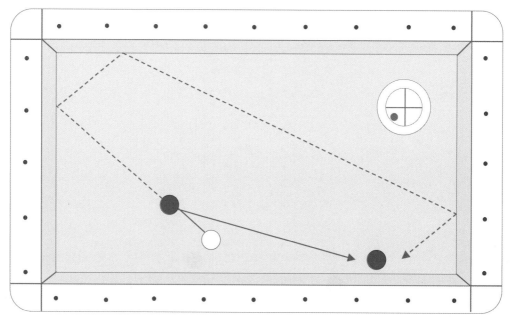

위 도형과 같은 형태에서 가장 중요한 것은 1적구를 맞히는 두께에 집중하는 것이다.
평소 연습 과정을 통해 빗 각에서 끌어치기 하는 감각을 익혀야 한다.

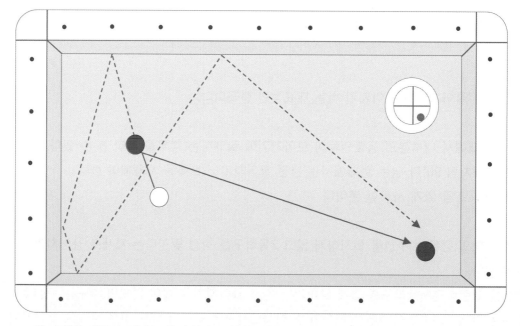

위 도형은 배우기 전에는 끌어치기로 전혀 상상이 안 되는 공이지만
알고 나면 누구나 칠 수 있고 모아치기가 멋지게 되는 형태이다.

◆ 끌어치기로 코너로 모아치기

4구에서 승리하는 비결은 끌어치기로 모아치기를 잘하는 것이다..

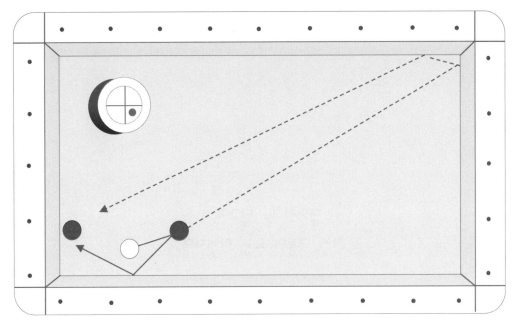

1적구의 두께를 우측 상단 단쿠션 코너 방향으로 잡고 1쿠션으로 끌어치기 하면
모아치기가 된다.

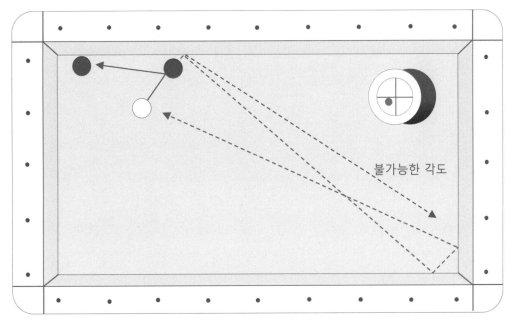

불가능한 각도

1적구를 대회전 시키기 어려운 각도에서는 1적구를 강하게 끌어서 맞은편 장쿠션
부터 맞힌 다음 리버스 & 로 1적구를 모아 칠 수 있다.

밀어치기는 당구에서
가장 기본이 되는 타법이며,

끌어치기도 알고 보면
당점을 하단에 주고
밀어치는 것이다.

밀어치기는
스트로크의
기본이다

밀어치기의 겨냥점

밀어치기와 수구의 비거리

밀어치기의 대표적 유형

큐 스피드를 이용한 밀어치기

밀어치기는 당구에서 가장 기본이 되는 타법이다.

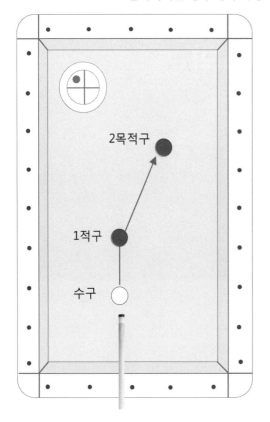 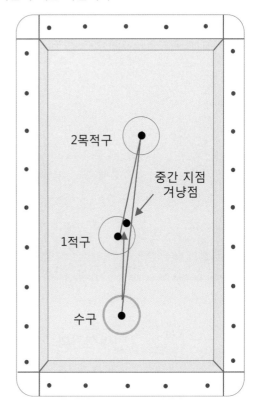

[해설]

위 도형은 밀어치기에서 겨냥점을 찾는 방법이다.

1. 수구 중심과 2목적구의 중심을 연결한다.
2. 1적구의 중심과 2목적구의 중심을 연결한다.
3. 그림처럼 두 중심선의 중간 지점이 겨냥 지점이 된다.

밀어치기는 큐가 수평으로 유지되어야 하며, 그립을 가볍게 잡고 큐의 무게로만 부드럽게 밀어 주면 누구나 쉽게 밀어치기를 할 수 있다.

수구와 1적구의 비거리가 먼 경우에는 상단 당점을 주지 않아도 공이 구르면서 생기는 전진력의 힘으로 자동적으로 밀어치기가 된다.

1적구를 맞힌 후 2목적구 까지의 이동거리가 먼 경우에는 순간 스피드를 빠르게 하면 된다.

밀어치기는 당구에서 가장 기본이 되는 타법이다.

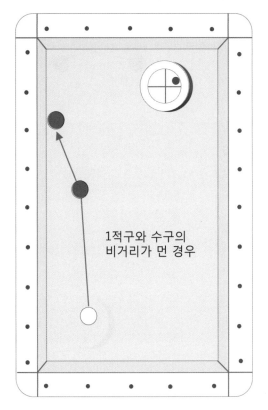

1적구와 수구의
비거리가 먼 경우

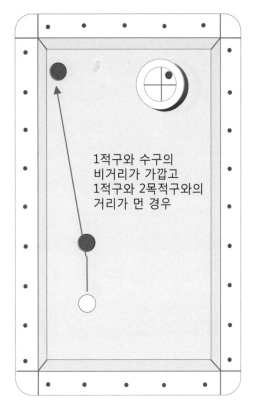

1적구와 수구의
비거리가 가깝고
1적구와 2목적구와의
거리가 먼 경우

[해설]

좌측 도형은 1적구와 수구의 거리가 멀고 1적구와 2목적구의 거리는 가까운 형태이다.

이 경우에는 당점을 중 상단 정도로 유지하는 것이 정확도에 도움이 될 수 있다.

수구와 1적구 간의 비거리가 먼 경우에는 밀어치기 타법을 사용하지 않고 천천히 굴려
치는 타법을 사용하는 것이 좋다.

비거리가 멀기 때문에 수구는 구르면서 전진력이 생겨 밀어치기 회전으로 바뀌게 된다.

우측 도형의 경우는 반대로 수구와 1적구는 가깝고 1적구를 맞힌 후 2목적구 까지의
거리는 비교적 먼 편이다.

이 경우에는 그립을 가볍게 잡고 큐의 무게를 활용해 스피드하게 치면 된다.

1적구가 2번 횡단할 정도의 힘으로 밀어치기 하면 다음 공도 모아치기가 될 수 있다.

다시 한번 강조하면 큐의 무게로만 부드럽게 밀어치는 것을 잊지 않는다.

밀어치기는 당구에서 가장 기본이 되는 타법이다.

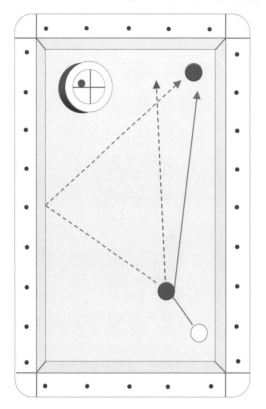 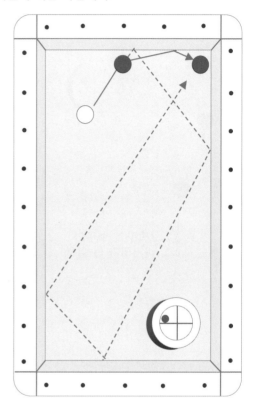

[해설]

좌측 도형은 반 밀어치기의 대표적인 형태이다.

좌측 도형은 모아치기에 가장 이상적인 형태이지만 중 하점자 대부분의 경우 공을 얇게 쳐서 1득점에 그치는 경우를 흔히 볼 수 있다.

이 공을 이상적으로 치는 방법은 ⅔정도의 두께로 적색 점선 방향으로 밀리지 않도록 당점을 중 상단에 주고 반 밀어치기 형태로 쳐야 된다.

가장 중요한 것은 1적구가 점선처럼 우측 상단에 멈출 정도의 힘 조절이 가장 중요하다.

우측 도형은 완전 밀어치기로 모아치기 하는 형태이다.

두껍게 쳐서 1적구를 한 바퀴 대회전 시키고 수구는 천천히 밀고 들어가 2적구를 맞힌다.

회전을 역회전으로 주는 이유는 2목적구를 맞힌 뒤 수구가 멀리 이동되지 않기 위함이다.

밀어치기는 당구에서 가장 기본이 되는 타법이다.

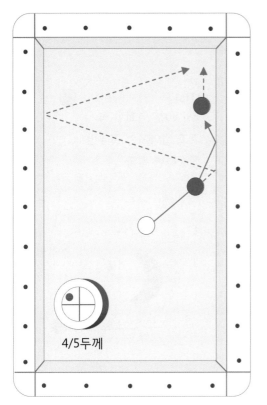

4/5두께

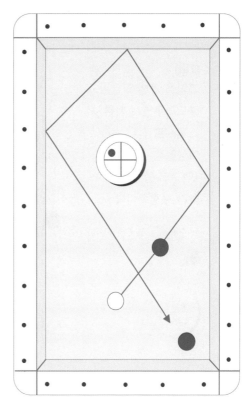

[해설]

밀어치기의 또 다른 형태이다.

좌측 도형은 1적구를 밀어치기로 우측 상단 코너에 모아치기 하는 장면이다.
얇은 두께로 밀어치기 하면 Kiss가 나므로 1적구를 두껍게 밀어 보낸 후 회전의 힘으로
2적구를 맞혀야 한다.

우측 도형은 1적구를 정면으로 밀어치기 해서 한 바퀴 대회전 시켜 득점하는 장면이다.
1적구의 겨냥점은 수구의 겨냥점과 똑같은 1적구의 지점에 큐 끝이 향하도록 하면 된다.

득점 요령은 손목을 풀고 던져치기 형태로 순간 최대의 스피드를 내면서 밀어 쳐야 된다.
3Tip 주고 순간 스피드만 있으면 당구대 한 바퀴 정도는 대회전 시킬 수 있다.
(부드러우면서 순간 스피드로 빠르게 쳐야지 1적구를 강하게 때리면 힘이 급속히 저하된다)

밀어치기는 당구에서 가장 기본이 되는 타법이다.

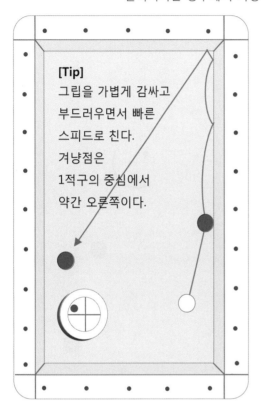

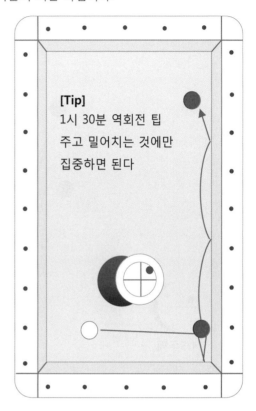

[해설]

위 도형은 또 다른 밀어치기의 형태이다.

좌측 도형은 투 바운딩으로 3쿠션으로 득점하는 장면이다.

어깨에 힘을 빼고 그립을 부드럽게 감싸 쥐고 큐 무게로만 부드럽게 롱 팔로우 샷을 하면 된다. 임펙트 이후 그립을 잡지 말고 계속 열어 놓아야 전진력을 높일 수 있다.

(1적구의 정면을 겨냥하면 스쿼트에 의해 1적구의 약간 우측에 자연스럽게 맞힐 수 있다)

우측 도형은 밀어치기로 전진력을 이용해 득점하는 장면이다.

생각보다 두껍게 치지 않고 절반 두께면 된다.

부드럽게 밀어치기를 하면 앞으로 향하는 전진력 때문에 공은 계속 쿠션을 타고 가면서 득점하게 된다.

마찬가지로 큐 무게를 이용해 부드러우면서 스피드하게 밀어치는 것을 기억 하자.

◆ 큐 스피드를 이용한 밀어치기

밀어치기를 잘하려면 그립을 가볍게 잡고 큐 무게와 스피드를 이용하면 된다.

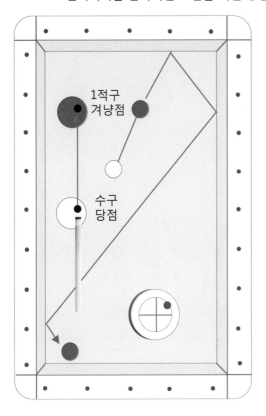

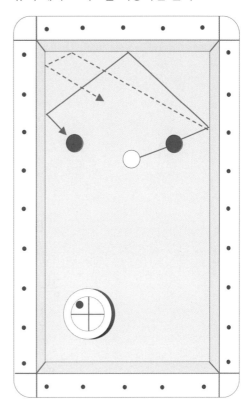

[해설]

위 도형은 밀어치기에서 어려운 형태는 아니지만 대부분 공의 원리를 몰라서 잘 선택하지 않는 경우를 흔히 볼 수 있다.

좌측 도형처럼 얇게 앞돌려치기가 안될 경우에는 일직선으로 밀어치기 하면 된다.
비거리가 멀기 때문에 선뜻 선택이 잘 안 되는 공이지만 알고 보면 어렵지 않은 공이다.
그립을 가볍게 잡고 임펙트 순간에만 부드러우면서 스피드만 높여 주면 된다.
(도형에 표시한 것처럼 수구의 당점 위치와 1적구의 똑같은 지점을 겨냥하면 된다)

우측 도형은 얇게 제각돌리기가 어려운 상황이다. 이 경우도 마찬가지로 거의 일직선
밀어치기로 회전력만 갖고 치면 쉽게 득점할 수 있다.
단, 주의할 점은 공은 공끼리 두껍게 부딪치면 자연적으로 많은 회전이 발생된다.
따라서 생각보다 일직선으로 밀어 쳐야 득점할 수 있다.

Ball System은

3쿠션에서

공의 두께와 회전수를

총량으로 계산하는

System 방식으로

특히 제각돌리기에서

가장 활용도가 높다.

당구의 기초
Ball System

¹⁄₈두께면 1, ³⁄₈두께면 3, ⁵⁄₈두께면 5 방식으로 계산하며,
회전은 1Tip은 1, 2Tip은 2, 3Tip이면 3으로 계산한다.

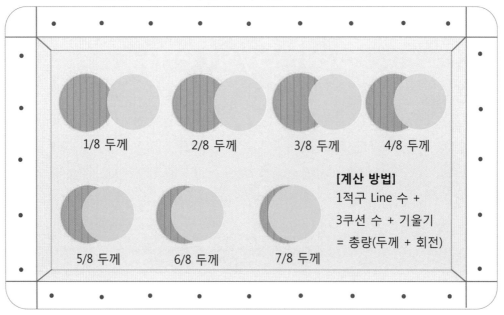

1/8 두께   2/8 두께   3/8 두께   4/8 두께

[계산 방법]
1적구 Line 수 +
3쿠션 수 + 기울기
= 총량(두께 + 회전)

5/8 두께   6/8 두께   7/8 두께

Line 수 계산은 1과 2 Line에 1적구가 있으면 Line 수 1, 2와 4 Line에 1적구가 있으면 Line 수 2,
3과 6 Line에 1적구가 있으면 Line 수 3, 4와 8 Line에 1적구가 있으면 Line 수 4로 계산한다.

1쿠션 Line 수 1   2   3   4   5   6

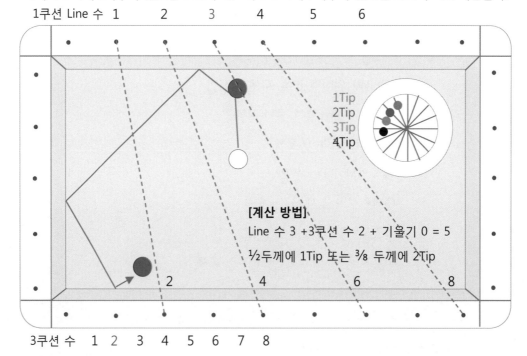

1Tip
2Tip
3Tip
4Tip

[계산 방법]
Line 수 3 +3쿠션 수 2 + 기울기 0 = 5
½두께에 1Tip 또는 ³⁄₈ 두께에 2Tip

3쿠션 수 1 2 3 4 5 6 7 8

계산 방법 : 1적구 Line 수 + 3쿠션 수 = 두께 + 회전(Tip) 수 / 기울기는 반 포인트에 1씩 가감 함.

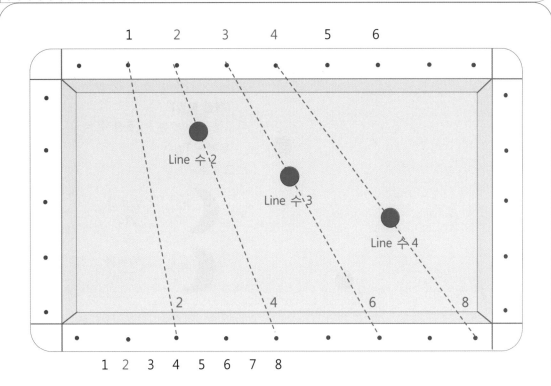

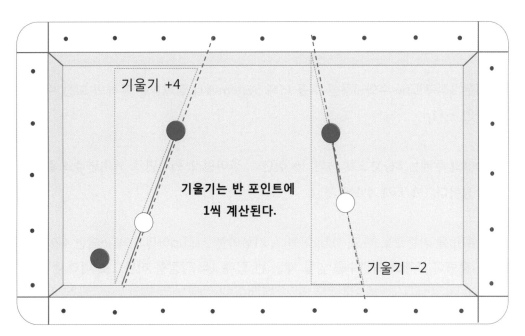

2목적구가 왼쪽 방향에 있을 때 좌측 도형은 기울기 4이므로 기울기 값 **+4**를 더해주고,
우측 도형은 **-2**이므로 총량에서 기울기 값 **-2**를 빼고 치면 된나.

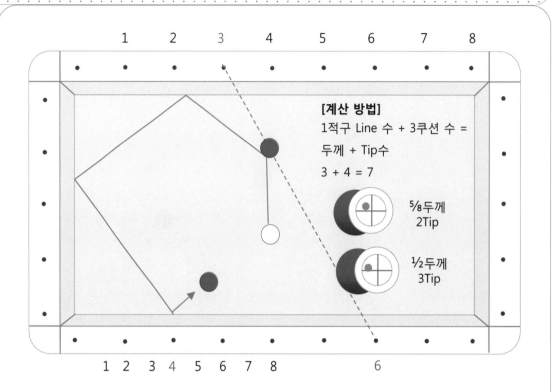

[해설]

Ball System으로 제각돌리기를 하는 도형이다.

계산 방법은 1적구 Line 수와 3쿠션 수를 더해 System에서 정해놓은 두께와 회전 수를 조합해 선택하면 된다.

Ball System의 두께는 8등분으로 하며, ⅛ 이면 1, ¼이면 2, ⅜이면 3, ½이면 4와 같은 방식으로 정한다. (⅛ 두께에 1씩 계산)

회전수는 4Tip을 기준으로 하고, 1Tip이면 1, 2Tip이면 2, 3Tip이면 3, 4Tip이면 4가 된다. System의 총량이 두께와 회전수를 넘을 때는 반 팁에 1씩 당점을 하단으로 내려서 치면 된다.

위 도형의 계산법은 1적구가 3과 6, 즉 3 Line에 걸쳐 있으므로, 1적구 수(3) + 3쿠션 수 (4) = (7) 이므로 ½두께에 3Tip을 주던지, ⅝두께에 2Tip을 주고 치면 된다.

아래 도형처럼 1적구와 수구가 가까이 있을 경우 분리각이 커지므로 부드럽게 쳐야 한다.

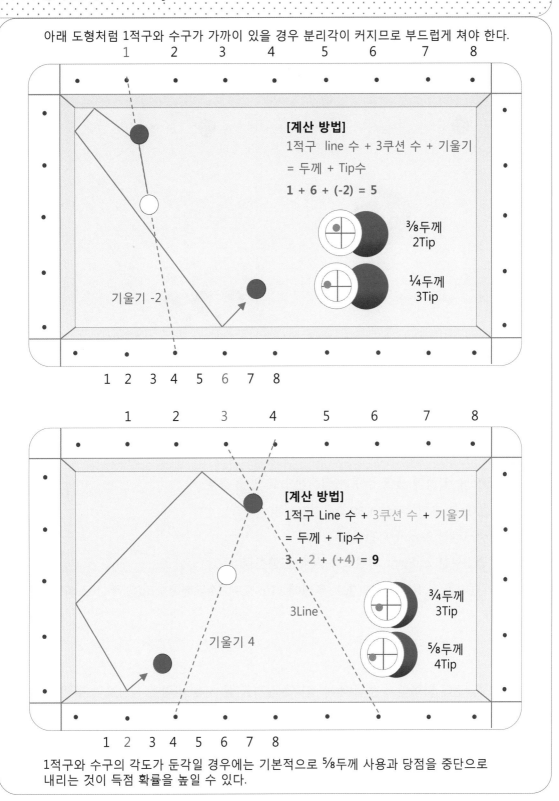

[계산 방법]

1적구 line 수 + 3쿠션 수 + 기울기

= 두께 + Tip수

1 + 6 + (-2) = 5

³/₈두께
2Tip

¼두께
3Tip

기울기 -2

[계산 방법]

1적구 Line 수 + 3쿠션 수 + 기울기

= 두께 + Tip수

3 + 2 + (+4) = 9

³/₄두께
3Tip

⁵/₈두께
4Tip

3Line

기울기 4

1적구와 수구의 각도가 둔각일 경우에는 기본적으로 ⁵/₈두께 사용과 당점을 중단으로
내리는 것이 득점 확률을 높일 수 있다.

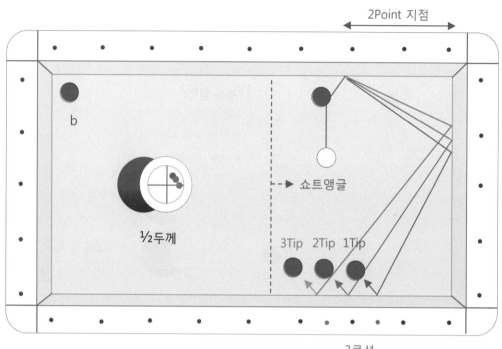

2Point 지점

쇼트앵글

½두께

3Tip 2Tip 1Tip

3쿠션

[해설]

위 도형은 제각돌리기에서 가장 표준이 되는 형태이다.

1적구가 2Point 지점에 있고 수구가 일직선으로 있을 경우,

½두께로 1Tip을 주면 3쿠션 1.5Point 지점으로

2Tip을 주면 3쿠션 2Point 지점으로

3Tip을 주면 3쿠션 2.5Point 지점으로 각각 진행한다.

좌측 상단 코너의 공 b를 맞히려면 ½두께에 3Tip 또는 ⅝두께에 2Tip을 주고 스피드만 높혀 주면 된다.

[타법]

쇼트 앵글 (당구대 한쪽에서 운영)에서 제각돌리기를 잘 치는 비결은 생각보다 두꺼운 듯 약하게 치는 것이며, 대략 1.5레일 스피드면 적당하다.

그 이유는 System을 적용하는 수치가 1.5레일 스피드에 맞추어져 있기 때문이다.

Ball System으로 계산하면 ⅜ 두께에 무회전으로 치는 것이 맞지만 적구가
쿠션 가까이 붙어 있을 경우 ¼ 정도로 얇게 치는 것이 득점 확률을 높일 수 있다.

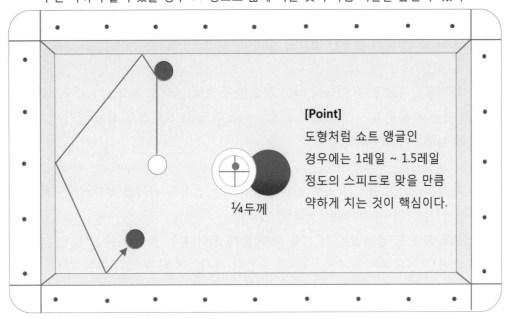

[Point]
도형처럼 쇼트 앵글인
경우에는 1레일 ~ 1.5레일
정도의 스피드로 맞을 만큼
약하게 치는 것이 핵심이다.

¼두께

위 도형처럼 1적구가 2Point에 가까이 있고 2적구가 3쿠션 1Point에 있을 경우

무회전 중 상단 당점에 ¼ 두께로 외워 두면 된다.

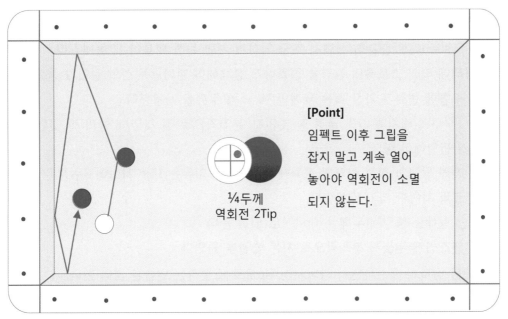

[Point]
임펙트 이후 그립을
잡지 말고 계속 열어
놓아야 역회전이 소멸
되지 않는다.

¼두께
역회전 2Tip

역회전 2Tip 주고 타격 없이 부드러운 스트록을 해야 1쿠션 이후 역회전이 살아 있어 득점할 수
있다. 득점 핵심은 임펙트 이후 끝까지 그립을 잡지 말고 큐 무게로 천천히 치는 것이다.

일본 용어로 하꼬(상자)라고 불리는 제각돌리기는 경기에서 30% 이상을 차지한다.
더 중요한 것은 제각돌리기가 잘되는 날은 다른 공도 잘 맞고, 제각돌리기가 잘 안 되는
날은 다른 공도 잘 안 맞는 경우가 많다는 것이다.

그 이유는 제각돌리기의 경우 형태에 따라 정확한 스트록 선택과 정확도가 요구되며,
뒤돌려치기 또는 앞돌려치기 처럼 리버스 &의 찬스가 없고 정확하게 공을 맞히지 못하면
바로 득점에 실패하기 때문이다.

예를 들어 제각돌리기의 형태가 쇼트 앵글인 경우에는 스트록 자체를 부드러우면서
약하게 큐를 천천히 다루어야 하는 것이 기본이며,
짧은 각을 만들어야 할 경우에는 큐 선을 아주 짧게 끊어 치는 것이 기본이다.
반대로 롱 앵글인 경우에는 큐 선의 길이를 충분히 가져가야 하는 것이 기본이다.

당구를 잘 치는 고점자의 경우 제각돌리기 만큼은 형태별로 총량제(두께 + 회전)계산 방법
으로 외워 활용하는 경우가 많다.

[제각돌리기 득점률을 높이는 비결]

1. 두께는 System대로 충분히 쓰면서 조금 약하게 치면 득점 확률이 더 높아진다.
2. 공의 형태에 따라 스트록의 강약을 정확하게 선택해야 한다. (큐 선의 길이가 중요하다)
3. 수구의 구름에 변화가 가장 적은 두께인 ⅓ ~ ½ 두께를 사용한다.
4. 수구와 1적구의 배치에 따라 굴려 칠 것인지, 분리각으로 칠 것인지, 눌러 칠 것인지를
   확실하게 판단해야 한다.
5. 형태에 따라 당점과 회전 선택이 정확해야 한다. 그 이유는 1Tip 차이에 3쿠션은
   반 포인트씩 차이가 나기 때문이다.
6. 기본적인 형태는 총량제(두께 + Tip수) 로 외워 둔다.
7. 공을 자연스럽게 부딪쳐 분리각으로 치는 습관을 들인다.
8. ½ 두께를 정확히 구사하면서 나머지는 Tip으로 조절하는 연습을 많이 한다.
   (½ 두께 조절이 가장 쉽고 ½ 두께로 쳐야 하는 형태가 가장 많기 때문이다)
9. 제각돌리기 System은 수없이 많지만 초기에는 Ball System 부터 배워 적용해 나가면 된다.

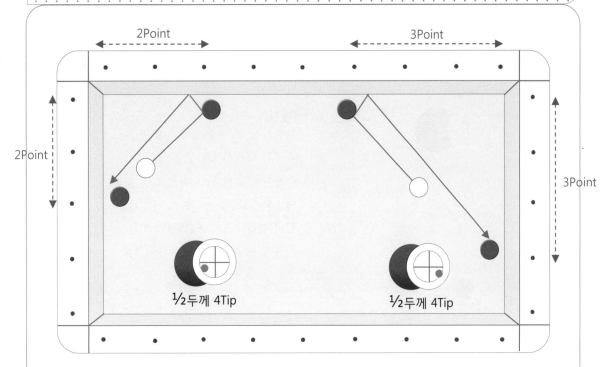

45° 기울기에서 8이란 숫자로 치면 제자리로 돌아 온다.

좌측 도형은 기울기 2Point, 우측 도형은 기울기 3Point에서 제자리로 돌아오는 형태이다.

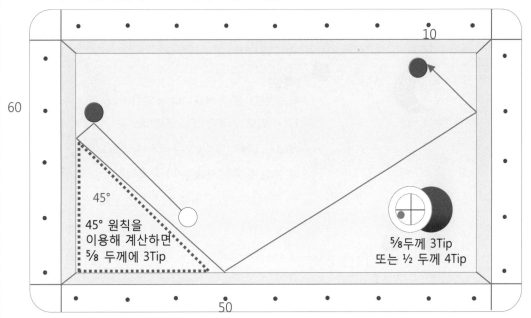

Five & Half System으로 보면 수구 수 60에서 1쿠션 50을 치면 3쿠션 10으로 가는 형태이다.

45° 법식을 기억해 두면 두면 두께와 당점을 쉽게 계산할 수 있다.

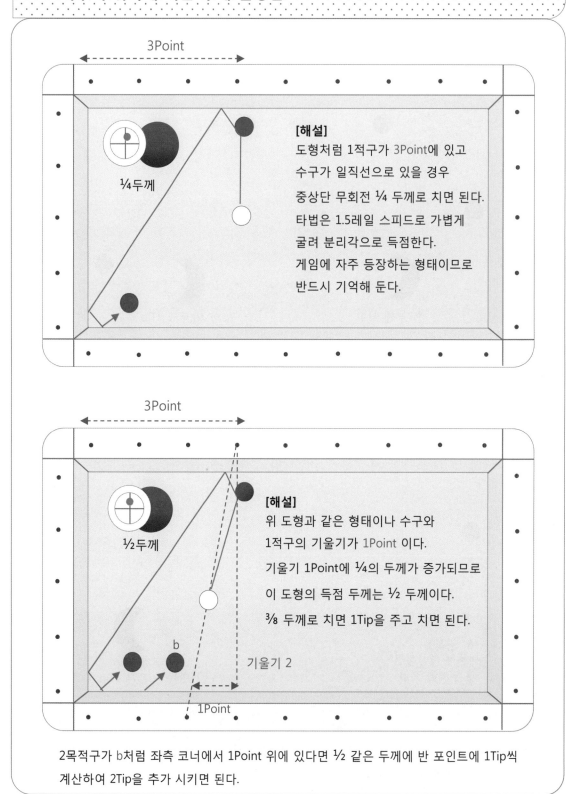

3Point

¼두께

[해설]
도형처럼 1적구가 3Point에 있고
수구가 일직선으로 있을 경우
중상단 무회전 ¼ 두께로 치면 된다.
타법은 1.5레일 스피드로 가볍게
굴려 분리각으로 득점한다.
게임에 자주 등장하는 형태이므로
반드시 기억해 둔다.

3Point

½두께

[해설]
위 도형과 같은 형태이나 수구와
1적구의 기울기가 1Point 이다.
기울기 1Point에 ¼의 두께가 증가되므로
이 도형의 득점 두께는 ½ 두께이다.
⅜ 두께로 치면 1Tip을 주고 치면 된다.

b

기울기 2

1Point

2목적구가 b처럼 좌측 코너에서 1Point 위에 있다면 ½ 같은 두께에 반 포인트에 1Tip씩
계산하여 2Tip을 추가 시키면 된다.

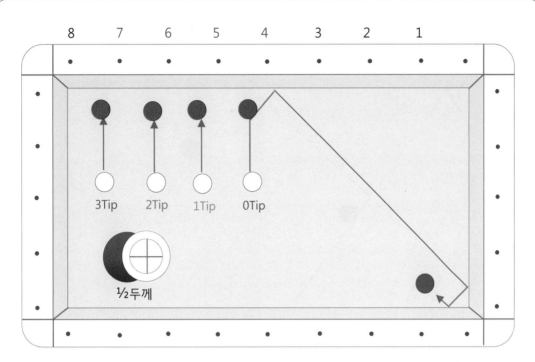

2레일 ~ 2.5레일 스피드로 끌림이나 밀림 없이 부드럽게 밀어치는 스트록으로 분리각으로 친다.

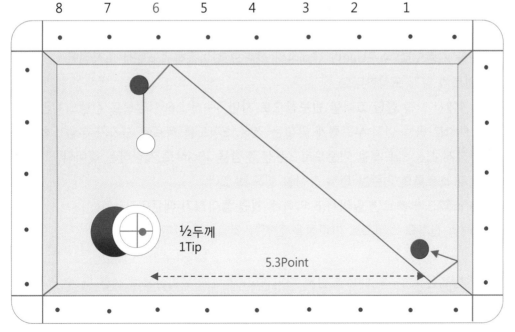

중앙 당점 무회전 ½두께로 치면 4.8Point가 내려가는 것을 기준으로, 위 도형의 경우는
약 5.3Point 정도 내려가야 득점이 가능하므로 ½ 두께에 1Tip을 준 것이다.

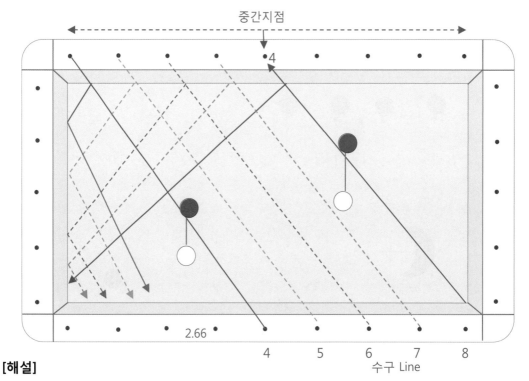

[해설]

위 도형은 무회전으로 1적구를 ½ 두께로 맞힐 경우 수구의 진행 경로를 나타낸 도형이다.

예를 들어 적색 Line처럼 수구 Line 8에서 맞은편 중심 지점 4를 치면 좌측 하단 코너로

향하는 것을 기준으로, 수구Line이 1Point씩 좌측으로 이동하면 3쿠션 도착점은

약 반 포인트씩 길게 도착한다.

수구 Line 4에서 좌측 상단 코너를 빈쿠션으로 치면 3쿠션 2.66지점으로 진행되지만

실제 Ball First로 공을 먼저 부드럽게 맞히는 경우 스피드를 빠르게 치기가 부담스럽기

때문에 편하게 치는 스트록을 기준으로 3쿠션 지점을 2Point로 계산하는 것이다.

따라서 각자 스트록의 기준을 먼저 고정할 필요가 있다.

그 이유는 스피드가 빠르면 길어지고 약하게 치면 짧아지기 때문이다.

(대략 1.5레일 전후의 스피드로 기준점을 전하는 것을 권장한다)

실전 공략 방법은 1적구의 Line을 먼저 파악하고, ½두께 무회전으로 쳤을 때 수구 위치의

절반 지점으로 오는 것을 파악한 다음, 그 지점에서 2목적구가 0.5Point 차이 나면 1Tip,

1Point 차이 나면 2Tip, 1.5Point 차이 나면 3Tip을 증가 시켜 주는 방식으로 계산하면 된다.

이 System은 ½두께로 1적구를 다루는 이점이 있으므로 스트로크 강약만 고정하면 된다.

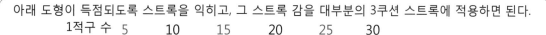

◆ ½ 두께와 3Tip 응용

아래 도형이 득점되도록 스트록을 익히고, 그 스트록 감을 대부분의 3쿠션 스트록에 적용하면 된다.

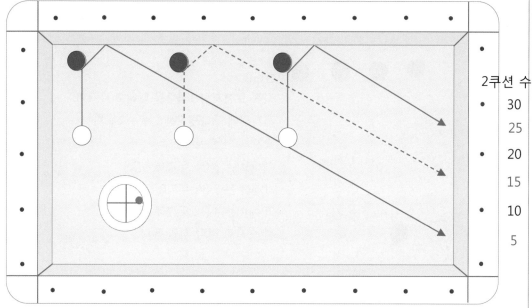

타법 : 끌어치거나 밀어치지 말고 분리각으로 치면서 큐 선의 길이로 스트록을 조절한다.
큐 선의 길이가 공 2개 정도 통과하는 느낌이면 적당하다.

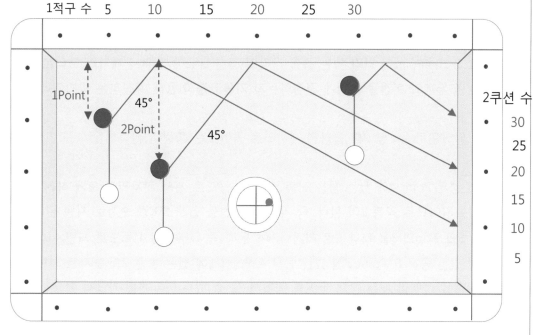

½두께에 3Tip 주고 치면 1적구 수와 같은 수의 2쿠션 레일 포인트 지점으로 진행한다.
1적구가 1Point 또는 2Point 떨어져 있을 경우에는 45° 연결 지점이 1적구 수가 된다.
1Tip을 적게 주면 2쿠션은 5가 짧아지며, 2Tip을 적게 주면 2쿠션은 10이 짧아진다.

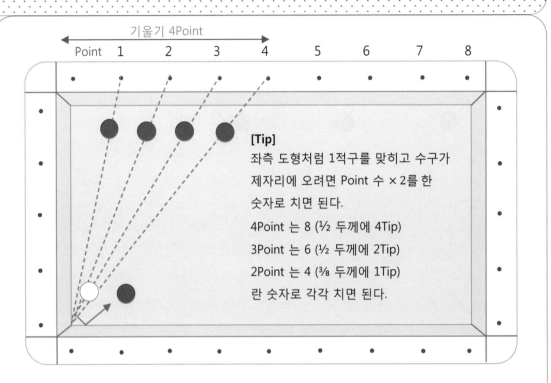

[Tip]
좌측 도형처럼 1적구를 맞히고 수구가
제자리에 오려면 Point 수 × 2를 한
숫자로 치면 된다.
4Point 는 8 (½ 두께에 4Tip)
3Point 는 6 (½ 두께에 2Tip)
2Point 는 4 (⅜ 두께에 1Tip)
란 숫자로 각각 치면 된다.

[해설]
위 도형은 기울기의 원리를 이용해 득점하는 방법을 나타낸 도형이다.

장축 각 1. 2 .3. 4Point에 각각 있는 공을 각각의 점선 Line에서 쳐서 제자리 코너로 돌아
오게 하려면 두께와 회전을 어떻게 결정하는지 기울기를 이용해 계산하는 방법이다.

결론부터 말하면 Point 당 2를 곱하면 제자리로 돌아오는 총량이 된다.

위 도형의 경우 Point 4에 있는 공을 좌측 하단 흰 공으로 쳐서 제자리로 오게 하려면
4Point 기울기이므로 왕복 8이 된다. 즉, 두께와 회전을 합쳐 8이란 숫자로 치면 된다.
⅝두께의 5와 3Tip의 3을 더해 8로 치거나, 4/8 두께 즉 ½두께에 4Tip으로 치면 된다.
Point 3에 있는 공은 6, Point 2에 있는 공은 4, Point 1에 있는 공은 2의 숫자로 치면 된다
두께와 당점을 선택할 때는 공의 두께를 정확히 잴 수 있는 ½두께를 가급적 활용하고
나머지 숫자는 회전량으로 채우는 것이 득점 확률을 높일 수 있다.
기울기 2Point에 있는 공은 ⅜ 두께에 1Tip, 기울기 3Point 지점에 있는 공은 ½ 두께에
2Tip을 주고 치는 것이 가장 안정감 있는 선택이다.

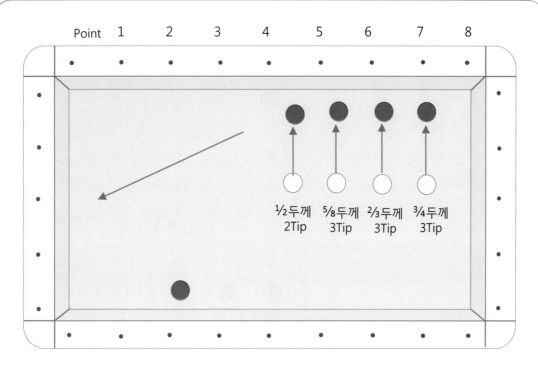

[해설]

위 도형은 1적구의 Point별 위치에 따라 1적구의 두께를 정하는 요령이다.

도형처럼 1적구와 수구가 일직선으로 배치되어 있고 2적구가 1 ~ 2Point 지점에 각각 있을 경우 기본적인 두께를 현명하게 선택해야 수구의 구름을 안정적으로 가져갈 수 있다.

2목적구가 도형처럼 위치해 있고 Point 7에 1적구가 있는 경우 기본적으로 ¾두께를 설정 하는 것이 수구의 구름을 안정적으로 가져갈 수 있다

1적구가 6Point에 있을 경우는 ⅔ 두께로, 5Point에 있는 경우에는 ⅝두께로 각각 설정하고 나머지 회전과 당점의 위치, 스트로크의 길이로 해결하면 된다.

비거리가 멀다고 1적구를 끌어치기 형태로 치는 것보다는 스트록의 길이로 조절하는 습관을 들이는 것이 보다 안정적으로 득점률을 높일 수 있다.
참고로 1적구가 7Point에 있는 경우 ¾두께에 중하단 3Tip주고 큐를 부드럽게 밀어 치면 수구의 구름이 자연스럽다는 것을 느끼게 된다. 그 감각을 찾도록 노력해야 한다.

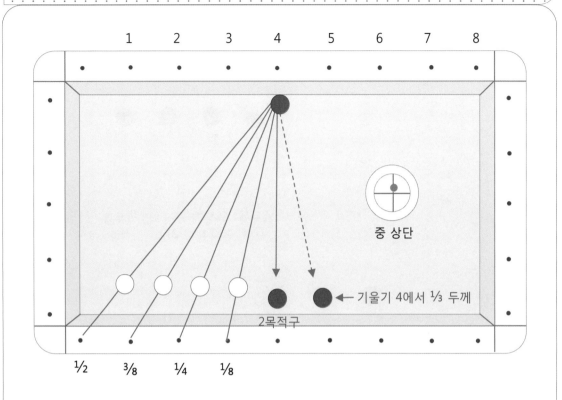

[해설]

위 도형은 각각의 기울기에서 장쿠션 중앙에 있는 1적구를 비껴치기 해서 일직선상에 있는 2목적구를 맞히는 두께를 나타낸 것이다.

기울기 1Point에서는 ⅛두께로 비껴 치면 일직선으로 반사되고,

기울기 2Point에서는 ¼두께로 비껴 치면 일직선으로 반사된다.

기울기 3Point에서는 ⅜두께로 비껴 치면 일직선으로 반사된다.

기울기 4Point에서는 ½두께로 비껴 치면 일직선으로 반사된다

기울기 4Point에서 ⅓ 두께로 치면 점선처럼 약 1Point가 내려 간다.

1Point 기울기마다 8분의 1. 2. 3. 4로 외워 두는 것이 쉽게 외우는 방법이다.

무회전 타법은 중 상단 당점으로 공략하는 것이 가장 무난하다.

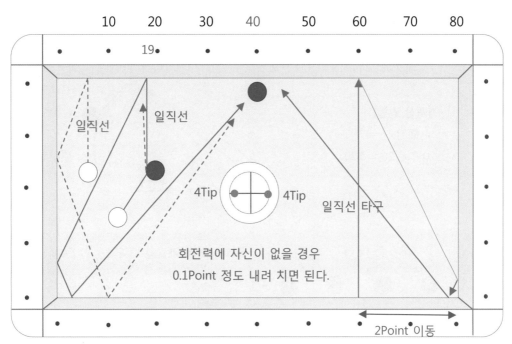

위 좌측 도형은 우측 도형처럼 4Tip 주고 일직선으로 타구했을 때 2Point 이동하는 것을 이용해 득점하는 장면이다.
수구가 2Point 이내에 있을 경우 4Tip 주고 일직선으로 쳤을 때 4쿠션 도착 지점은 40이 된다.

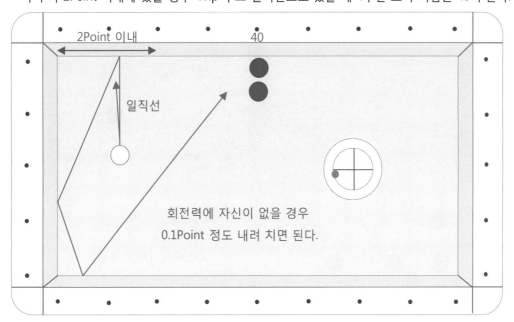

이 도형의 System명은 40 System이다. 수구 위치가 2Point 이내에 있을 때 빈쿠션이든 공 쿠션이든 4Tip 주고 일직선으로 치면 도착 지점은 무조건 40이라는 것만 외워 두면 된다.

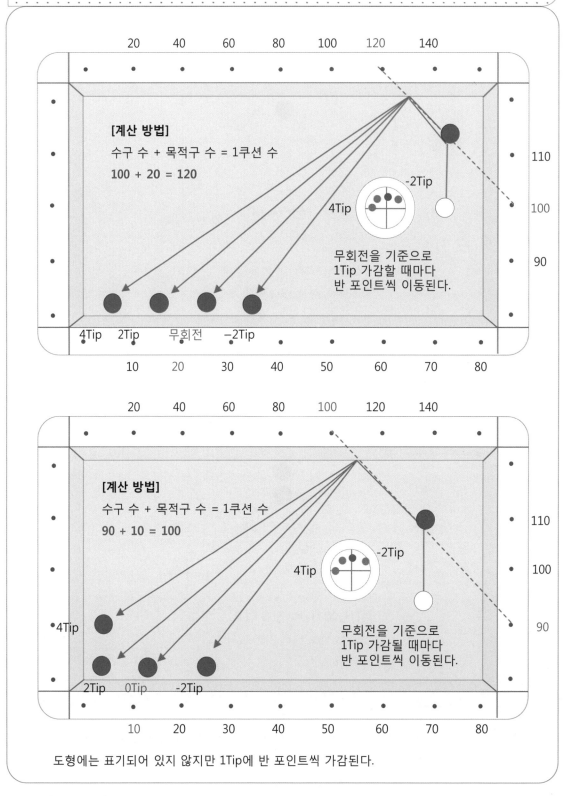

◆ ½ 두께에서 Tip수에 따른 수구의 동선

[계산 방법]

수구 수 + 목적구 수 = 1쿠션 수

100 + 20 = 120

무회전을 기준으로
1Tip 가감할 때마다
반 포인트씩 이동된다.

4Tip   2Tip   무회전   −2Tip

[계산 방법]

수구 수 + 목적구 수 = 1쿠션 수

90 + 10 = 100

무회전을 기준으로
1Tip 가감될 때마다
반 포인트씩 이동된다.

4Tip
2Tip   0Tip   -2Tip

도형에는 표기되어 있지 않지만 1Tip에 반 포인트씩 가감된다.

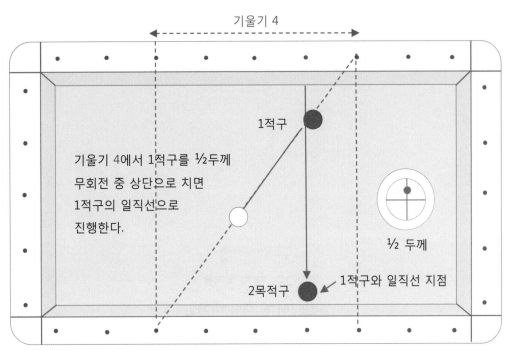

기울기 3에서 1적구를 무회전 중 상단 ½두께로 치면 1적구와의 일직선 지점에서
1Point 아래로 진행된다.
회전을 주면 1Tip에 반 포인트씩 증가된다.

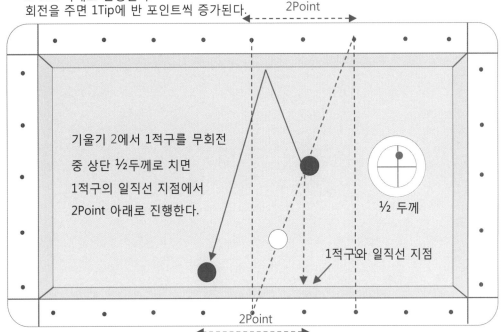

기울기 1에서 1적구를 무회전 중 상단 ½두께로 치면 1적구와의 일직선 지점에서
3Point 아래로 진행된다.
즉, 4에서 기울기 수를 뺀 만큼 1직구 일직신 지짐에서 아래로 진행된다.

골프에서처럼

당구도 마찬가지로

스트록 하기 이전까지의

프리샷 루틴 동작을

일관되게 지키는

습관을 들여야 한다.

4구 300점을 위한
10가지 조언

기본기를 충실히 해야 당구가 빨리 는다.

두께 겨냥법을 정확하게 익히고 활용한다.

½ 두께를 마스터 한다.

브리지를 견고히 한다.

그립법을 정확히 이해하고 사용한다.

예비 스트록을 습관화 한다.

엎드린 후에는 두께와 스트로크에만 집중한다.

득점을 위한 사전 절차를 습관화 한다.

System을 꾸준히 배운다.

예비 스트록과 타격 없는 샷을 배우고 익힌다.

◆ 기본기를 충실히 해야 당구가 빨리 는다

당구란 1년 안에 300점을 칠 수도 있고, 20년을 쳐도 200점에 머물러 있을 수 있는데, 그 차이는 기본기와 기초 이론을 얼마나 중요시 하면서 당구를 치는 가에 달려 있다.

당구란 쉽게 접근하면 두께 정확하고 스트록 제대로 하면 된다.

그럼에도 불구하고 당구가 뜻대로 되지 않는 이유는 눈에 안 보이면서 지켜야 할 부분들이 그만큼 많다는 것이다.

예를 들어 스텐스를 잘 잡아야 신체의 다른 부분이 정확하게 연결되고, 큐 선을 정확하게 맞출 수 있고,

브리지가 철통같이 단단해야 미스 샷 없이 정확한 샷을 구사할 수 있는 것이다.

당구장에 가서 예비 스트록 한번 안 해보고 굿 샷을 기대하는 것은 본인의 기대일 뿐이지 실제로 몸은 그렇게 반응하지 못하는 경우를 흔히 경험했을 것이다.

기본기란 ?

정확한 스텐스.

견고한 브리지와 부드러운 그립 상태.

정확한 당점 겨냥과 일직선으로 찔러 주는 스트로크의 완급 조절 연습.

득점을 위한 구상.

항상 일정한 게임 속도 등 챙겨야 할 부분들이 아주 많이 있다는 것을 잊지 말고 수시로 점검하는 습관을 들여야 한다.

흔히 어깨에 힘을 빼려면 목에 힘을 빼고, 목에 힘을 빼려면 입에 힘을 빼고, 입에 힘을 빼려면 이를 다물지 말아야 한다는 어느 고수님의 말씀이 생각난다.

마찬가지로 당구도 정확한 스텐스를 취해야 그 다음 동작이 연결되고, 좋은 동작이 이루어 졌을 때 마음먹은 대로 스트록이 될 수 있다는 것을 잊지 말자.

가능하다면 집에 헌 큐 하나 준비해서 빈 스트록 연습으로 큐가 일직선으로 뻗는 연습을 꾸준히 하는 것도 많은 도움이 된다.

상황이 안 된다면 당구장에 조금 일찍 나가 빈 스트록 연습과 공 부딪치는 감각을 조금 이라도 익힌 후 게임에 임한다면 훨씬 좋은 결과를 얻을 수 있을 것이다.

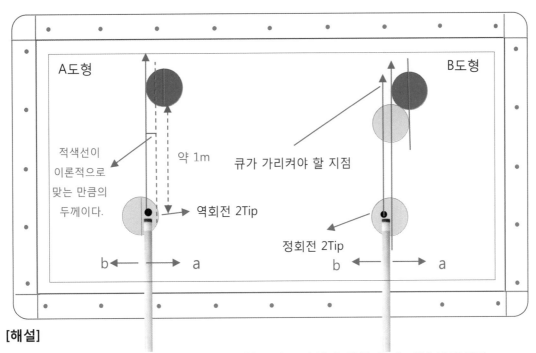

[해설]

A도형의 경우 1적구를 역회전 2Tip 주고 ¼두께로 맞히기 위한 두께 겨냥 방법이다.

정확한 겨냥 방법은 수구와 1적구의 거리를 1m 정도로 가정할 때 큐팁의 중심(a)을 1적구의 좌측 끝에 맞추고 겨냥해야 하지만 실제로 발생되는 스쿼트 현상을 고려하면 큐의 좌측 면(b)을 겨냥하면 약 6mm정도의 스쿼트를 커버할 수 있다.

B도형은 정회전 2Tip을 주고 1적구의 ½을 맞추기 위해 겨냥하는 방법이다.

정확한 겨냥점은 1적구의 좌측 끝에서 15mm 떨어진 지점 (2Tip만큼의 거리)에 큐의 중심 부분을 조준하여야 한다.

하지만 정회전을 주고 Slow로 칠 경우 회전 준 방향으로 커브가 생기는 것을 감안해야 한다.

따라서 커브 량을 계산해 큐의 좌측면을 15mm떨어진 지점(2Tip 만큼의 거리)에 맞추면 된다.

일반적으로 길게 앞돌려치기가 어려운 것도 겨냥 거리, 커브 현상, 스트로크 등을 복합적으로 계산해야 하기 때문이다.

따라서 정회전으로 앞돌려치기 할 경우에는 가급적 1Tip 정도로 통제하는 것이 안전하며

스트로크 또한 맞을 만큼의 약한 스트로크를 사용하는 것이 기본 철칙이다.

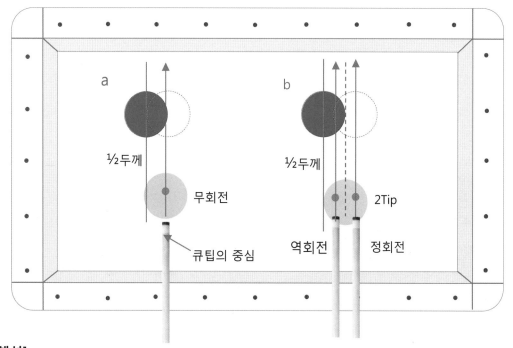

[해설]

당구에서 가장 중요하게 생각하는 공의 두께는 ½두께이다.

그 이유는 공 두께의 가장 중심이 되는 두께가 ½두께이며, 수구의 변화가 적은 한계 두께가 ½두께로 쳤을 때이기 때문이다.
수구의 변화가 적은 분리각은 30° ~ 45° 이며, 즉 ⅓두께 ~ ½ 두께이다.

분리각 이론으로 보면 ½두께에 정 중앙 당점으로 전진력 없이 부딪쳤을 때 수구의 분리각은 60° 이지만 실제 경기에서 사용하는 타법으로 ½두께로 치면 대략 45° 정도로 분리각이 일어난다.

대부분 고점자들의 경우 **½**두께의 45° 분리각를 정확히 활용하고 있으며 나머지는 당점 (회전)으로 보완하여 득점력을 높이기도 한다.

정회전과 역회전 2Tip을 줄 경우에는 1.5cm 정도 큐의 위치를 좌우로 옮겨 주면 되며,
 1적구가 1m 이상 멀리 떨어져 있을 경우에는 스쿼트 또는 커브를 별도로 계산해야 한다.

대부분의 동호인님들과 브리지에 대한 대화를 나누다 보면 큐를 잡은지 대략 10년 ~ 20년 정도는 지나야 브리지에 대해 조금씩 관심을 갖기 시작하는 것 같다.

그만큼 브리지에 대한 중요성을 인식하지 못하고 있다는 의미이다.

하지만 당구의 구질은 60% ~ 70% 정도가 브리지에서 결정된다.

대부분의 중 하점자의 경우를 보면 견실하지 못한 브리지 형태를 취하고 있다.

특히 수구가 1쿠션에 닿기도 전에 브리지를 바닥에서 떼면서 벌떡 일어나는 공통점이 있다.

수구가 가볍게 날아다니는 이유는 브리지가 빈약하고 바닥에서 너무 빨리 떼기 때문이다.

이 시간부터는 브리지를 보다 견고하게 바닥에 밀착시키고, 최소한 수구가 투 쿠션이 지나기 전에는 절대 브리지를 바닥에서 떼거나 상체를 일으키는 일이 없도록 해야 한다.

당구는 스트록 이후에 브리지를 얼마 만큼 오랫동안 견고하게 버텨 주느냐에 따라 공이 힘있게 구르기도 하고 가볍게 구르기도 한다.

고점자들의 구질이 별로 강하게 친 것 같지도 않은데 공이 끝까지 살아 구르는 것을 흔히 볼 수 있는데 그 이유도 브리지가 견고하기 때문이다.

또한 브리지는 공의 형태에 따라 약간씩 변화를 주는 것이 효과적이다.

예를 들어 ~

약간 짧은 형태로 뒤돌려치기 해야 할 경우 또는 약간 끌어 치는 형태로 제각돌리기를 할 경우에는 브리지를 짧게 잡아주는 것이 좋다.

브리지를 짧게 잡으면 큐가 앞으로 밀려나는 것을 사전에 어느 정도 방지할 수 있으며, 약간의 끌림 현상이 쉽게 만들어 진다.

반대로 수구를 가볍고 빠르게 진행시켜야 할 경우에는 세 손가락을 모두 펼치는 세발 브리지가 유리하며,

쇼트 앵글처럼 콤펙트한 형태의 공을 칠 경우에는 브리지 거리를 짧게하고 네 손가락을 모아 주는 브리지가 효과적이다.

대회전이나 분리각을 크게 만들어야 할 경우에는 엄지, 검지, 중지, 약지, 네 손가락을 모아야 파워있는 공을 칠 수 있다.

공의 형태에 따라 브리지의 모양이 어떻게 바뀌는지 프로선수들의 경기를 유심히 살펴보자.

그립법은 당구의 기본 자세 3대 요소 중에 중요한 부분이며, 모든 당구의 타법과도 직접 연관된다.

당구 수지가 200점을 넘게 되면 3쿠션에 관심을 갖게 되는데 대부분 타법과 그립의 특성을 모르기 때문에 득점에 어려움을 겪게 된다.

따라서 타법은 그립법과도 직접 연관이 있으며, 기본적인 그립법이 잘 되어 있어야 모든 공들을 쉽게 칠 수가 있다.

그립법은 크게 나누면 루즈 그립과 펌 그립으로 분류된다.
그립의 특성에 대해서는 그립법 페이지에 자세히 수록되어 있으므로 생략하기로 하고 ~

[그립의 기본 원칙에 대해 다시 한번 정리하면]

1. 큐를 잡을 때는 부드럽게 달걀을 쥐듯이 가볍게 잡아야 어깨에 힘이 빠진다.
2. 그립의 중심은 큐 무게 중심에서 약 15cm 정도 뒤를 잡는다.
   (또는 무게 중심에서 자기 신장의 10% 정도 뒤를 잡는다.)
3. 손목의 각도는 일직선 수직 상태로 펴져 있어야 한다.
4. 그립의 위치는 오른발 등 위에 위치한다.
5. 엄지 손가락은 곧게 펴야 한다. 만일 엄지 손가락을 둥글게 말아 잡으면 임펙트 이후 큐를 잡는 나쁜 버릇이 생기게 되므로 엄지 손가락이 바닥을 향해 편 상태를 유지한다.
6. 큐를 잡은 엄지와 검지의 둥근 모양이 1적구를 마주 보며 직진하도록 한다.
   (빈 스트록 연습 시 반드시 이 부분을 챙기면서 큐의 일직선 운동을 체크한다)
7. 스트록은 하박의 각도가 90° 일 때 임펙트가 되어야 하므로 백스윙 때 그립이 자연스럽게 풀리고 임펙트 시에 자연스럽게 원위치로 닫혀야 한다.

특히 긴 앞돌리기를 칠 경우에는 임펙트 이후 그립을 잡지 말고 계속 열어 놓아야 공이 급격히 꺾이는 것을 방지할 수 있으며, 역회전을 살려야 하는 리버스 종류를 칠 경우 에도 그립을 끝까지 잡지 말고 열어 놓아야 역회전을 끝까지 살릴 수 있다.

또한 Reverse back out(조단조)을 칠 경우에도 그립을 잡지 말고 큐의 무게로만 타구해야 역회전을 살릴 수 있으며 그립을 잡으면 그 순간 회전의 거의 사라진다.

좋은 스트록이란 ? 한마디로 정리하면 큐 무게로 당점을 정확하게 찌르는 것을 말한다.
약 500g ~ 530g의 큐 무게가 1Kg 이상의 무게로 느껴지도록 큐를 가볍게 잡고,
임펙트 이후에도 큐의 무게를 계속 느끼면서 큐를 일직선으로 부드럽게 전진시켜 주는
빈 스트록 연습을 많이 해야 한다.

또한 예비 스트록을 두 차례 한 다음 세 번째 백스윙에서는 한 템포 멈추었다가 스트록하는
습관은 아주 중요한 스트록 기술 중의 하나이므로 평소 꾸준히 익혀 두어야 한다.
스트록의 섬세함이나 공의 동선을 길게 진행시켜야 할 경우 백스윙에서 한번 멈추었다
스트록하는 것은 고점자가 되기 위해서는 반드시 익혀 두어야 하는 스트록이다 (투샷)

스트록에는 여러 가지 형태의 스트록이 있지만, 대표적으로 많이 사용하는 스트록에는
밀어치기(Long Follow stroke, Shot Follow stroke)
굴려치기,
Jap shot,
툭 샷,
Soft Stop shot, 등으로 분류할 수 있다.

특히 이 중에서 많은 동호인들이 대부분 놓치고 있는 스트록은 툭 샷이다.
예를 들어 제각돌리기에서 분리각을 아주 작게 만들어야 할 경우 비틀림 없이 스트록을
간명하게 툭 치고 말면 공의 동선을 아주 짧게 만들 수 있다.
만일 극단적으로 수구를 더 짧게 만들어야 할 경우에는 백스윙 없이 멈춘 상태에서 큐가
나가면 수구의 동선을 정말 짧게 만들 수 있다.
반대로 공을 끌어서 치는 형태에서는 하단 당점으로 큐를 길게 밀어 쳐야 수구의 동선을
끝까지 길게 살려 나갈 수 있다.

스트록에 대한 개념을 간략하게 정리하면 결국 큐 선의 길이와 스피드의 조합이다.
툭 샷은 말 그대로 간명하게 툭 치고 마는 것이고, 팔로우 샷은 임펙트와 동시에 큐를 길게
밀어 주는 것이다.
Jap shot은 수구에 Jap을 넣으면서 끊어 치는 샷이고, 굴리는 샷은 1적구와 부딪쳤을 때
수구에 회전이 발생되지 않도록 천천히 굴려서 치는 스트록으로 이해하면 된다.

◆ 엎드린 후에는 두께와 스트로크에만 집중한다

공을 치기 전에는 득점을 위한 사전 점검을 하고, 점검이 끝나면 스트록을 위해 엎드리게
되는데 일단 엎드린 후에는 공의 두께와 스트로크 이외에는 절대로 다른 생각하면 안 된다.

그러기 위해서는 엎드리기 전에 득점에 대한 사전 점검을 완벽하게 해야 한다.

중 하급자의 경우 경기를 운영하는 것을 보면 철저한 루틴 동작(득점을 위한 일정한 순서)
이 없는 것을 흔히 볼 수 있다.
예를 들어 득점을 위해서는 자세, Kiss의 유무, 스트록의 강약, 타법 등을 구상하고 엎드려야
하는데 상대가 실점하면 기다렸다는 듯이 타석에 들어가 대충 한번 보고 타석에 그냥
엎드려 타구하는 경우를 흔히 볼 수 있게 된다.

그런 분들에게 필자는 타석에 들어가기 전에 먼 벽 한번 쳐다 보고 천천히 타석에 들어
가라고 권한다. 그것은 내가 게임을 서두르지 않겠다는 의지이며, 실제로 멀리있는 벽 한번
쳐다보고 타석에 들어가는 것이 게임을 차분히 풀어가는데 큰 도움이 되는 것도 사실이다.

필자와 절친한 한 프로는 상대가 경기할 때는 의자에 앉아 어깨를 축 늘어뜨리고 있는다고
한다. 심지어는 지하철을 타도 어깨를 늘어뜨리는 훈련을 한다고 한다.

큐를 들고 엎드려 수구를 겨냥할 때도 큐를 당구대 위에 걸쳐 놓는다. 그리고 겨냥하기
직전에 큐를 든다고 한다.
힘이 들어가는 작은 요소 하나까지 모두 제거하겠다는 의미이다.

당구를 오래 치다 보면 결국 집중력 싸움이 된다.
누가 더 끝까지 집중력을 유지 하는가에 승패가 좌우되는 경우가 많다.
그 집중력이란 당구를 배울 때부터 하나 하나 습관 들여야 한다.

대충 대충 건성으로 치는 당구는 어쩌다 한번은 신바람 나게 잘 맞을 수도 있지만,
어느 순간 자세와 집중력이 모두 흐트러질 수밖에 없다.
혹시 동호인께서는 경기를 지고 난 후에 조금만 더 열심히 칠 것을 ~
조금만 더 집중했으면 이겼을 텐데 하고 후회한 적은 없으셨는지 묻고 싶다.

◆ 득점을 위한 사전 절차를 습관화 한다

1. 평소에 자주 실수하는 부분에 대한 주의를 반드시 체크한다.

2. 초크를 바르며 모아치기를 위한 두께의 결정, 1적구의 분리각, 스트록의 강약을 결정한다.

3. 어깨의 힘을 빼고 큐가 당구대 바닥과 최대한 수평이 되도록 유지하고 그립이 편안한지 최종 점검을 한다.

4. 호흡을 가다듬은 후 큐를 움직이지 말고 당점을 겨냥한다.

5. 당점을 겨냥하고 2회의 예비 스트록을 한 뒤에 세 번째 본 스트록을 하는 습관을 갖는다.

6. 스트록 할 때는 타법과 스트록의 강약에만 집중한다.

7. 스트록 요령은 상박은 고정하고 하박의 전후 운동으로 타구하되 상박과 하박이 90°일 때 임펙트를 가한다.

 (공의 형태에 따라서 상박을 함께 사용해야 하는 경우도 있다)

8. 브리지를 견고히 하고 수구가 2쿠션을 지날 때까지 브리지를 당구대에서 떼지 않는다.

9. 자세를 정렬하고 큐를 일직선으로 뻗는 빈 스트록 연습을 습관화 한다.

───────────────── ◇ ─────────────────

[Tip]

경기를 하다 보면 마음은 물론 어깨에도 힘이 들어가 있기 마련이다.
따라서 경기 중에 앉아 있을 때도 어깨를 축 늘어뜨리고 앉아 있으면 도움이 된다.
득점을 위한 사전 준비 과정에서도 어깨를 늘어뜨리고 큐를 가볍게 들고 있으면 도움이 된다.

타석에 엎드리기 전에는 큐를 당구대에 살짝 걸쳐 놓고 겨냥 직전에 큐를 든다.
다시 말해 힘이 들어갈 수 있는 행위는 모두 사전에 방지하는 것이 좋다는 의미이다.

대부분의 동호인들은 순서를 기다리며 큐를 잡고 서있으면서 어깨에 힘이 잔뜩 모아지고 있다는 사실을 미처 생각지 않고 있는 것이다.

고수와 하수의 차이는 이런 사소한 것에서부터 차이가 나는 것이다.

당구를 치면서 System을 배울 것인가 계속 감으로 칠 것인가를 판단해 본다는 것은
그 자체가 어리석은 생각이다.
System이란 각각 별개로 되어 있는 것이고, 한 번에 System을 다 알려고 할 필요도 없다.
한 가지를 배우면 그 한 가지만이라도 확실하게 이용하면 된다.

System이 없던 시절 세계 일류 선수들의 평균 타수가 0.7점 대였고,
System이 생기고 난 요즈음 세계 일류 선수들의 평균 타수는 2.0 대가 넘는다.

그런데도 불구하고 System을 배우는 이유를 잘못 이해하고 있는 동호인들이 적지 않다.
System이란 50 – 20 = 30 이란 정도만 알아도 누구나 배울 수 있는 것이며,
스트록만 이해하면 어떤 System이라도 원리가 똑같이 간단하다.

System을 배우는 이유는 빈쿠션 만을 치기 위한 것이 아니라, 그 Line을 활용해 전체
적으로 진행 라인을 이해하고 활용할 수 있기 때문이다.

[활용도가 높은 System을 살펴 보면]
1. Five & Half System (빈쿠션치기, 뒤돌려치기, 제각돌리기에 활용)
2. Plus System (빈쿠션치기, 앞돌려치기에 활용)
3. No English (빈쿠션치기, 더블 쿠션, 긴각치기 등에 활용)
4. Reverse System (역회전 돌리기, 되돌려치기, Reverse Back Out 등에 활용)
5. 1, 2뱅크 System (안으로 넣어치기, 앞으로 걸어치기 등에 활용)
   그 밖에도 System은 모든 형태에서 활용된다.

필자의 경우 약 60여가지의 System을 활용하고 있으며, System을 모르던 시절 보다는
당구의 재미를 몇 배 더 만끽하고 있다.
동호인께서도 System을 제대로 활용하는 고점자를 만나게 되면 생각이 달라질 것이다.
3일에 한 가지씩만 배우면 한 달이면 10가지 System을 갖게 된다.
늦었다고 생각할 때가 가장 빠른 것임을 잊지 말고 이번 기회에 꼬 ~ 옥 System에 관심을
가지시기를 바랍니다.
"3쿠션 Billiard 마스터" 는 3쿠션을 아주 쉽고 정확하게 배울 수 있게 해설되어 있다.

스트록에는 타격이 있는 스트록과 타격이 없는 스트록이 있다.

타격이 있는 스트록이란 말 그대로 1적구에 타격을 가해 Follow shot 으로 득점하거나
1적구를 때려 쳐서 수구의 분리각을 이용해 득점하는 것을 말하며,

반대로 타격 없는 스트록은 1적구에 최대한 타격을 가하지 않고 부드럽게 부딪쳐 득점
경로를 만드는 스트록을 말한다.

타격이 없는 스트록은 같은 두께로 치더라도 분리각을 작게 만들 수 있으며 절대로 변화
없이 구르는 공의 구질을 만들 수 있다.

[타격 없는 스트록의 핵심 Point]
1. 임펙트 이후에 그립을 결속하지 않고 계속 열어 놓는다.
2. 천천히 등속으로(처음부터 마무리까지 같은 속도로) 스트록을 한다.
3. 그립을 부드럽게 잡는다.
4. 큐의 비틀림 없이 일직선으로 곧게 뻗어 주는 스트록 이어야 한다.
5. 백스윙을 억제 하거나 백스윙 Top에서 한번 정지했다 스트록을 한다.

[타격 없는 스트로크를 사용해야 하는 공의 배치]
1. 앞돌려치기
2. Reverse Back Out (일명 조단조. 접시)
3. 제각돌리기, 쇼트 앵글
4. 길게치기
5. 1적구를 얇게 다루어야 하는 대부분의 형태

위에 적힌 바와 같이 타격 없는 스트록은 당구에서 대부분을 차지한다.
고점자들의 공이 부드럽게 치는 것 같아도 마지막까지 힘있게 구르는 이유는 강한 타구가
바탕이 된 것이 아니고, 부드럽지만 큐 선의 길이를 길게 밀어 치는 타격 없는 스트록을
구사하기 때문이다. 다시 말해 부드러운 롱 스트록이 습관화 되어 있기 때문이다.
"타격 없는" 이란 의미를 정확히 알고 이해하면 당구의 격을 높일 수 있다.

4구는 결국 모아치기에서
승부가 난다.

벌려진 공 20개 치는 것 보다는
모아 놓고 한번에 20개
치는 것이
훨씬 쉽다는 뜻이다.

4구는 모아치기에서

승부가 결정된다.

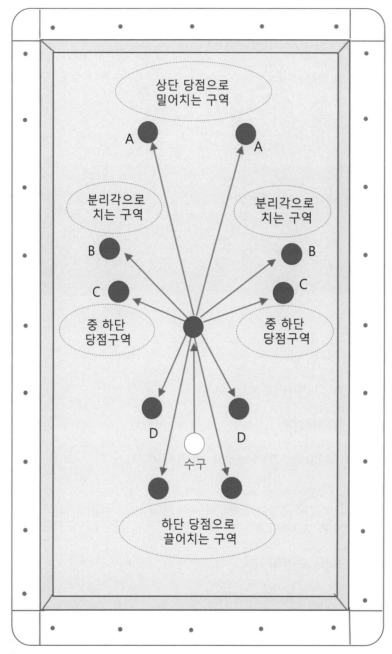

45° 전후 : 상단 Tip

70° 전후 : 중단 Tip

90° 전후 : 중 하단 Tip

끌어치기 : 하단 Tip

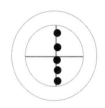

A : 상단

B : 중 상단

C : 중 하단

D : 하단

1적구와 수구가 서있는 각도에 따라
당점의 상 중 하를 정확하게 선택해야
공을 쉽게 다룰 수 있다.

A : 상단 밀어치기

B : 중 상단 약하게 치기

C : 중 하단 강하게 치기

D : 하단 끌어치기

4구는 누가 코너 구역으로 모아치기를 잘하느냐에 따라 승패가 갈린다.

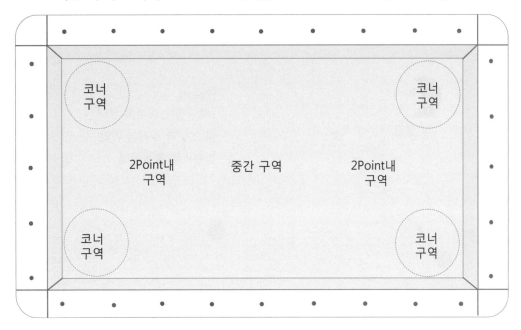

[모아치기의 핵심]

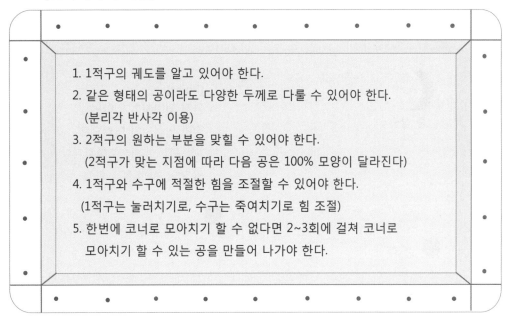

1. 1적구의 궤도를 알고 있어야 한다.
2. 같은 형태의 공이라도 다양한 두께로 다룰 수 있어야 한다.
   (분리각 반사각 이용)
3. 2적구의 원하는 부분을 맞힐 수 있어야 한다.
   (2적구가 맞는 지점에 따라 다음 공은 100% 모양이 달라진다)
4. 1적구와 수구에 적절한 힘을 조절할 수 있어야 한다.
   (1적구는 눌러치기로, 수구는 죽여치기로 힘 조절)
5. 한번에 코너로 모아치기 할 수 없다면 2~3회에 걸쳐 코너로
   모아치기 할 수 있는 공을 만들어 나가야 한다.

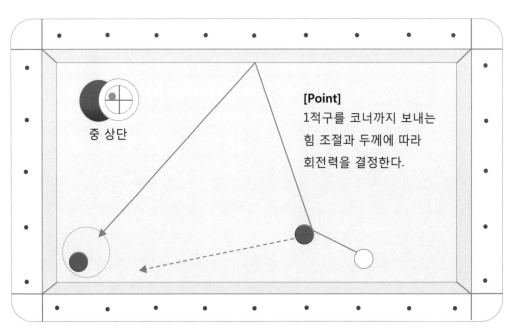

[Point]
1적구를 코너까지 보내는
힘 조절과 두께에 따라
회전력을 결정한다.

중 상단

타법 : 중 상단 역회전 Tip주고 1적구를 부드럽게 분리 시키면서 굴려 치는 타법.
1적구가 코너로 내려 가는 정도의 힘 조절에 집중해야 한다.

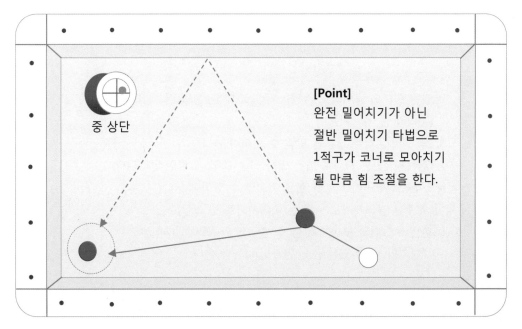

[Point]
완전 밀어치기가 아닌
절반 밀어치기 타법으로
1적구가 코너로 모아치기
될 만큼 힘 조절을 한다.

중 상단

타법 : 중 상단 역회전 2Tip 주고 1적구를 부드럽게 눌러 주면서 굴려 치는 타법.
1적구가 맞은편 쿠션을 맞고 코너로 갈만큼 살짝 눌러주면서 굴려 준다.

◆ 모아치기의 기본형

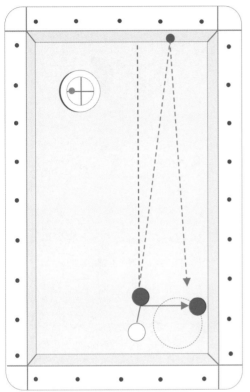

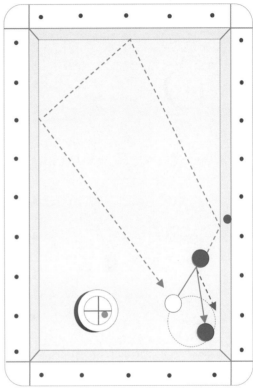

[해설]

위와 같은 형태에서 대부분의 중 하점자들이
공을 너무 얇게 다루는 경향이 있다.

모아치기 위해서는 두 가지 핵심이 있는데,
첫 번째는 9 /10 두께로 쳐서 1적구를 적색
점선보다 오른쪽으로 1적구를 보내야 한다.

두 번째는 9시 방향 최대 역회전을 주어야
1적구가 조금이라도 오른쪽으로 내려온다.

두껍게 치는 만큼 끌어치기 하는 것이 아니라
눌러치기로 분리 시켜야 한다.

타법 : 브리지를 15cm정도로 짧고 견고하게
　　　잡고 눌러 치면서 그립을 잡아준다.

[해설]

위와 같은 형태에서 300점 이하 동호인의
경우 적색 점선 방향 원 쿠션으로 끌어치기
하는 경우가 대부분이다.

이 형태에서 모아치기 위해서는 1적구를
두껍게 눌러 ●지점까지 보내야 한다.

원 쿠션을 의존하지 않고 2목적구를 직접
맞힌다는 생각으로 두께를 두껍게 결정해야
모아치기를 할 수 있다.

이 형태의 공을 다루는 것을 보면 상대방의
실력을 가늠할 수 있다.

타법 : 중 하단 정회전 당점으로 눌러주면서
　　　끌어치기 한다.

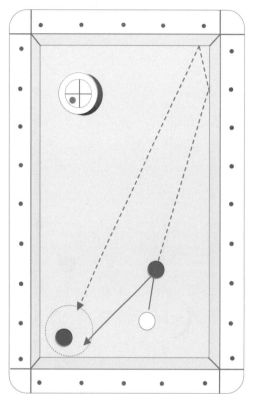 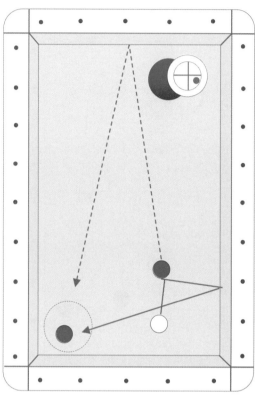

[해설]

위와 같은 끌어치기 형태에서 모아치기
하려면 7/8의 두꺼운 두께로 끌어치기 해야
한다.

가장 중요한 것은 당점을 왼쪽에 확실하게
주는 것과 힘 조절이다.

평소 훈련을 통해 약하게 쳐도 공은 끌린
다는 믿음을 갖고 있어야 한다.

약하게 끌어치기 할 수 있는 만큼 모아치기
를 다양하게 시도할 수 있으며 고점자가
되는 지름길이다.

타법 : 브리지를 15cm정도로 짧게 잡는다.

[해설]

위 도형은 좌측 도형과 똑같은 배치의 공이다.
중 하점자의 경우 좌측 도형처럼 끌어치기
하는 것이 쉽지는 않다. 또 끌어치기가 된다
해도 힘 조절에 실패하면 아무런 의미가
없게 된다.

따라서 위 도형의 방법으로 득점을 시도하면
누구나 쉽게 득점할 수 있으며, 모아치기를
할 수 있게 된다.

타법 : 브리지를 15cm 정도로 짧게 통제
하고 1적구를 경쾌하게 분리 시킨다.

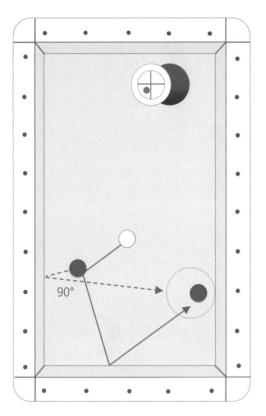

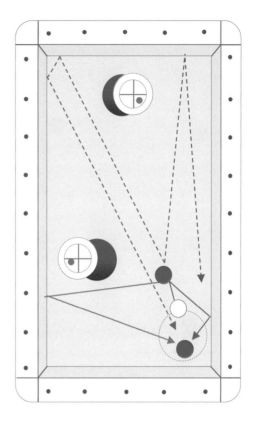

[해설]

좌측 도형은 최대 회전을 주고 ⅓ 정도의
얇은 두께로 끌어 쳐서 모아치기 하는
장면이다.

얇은 두께로 끌어치기 하면 1적구는 점선
과 같이 동선을 그리며 우측 장쿠션으로
모이게 된다.
분리각의 합계는 90° 라는 것을 생각하면
1적구의 궤도를 짐작할 수 있다.

타법 : 짧은 브리지와 스트록 이후 부드럽게
그립을 잡아주면 얇게 끌어 칠 수 있다.

[해설]

위와 같은 끌어치기 형태에서도 2가지
방법으로 모아치기가 가능하다.

청색 Line처럼 하단 우측 당점으로
원 쿠션을 이용해 모아치기 하는 방법과,
적색 Line처럼 분리각을 이용해 회전력
으로 모아치기 하는 방법이 있다.

타법 : 브리지의 자세를 완벽하게 고정
해주면 끌어치기가 별로 어렵지
않은 형태이다.

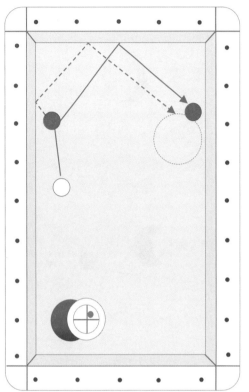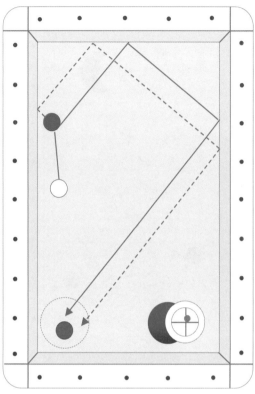

[해설]

이 형태는 1적구를 살짝 눌러쳐서 45°
분리각을 이용해 모아치기 하는 장면이다.

⅓두께로 부드럽게 눌러 칠 경우 수구와
1적구는 각각 45° 정도로 분리되므로
힘 조절만 하면 모아치기가 된다.

회전은 정회전 느낌 Tip을 주고 친다.

타법 : 1적구를 부드럽게 눌러 치면서 힘
　　　 조절을 한다.

[해설]

좌측 도형에서 연장된 형태이다.
마찬가지 타법이며 ½두께에 힘 조절만 더
해주면 된다.

너무 두껍게 칠 경우 1적구가 수구보다
진행이 빨라져 Kiss가 날 수 있다는 것을
염두에 두어야 한다.

타법 : 중단 무회전 주고 1적구를 눌러 친다.

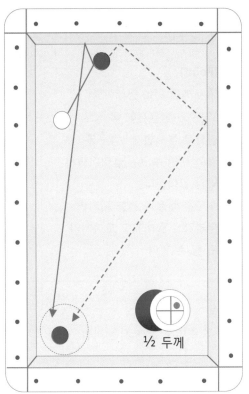 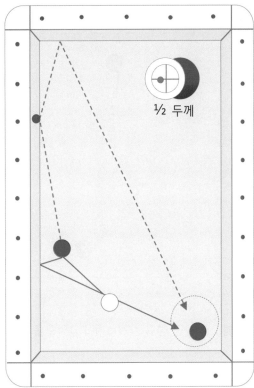

[해설]

이 형태는 1적구를 살짝 눌러 쳐서 모아치기
하는 장면이다.

역회전 1Tip 주고 ½두께로 1적구를 부드
럽게 눌러 쳐 수구는 직선으로 내려 보내고
1적구는 대회전 시켜 모아치기 한 장면이다.

타법 : 역회전 1Tip 주고 1적구를 부드럽게
　　　눌러 치면서 힘 조절을 한다.

[해설]

1적구의 분리각을 ●지점에 맞추는 것이
가장 중요하다.

그 다음은 공의 배치에 따라 당점의 상, 중,
하를 선택해야 하며 눌러 칠 것인지, 부딪쳐
분리각으로 칠 것인지를 판단해야 한다.

타법 : 중단 3Tip 정회전 당점으로 부드럽게
　　　밀어서 1적구가 점선처럼 진행되도록
　　　힘 조절을 한다.

◆ 분리각을 이용한 모아치기

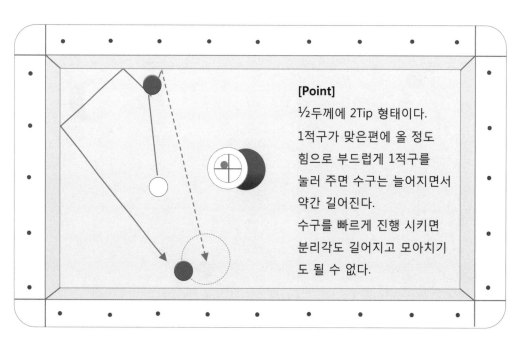

[Point]

½두께에 2Tip 형태이다.

1적구가 맞은편에 올 정도
힘으로 부드럽게 1적구를
눌러 주면 수구는 늘어지면서
약간 길어진다.

수구를 빠르게 진행 시키면
분리각도 길어지고 모아치기
도 될 수 없다.

타법 : 중 상단 정회전 2Tip 주고 1적구를 부드럽게 눌러 주면서 굴려 치는 타법.

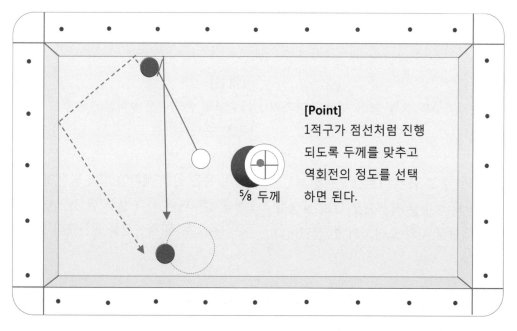

[Point]

1적구가 점선처럼 진행
되도록 두께를 맞추고
역회전의 정도를 선택
하면 된다.

⅝ 두께

타법 : 중단 역회전 1.5Tip 주고 1적구를 부드럽게 눌러 주면서 수구의 힘을 죽이는 타법.

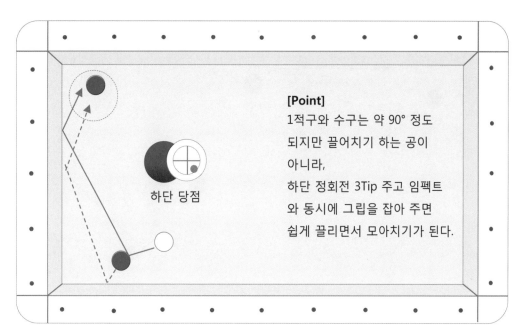

[Point]
1적구와 수구는 약 90° 정도
되지만 끌어치기 하는 공이
아니라,
하단 정회전 3Tip 주고 임펙트
와 동시에 그립을 잡아 주면
쉽게 끌리면서 모아치기가 된다.

하단 당점

타법 : 중 하단 정회전 3Tip 주고 1적구가 상단 코너로 갈 정도의 힘으로 1적구를 부드럽게
눌러 주면서 그립을 잡아 주면 얇게 쳐도 쉽게 끌어치기가 된다.

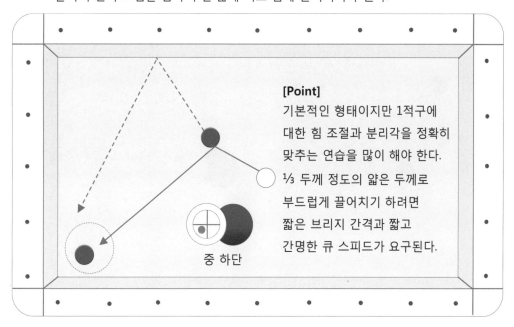

[Point]
기본적인 형태이지만 1적구에
대한 힘 조절과 분리각을 정확히
맞추는 연습을 많이 해야 한다.
⅓ 두께 정도의 얇은 두께로
부드럽게 끌어치기 하려면
짧은 브리지 간격과 짧고
간명한 큐 스피드가 요구된다.

중 하단

타법 : 중 하단 당점으로 짧고 간결하게 끌어치기 하려면 당점을 부드럽게 찌르면서
임펙트와 동시에 그립을 살짝 잡아 주면 된다.

195

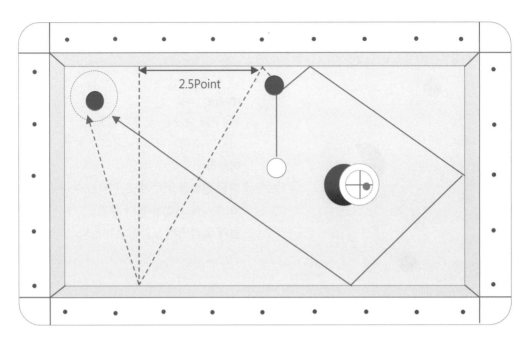

타법 : 정회전 중단 2Tip 주고 ½두께로 치면 1적구는 약 2.5Point 정도 반사되어 코너로
모아치기가 된다. 비틀어 치지 않고 큐가 관통하듯 일직선 타법을 구사한다.

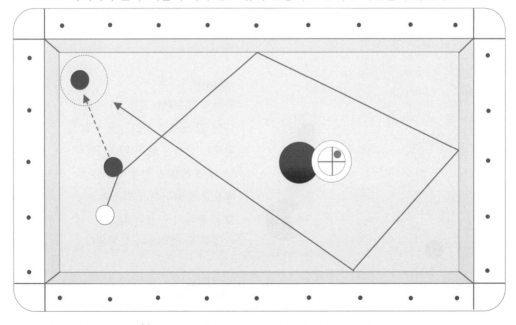

타법 : 상단 1Tip 주고 ⅛두께로 맞을 만큼 약하게 돌리면 모아치기가 된다.
큐를 길게 끌고 나가면 자칫 길어질 수가 있으므로 간명하게 툭 치고 끝나는 샷을 한다.

모아치기의 핵심은 1적구에 대한 힘 조절이다.

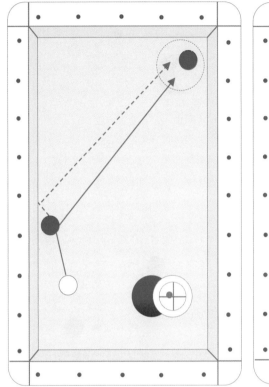 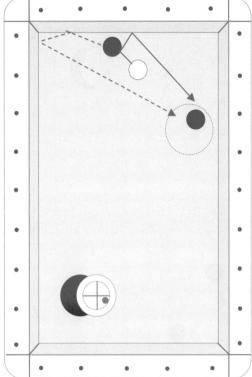

[해설]

좌측 도형은 45°분리각을 이용해 모아치기 하는 장면이다.

공은 ⅜두께로 부드럽게 부딪쳤을 때 각각 40° ~ 50°로 벌어지는 원리를 이용해 모아치기 하는 장면이다. 1적구가 우측 상단 코너로 가는 정도의 힘 조절만 하면 된다.

우측 도형은 반 밀어치기 형태로 1적구를 점선처럼 진행시켜 모아치기 하는 장면이다.

½ 정도의 두께에 중 하단 당점을 주고 밀어치듯 1적구에 힘 조절을 하면 된다.

[Point]

당구는 2목적구의 좌 우측 공 한 개 만큼 에러마진이 있기 때문에 득점률이 높은 것이다.

1적구에 대한 힘 조절과 수구의 힘을 죽여 치는 연습을 꾸준히 해야 한다.

◆ 분리각을 이용한 모아치기

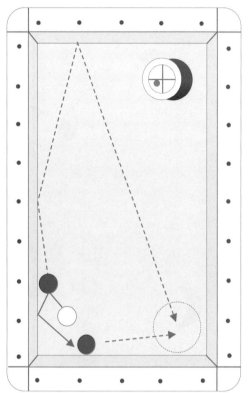
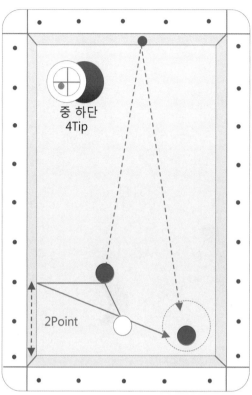

중 하단
4Tip

2Point

[해설]

위 도형의 핵심 Point는 2목적구를 우측 하단 코너로 보내는 것이다.

1적구는 ½ 두께면 자연스럽게 우측 하단 코너로 내려오게 된다.
따라서 2적구를 정확히 도형처럼 맞혀 우측 코너로 보내는데 힘 조절과 집중이 필요하다.

타법 : 1적구가 우측 하단으로 내려오도록 힘 조절을 하고, 2적구를 정확히 맞혀 우측 하단으로 밀어 보낸다.

[해설]

위 도형은 분리각을 이용한 모아치기의 가장 전형적인 형태이다.

4Tip주고 1적구를 일직선으로 부딪치면 2Point 내려가는 것을 활용하면서 1적구를 ●지점까지 분리시켜 모아치기 하면 된다.

타법 : 1적구를 적당히 튕겨 주는 타법으로 경쾌한 스트로크가 필요하다.

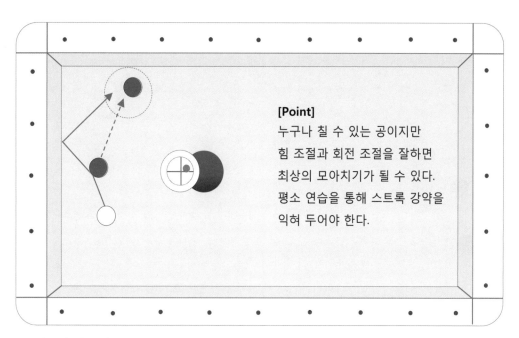

[Point]
누구나 칠 수 있는 공이지만
힘 조절과 회전 조절을 잘하면
최상의 모아치기가 될 수 있다.
평소 연습을 통해 스트록 강약을
익혀 두어야 한다.

1적구가 장쿠션까지만 가도록 힘 조절을 한다.
유사한 형태에서는 항상 1적구의 힘 조절이 우선이며, 나머지 두께와 회전을 결정하면 된다.

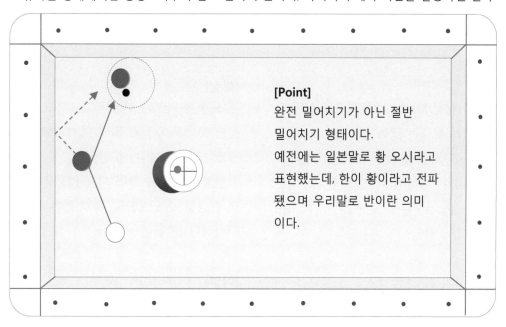

[Point]
완전 밀어치기가 아닌 절반
밀어치기 형태이다.
예전에는 일본말로 황 오시라고
표현했는데, 한이 황이라고 전파
됐으며 우리말로 반이란 의미
이다.

타법 : 1적구가 점선 모양으로 움직이도록 부드럽게 밀어치듯 굴려 준다.
2목적구의 ● 지점을 겨냥하면 최상의 모아치기가 될 수 있다.

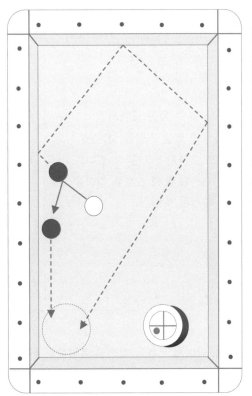 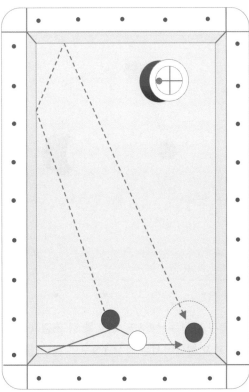

[해설]

위 도형의 핵심 Point는 2목적구를 하단
코너로 내려 보내는 것이다.

1적구를 ¾두께로 눌러 치면서 힘 조절을
통해 코너까지 대회전 시키고,

2목적구는 원 쿠션을 이용해 하단까지 내려
보내도록 집중한다.

Tip : 1적구가 한 바퀴 대회전 되도록 힘 조절
하면서, 동시에 2목적구를 코너로 정확히
내려 보내는 연습을 충분히 익혀야 한다.

[해설]

위 도형은 역회전 3Tip 주고 1적구를 좌측
상단 코너로 두껍게 쳐서 우측 하단
으로 모아치기 하는 장면이다.

회전량이 적거나 밀어 치지 않으면 역회전
이 반감될 수 있으므로 타격 없는 스트록을
구사해야 한다.

[타법]

큐의 무게를 이용해 밀어 치는 것이 중요
하며, 스트로크 이후 그립을 계속 열어
놓는 것이 핵심이다.

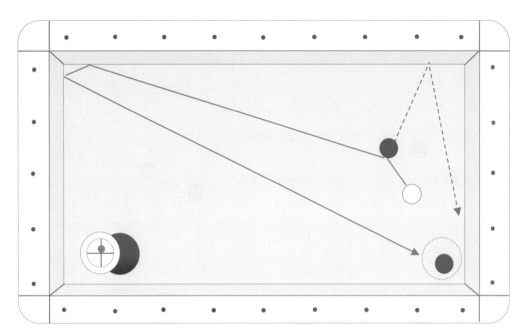

1적구와 수구의 위치(각도)에 따라 회전이 먹기도 하고 먹지 않기도 한다.

대략 40° 이상이 되면 회전이 자연스럽게 발생하므로 무회전으로 쳐야 된다.

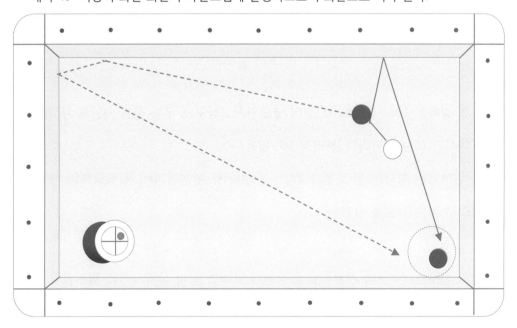

1적구와 수구가 가깝게 있을 경우 1적구를 점선처럼 진행시키려면 1Tip 정도의 상단 당점으로
눌러 쳐서 1적구에 힘을 가해 주고 수구는 힘을 죽여 데드볼을 만들어야 한다.

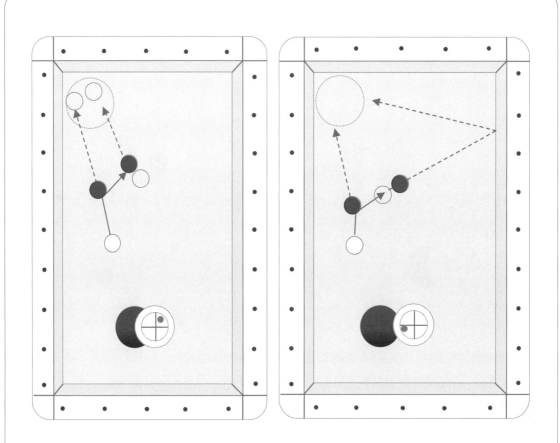

[해설]

좌측 도형의 경우는 1적구를 코너로 밀어 넣으면서 2적구의 우측 끝을 겨냥해 두 개의 공을

코너로 모아치기 하는 장면이다.(분리각 90° 활용)

 모아치기 위해서는 적당한 힘 조절과 2적구의 우측 끝 부분에 맞도록 집중해야 하며

당점은 정회전 상단 당점을 사용한다.

우측 도형의 경우는 2적구의 겨냥점을 정확하게 맞히는 것이 모아치기의 핵심이다.

당점은 좌측 당점을 사용하고 2적구가 우측 장쿠션에 반사되어 좌측 코너로 오도록 하는

힘 조절이 중요하다.

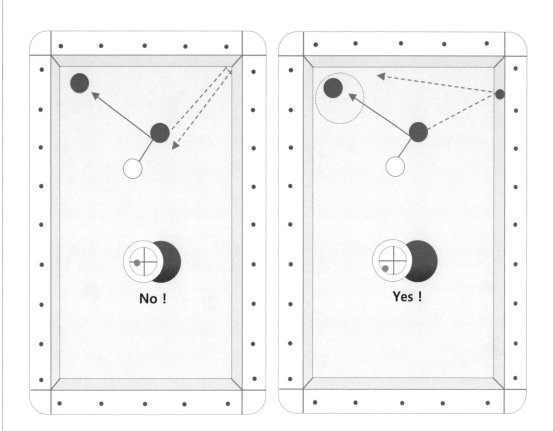

[해설]

위 도형은 모아치기에서 1적구 두께의 중요성을 비교한 것이다.

아무 생각 없이 무심결에 1적구를 두껍게 치면 점선 Line처럼 달아나 다음 득점을 보장
받을 수 없게 된다.

과거와는 달리 최근의 당구 재질은 ⅓ 정도의 두께로도 쉽게 끌어치기가 가능하므로,
하단 당점 주고 임펙트와 동시에 큐만 살짝 잡아주면 쉽게 끌어치기가 된다.

평소 얇은 두께를 사용해 끌어치기 하는 연습을 해 두어야 실전에서 당황하지 않고 자신
있게 얇은 두께로 끌어치기 할 수 있다.

타법 : 위와 같은 공의 배치에서는 브리지를 15cm 정도로 아주 짧게 잡는 것이 유리하며,
1적구가 좌측 하단으로 모이도록 힘 조절에 집중해야 한다.

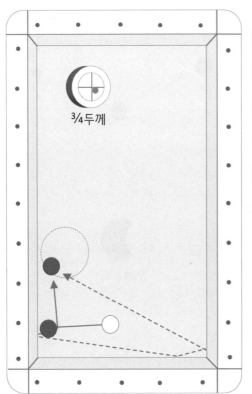

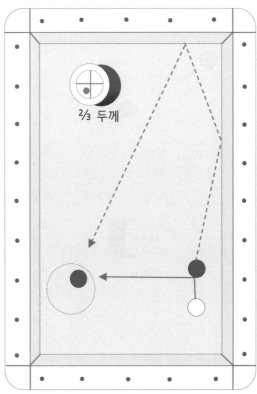

[해설]

위와 같은 끌어치기 형태에서 모아치기
하려면 ¾의 두께로 끌어치기 해야 한다.
가장 중요한 것은 당점을 1Tip 정도만 주고
1적구를 눌러 치면서 끌어치기 하는 것이다.
이 경우 핵심은 수구의 힘을 죽이는 것이며,
1적구에 대한 힘 조절이 잘되었다 하더라도
수구의 힘 조절이 안되면 2적구와 수구가
이산 가족이 되는 경우가 많다.
수구를 죽여 치는 방법은 임펙트와 동시에
그립을 잡아주면 된다.
타법 : 브리지를 15cm정도로 짧게 잡는다.

[해설]

위와 같은 90° 각도의 끌어치기 형태는
1적구가 점선처럼 진행되도록 ⅔ 두께로
힘 조절과 함께 적당히 눌러 주면서 끌어
치면 된다.
두께를 ⅔로 얇게 억제한 만큼 끌어 치는
스트로크 동작은 확실하게 해주어야 한다.

Point : ⅔의 얇은 두께로 끌어치기 하는
이유는 분리각을 이용해 모아치기
하기 위함이다.

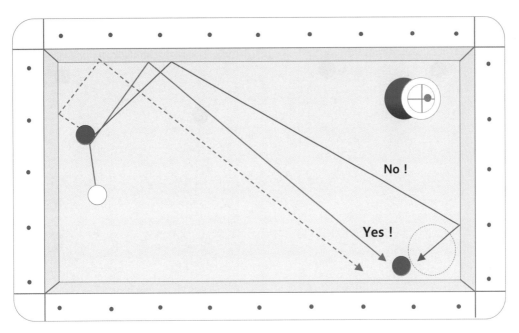

타법 : 1적구를 ½두께로 치면서 점선처럼 진행되도록 하려면 1적구를 적당히 눌러 주면 된다.
모아치기의 요령은 2목적구가 짧게 맞고 들어가야 코너로 모아치기가 된다.

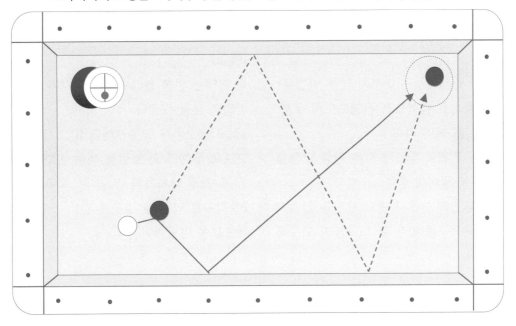

타법 : 1적구를 ⅜두께로 빠르고 경쾌하게 부딪치면 도형과 같이 진행된다.
2목적구가 2번 횡단하는 정도의 힘을 가해준다.

205

◆ 눌러치기를 이용한 모아치기

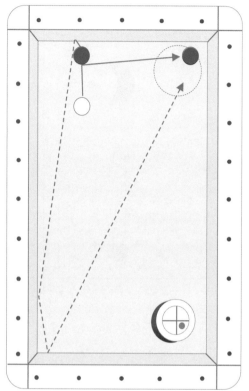 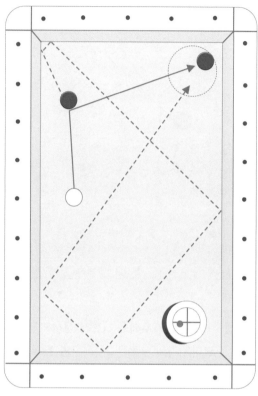

[해설]

위와 같은 형태에서 모아치기 하는 방법은
1적구가 화살표 방향으로 진행되도록 두께
와 힘 조절을 해야 하며,
4/5정도의 두께로 두껍게 치는 만큼 당점을
너무 낮추지 말아야 한다.
1적구를 무겁게 눌러 치면서 그립을 잡아 주어
수구가 2목적구를 맞힌 후 데드볼이 되도록
해야 한다.

타법 : 두꺼운 두께로 치는 만큼 끌어치지
않고 눌러쳐서 분리각을 만들어야 한다.

[해설]

이 형태는 왼쪽 형태와는 모아치기 하는
방법이 약간 다르다.
1적구가 오른쪽 장쿠션부터 맞고 대회전
되도록 두께와 힘 조절을 해야 한다.
공 세 개의 비거리가 먼 경우 1적구와
2목적구를 맞힌 후 수구의 힘이 소멸되도록
데드볼을 만들어야 한다.

타법 : 중단 역회전 주고 1적구를 눌러 쳐서
수구의 힘을 약하게 만든다.

◆ 밀어치기를 이용한 모아치기

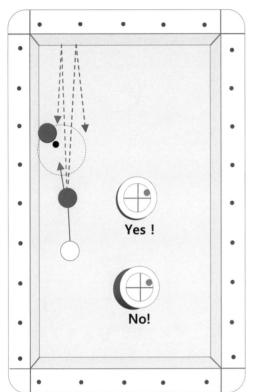

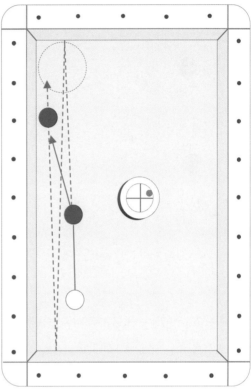

[해설]

위 도형의 핵심 Point는 2목적구에 표시된
●지점을 겨냥하는 것이다.

원 쿠션을 이용해 2목적구를 맞히기 위해
1적구를 얇게 겨냥하면 1적구는 적색 점선
방향으로 벗어나 모아치기가 되지 않는다.
9/10 이상의 두께로 치면 1적구를 맞힌
수구가 ●지점에서 되돌아 오는 1적구를
기다려 1적구를 정지시켜 모아치기가 된다.

[타법]

천천히 약하게 굴려도 구름 관성으로 굴러가
득점하게 된다.

[해설]

위 도형은 좌측 도형처럼 한번에 모아치기
는 어려운 형태이다.

최대한의 우측 회전과 최대한의 두꺼운
두께를 동원해서 1적구를 2번 횡단 시켜야
한다.

[타법]

같은 두께를 사용하더라도 1적구를 가볍게
밀어치기 하는 것 보다는 두껍게 눌러 치는
듯 밀어 치는 것이 1적구를 최대한 장쿠션
쪽으로 보낼 수 있다.

207

◆ 밀어치기를 이용한 모아치기

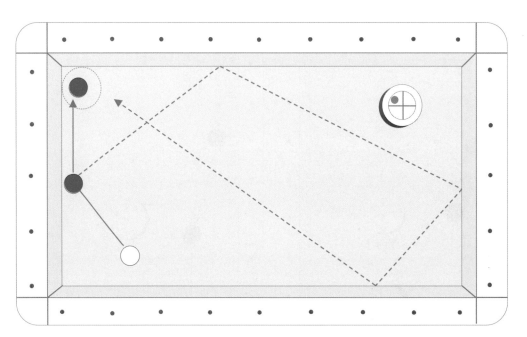

4/5 두께로 밀어 쳐서 모아치기 하는 장면이다. 1적구가 한 바퀴 대회전 하도록 힘 조절을 한다.
역회전을 주는 이유는 1적구도 회전을 잘 먹고 수구도 득점 이후 멀리 달아나지 않기 때문이다.

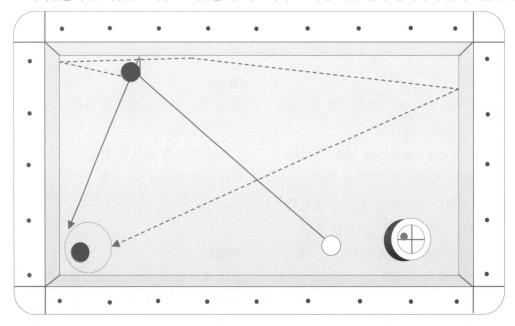

1적구를 ¾두께로 두껍게 부딪쳐서 점선처럼 진행 시킨다.
두껍게 치는 만큼 짧아질 수 있으므로 3Tip을 확실하게 보완해 준다.

◆ 밀어치기를 이용한 모아치기

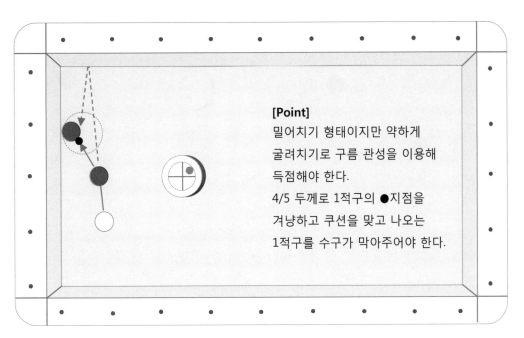

[Point]
밀어치기 형태이지만 약하게
굴려치기로 구름 관성을 이용해
득점해야 한다.
4/5 두께로 1적구의 ●지점을
겨냥하고 쿠션을 맞고 나오는
1적구를 수구가 막아주어야 한다.

중 하점자의 경우 대부분 원 쿠션을 이용해 밀어 치는 경우가 흔히 있는데, 1적구를 얇게
치면 1적구도 우측으로 달아나지만 수구도 멀리 달아나 모아치기 기회를 놓치게 된다.

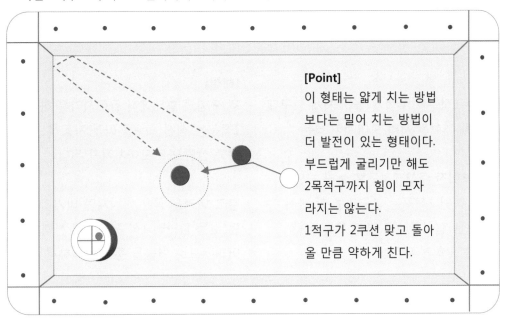

[Point]
이 형태는 얇게 치는 방법
보다는 밀어 치는 방법이
더 발전이 있는 형태이다.
부드럽게 굴리기만 해도
2목적구까지 힘이 모자
라지는 않는다.
1적구가 2쿠션 맞고 돌아
올 만큼 약하게 친다.

타법 : 중 하점자의 경우 이와 같은 형태에서 힘 조절이 대부분 강한 편이다.
믿음을 갖고 평소 생각한 ½정도의 힘으로 부드럽게 굴리면 된다.

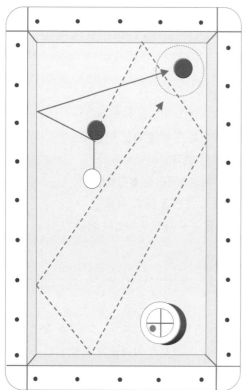 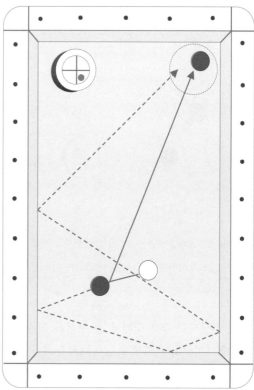

[해설]

위 도형은 1적구를 두껍게 눌러 쳐서 당구대
를 한 바퀴 대회전 시켜 모아치기 하는
장면이다.

중 하단 역회전 주고 1적구를 눌러 치면서
끌어치기 하면 1적구는 당구대를 한 바퀴
돌고 수구는 힘이 약해지면서 우측 상단
2목적구를 맞히게 된다.

[타법]

눌러 치면서 끌어치기 해야 하는 복합 샷이다.
스트로크와 동시에 그립을 잡아 준다.

[해설]

위 도형의 형태에서 끌어치기를 하면
1적구는 점선 Line을 따라 자동적으로
우측 상단으로 모아치기가 된다.

결코 어려운 공은 아니지만 비거리가
먼 것을 감안해 1적구의 두께 선택이
어려우므로 연습을 통해 터득해야 한다.

[타법]

위 도형처럼 비거리가 먼 경우에는 특히
브리지의 견고함이 필수적이다.

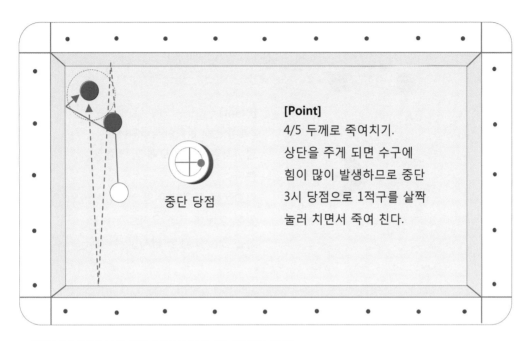

[Point]
4/5 두께로 죽여치기.
상단을 주게 되면 수구에
힘이 많이 발생하므로 중단
3시 당점으로 1적구를 살짝
눌러 치면서 죽여 친다.

중단 당점

1적구가 장쿠션을 2번 횡단하도록 힘 조절을 한다.
수구를 눌러 치면서 큐를 살짝 잡아 주면 중단 당점의 영향으로 죽여치기가 된다.

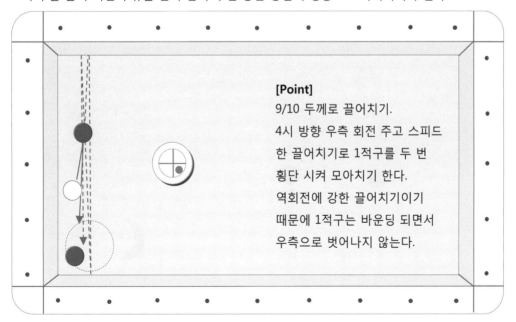

[Point]
9/10 두께로 끌어치기.
4시 방향 우측 회전 주고 스피드
한 끌어치기로 1적구를 두 번
횡단 시켜 모아치기 한다.
역회전에 강한 끌어치기이기
때문에 1적구는 바운딩 되면서
우측으로 벗어나지 않는다.

타법 : 끌어치기를 잘하기 위해 가장 중요한 것은 브리지가 견고해야 하며,
큐 끝이 당점을 찌른 후 하향하도록 밀어 치는 것이다 .

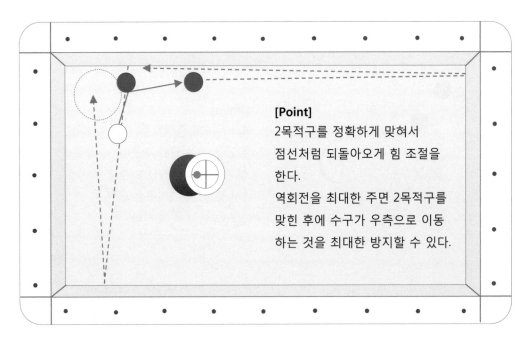

[Point]
2목적구를 정확하게 맞혀서
점선처럼 되돌아오게 힘 조절을
한다.
역회전을 최대한 주면 2목적구를
맞힌 후에 수구가 우측으로 이동
하는 것을 최대한 방지할 수 있다.

위 도형의 경우는 1적구와 2목적구의 거리도 멀고, 2목적구가 쿠션에 붙어있어 약하게
치더라도 뒷 공을 기대할 수 없다. 이러한 경우에는 도형처럼 따당 타법으로 처리한다.

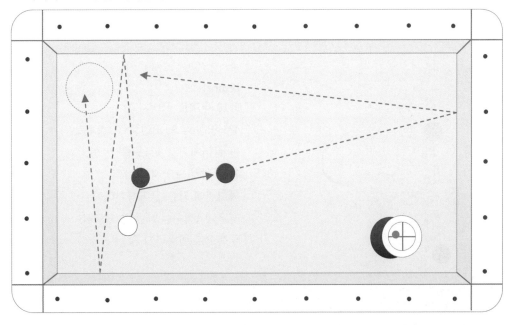

타법 : 1적구와 2목적구에 대한 힘 조절은 연습을 통해서만 익힐 수 있으며, 모아치기에
대한 목표를 확실하게 갖고 쳐야만 발전할 수 있다.

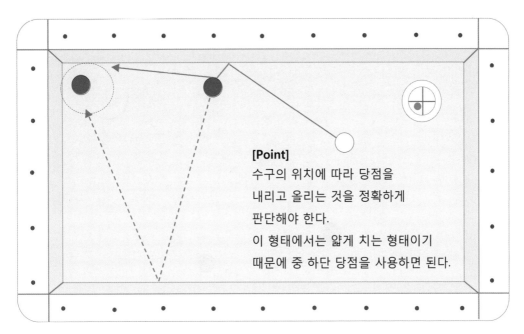

[Point]
수구의 위치에 따라 당점을
내리고 올리는 것을 정확하게
판단해야 한다.
이 형태에서는 얇게 치는 형태이기
때문에 중 하단 당점을 사용하면 된다.

위 도형과 같은 안으로 넣어치기 형태에서 수구가 길게 쿠션을 타고 내려가야 할 경우에는
하단 당점으로 천천히 부드럽게 굴려 치면 된다.

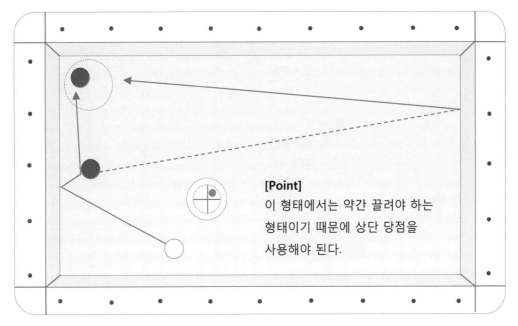

[Point]
이 형태에서는 약간 끌려야 하는
형태이기 때문에 상단 당점을
사용해야 된다.

위 도형처럼 수구가 약간의 끌림이 필요한 경우에는 상단 당점으로 쿠션을 부드럽게 밀어
치면 수구는 쉽게 끌린다.

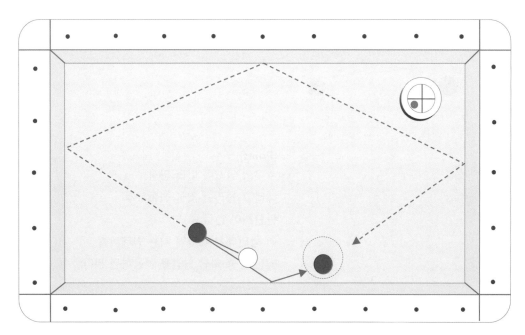

4/5 두께로 원 쿠션으로 끌어치기 하면 자동적으로 모아치기가 되는 형태이다.
1적구가 한 바퀴 대회전 하도록 힘 조절에 집중해야 된다.

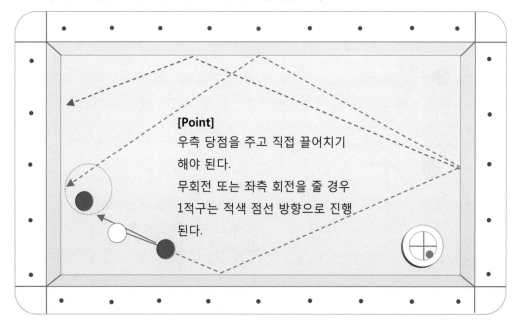

[Point]
우측 당점을 주고 직접 끌어치기
해야 된다.
무회전 또는 좌측 회전을 줄 경우
1적구는 적색 점선 방향으로 진행
된다.

위 도형의 형태는 원 쿠션 또는 투 쿠션으로 칠 수도 있지만, 1적구의 반사각이 제자리로
돌아오는 각도에 있으므로 직접 끌어치기를 하는 것이 모아치기의 기본이다.

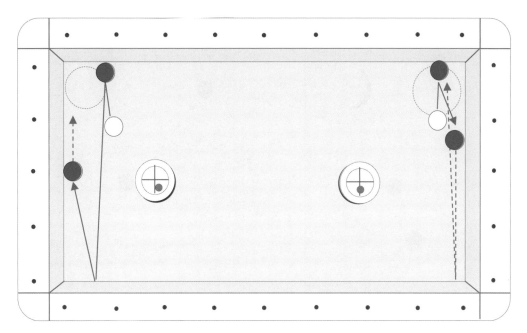

위 도형은 Kiss back을 이용해 모아치기 하는 형태이다. 좌측 도형의 경우는 원 쿠션을 이용한 형태이고, 우측 도형은 2목적구를 정확히 맞혀 왕복시켜 모아치기 한 것이다.

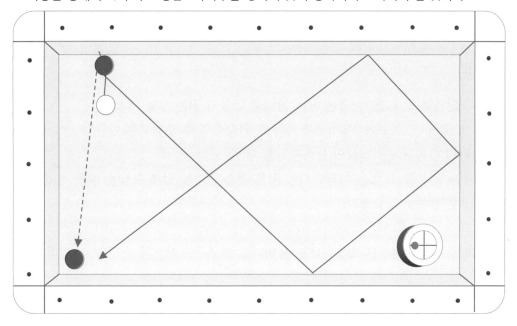

이 형태는 1적구가 쿠션에 완전히 붙어있을 경우 시도하면 된다. 왼쪽 회전 주고 Kiss back 시키면 수구가 내회선 되어 돌아오는 동안 1적구는 서서히 점선처럼 진행된다.

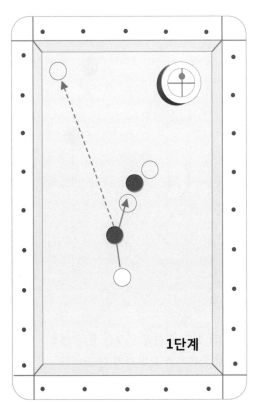 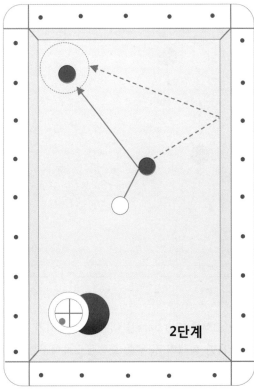

[해설]

위 도형은 2단계로 모아 칠 수 있는 공의 형태를 만들기 위한 도형이다.

아주 약하게 굴려서 1적구와 2목적구와 수구의 위치를 우측 도형처럼 만든다.

우측 도형처럼 만들어지면 최상의 모아치기를 할 수 있다.

1점 득점은 누구나 할 수 있는 형태이지만 많은 연습 없이는 쉽게 모양을 만들 수 없으므로 평소 집중적인 연습이 필요하다.

4구의 묘미는 이러한 공들을 의도한대로 풀어나갈 때 4구의 재미를 만끽할 수 있다.

[타법]

생각보다 아주 약한 힘으로 굴려서 모양을 만든다.

구름 관성 정도의 힘으로 맞도록 아주 천천히 굴려 쳐야 된다.

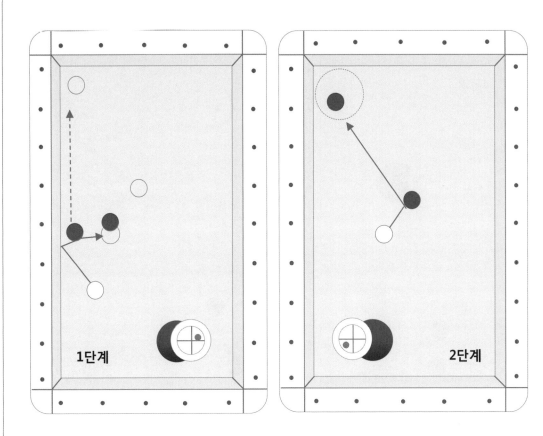

[해설]

위 도형의 경우도 마찬가지로 2단계로 모아치기 형태를 만들기 위한 도형이다.

½두께로 걸어 쳐서 1적구는 좌측 상단으로 보내고 2목적구는 중심 지점을 정확히 맞혀 도형처럼 만든다.

1적구는 생각보다 두껍게 걸어 치지만 2목적구를 맞히는 강도는 생각보다 약하게 맞혀야 한다.

우측 처럼 모양이 만들어지면 최상의 모아치기 형태를 만들 수 있게 된다.

[타법]

머릿속에서 이론적으로만 생각하는 것보다는 실제로 연습을 통해 감각을 익혀야 한다. .

◆ 2단계로 모아치기 만들기

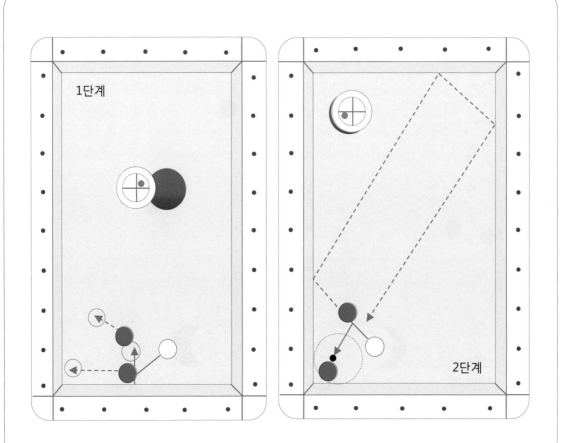

[해설]

위 도형은 우측 도형처럼 모아치기 형태를 만들기 위한 사전 작업이다.

우측 형태처럼 단 한번에 모아치기 할 수 있는 모양을 만들지 못하면 1적구와 2목적구는

자꾸만 벌어질 수 밖에 없는 형태이므로,

단 한번에 실수 없이 모아치기 할 수 있는 모양을 만들기 위해서는 많은 연습이 필요하다.

우측 도형처럼 모양이 만들어지면 정회전 중 하단 당점 주고 1적구를 점선 Line처럼 거의

정면으로 끌어치기 해야 한다. (정회전을 최대한 많이 주어야 1적구가 길게 늘어지지 않는다)

타법 : 1적구를 눌러 치면서 끌어치기 하는 스트로크와 힘 조절이 필요하다.

　　　 원 쿠션을 이용하지 않고 2목적구의 ●지점을 겨냥한다.

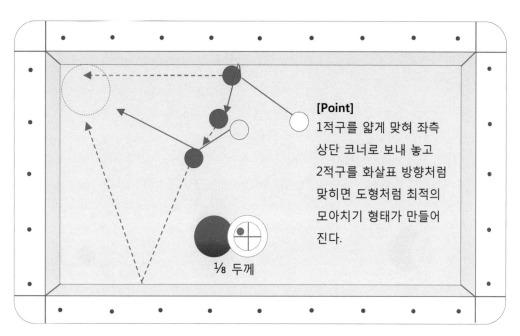

[Point]
1적구를 얇게 맞혀 좌측
상단 코너로 보내 놓고
2적구를 화살표 방향처럼
맞히면 도형처럼 최적의
모아치기 형태가 만들어
진다.

⅛ 두께

위 도형처럼 2단계로 모아치기 형태를 만들려면 수구의 움직임을 생각보다 최고화 시켜야 한다.
1적구와 2적구의 거리가 가까운 만큼 조금만 연습하면 어렵지 않은 공이다.

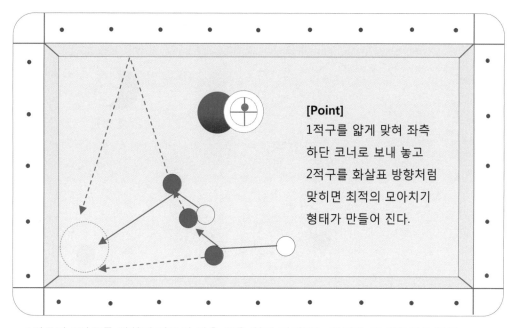

[Point]
1적구를 얇게 맞혀 좌측
하단 코너로 보내 놓고
2적구를 화살표 방향처럼
맞히면 최적의 모아치기
형태가 만들어 진다.

1적구와 2적구를 약하게 다루면 다음 공을 치기 어렵지는 않지만 큰 발전성은 없다.
도형처럼 시도하면 최적의 2단계 모아치기 공을 만들 수 있다.
모아치기는 코너로 모아 치는 공을 만들어야 대량 득점을 할 수 있다.

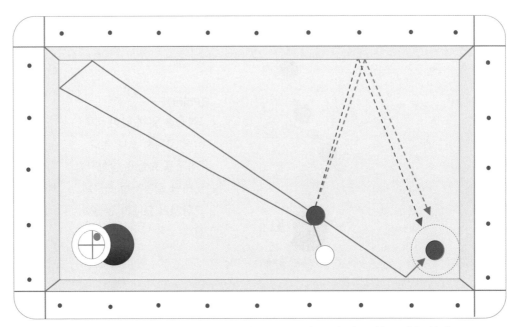

타법 : 상단 1Tip으로 1적구가 맞은편 쿠션을 맞고 코너로 갈 만큼 힘 조절을 한다 .
회전을 많이 주고 두껍게 치면 1적구와 2적구 또는 쿠션을 돌아 오는 수구와
Kiss 우려가 있으므로 연습을 통해 회전과 힘 조절로 공의 경로를 파악해 두자.

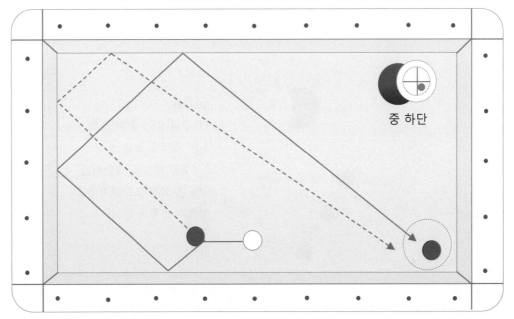

중 하단

타법 : 중 하단 2Tip 주고 1적구를 부드럽게 분리각으로 굴려 쳐서 점선처럼 진행될 만큼
힘 조절을 한다.(힘 조절을 하다 보면 수구가 길어질 수 있으므로 1.5Tip 회전 주고
수구를 1쿠션에 살짝 반발 시키면 짧아진다)

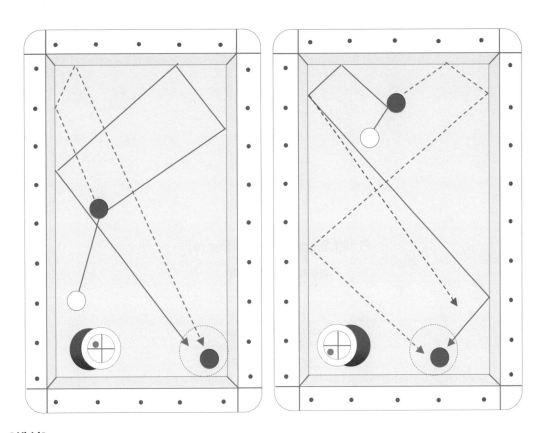

[해설]

좌측 도형은 뒤돌려치기를 하면서 모아치기 하는 장면이다.

이 형태는 순수 분리각을 이용해 모아치기 하는 장면이다.

수구가 한 바퀴 돌아 득점하는 정도의 힘이면 1적구도 점선처럼 우측 하단 코너로 내려 오게 된다.

우측 도형은 하단 당점 주고 ⅔두께 정도로 끌어 치는 타법이 아니라 밀어 치는 타법으로 끌어치기를 구사하면 수구의 분리각을 더 크게 만들 수 있다.

만일 하단 당점으로 끌어서 돌리면 2쿠션에서 적색 점선처럼 길게 진행된다.

[Point]

우측 도형을 끌어치기로 치면 길게 늘어진다. 깊게 밀어치기로 시도하면 짧게 끌린다.

마세(Masse)와 세리(Serie)는

이론적인 설명보다는

동영상 등을 통해서

관찰 하는 것이

더 많은 도움이 된다.

마세(Masse) &
세리(Serie)

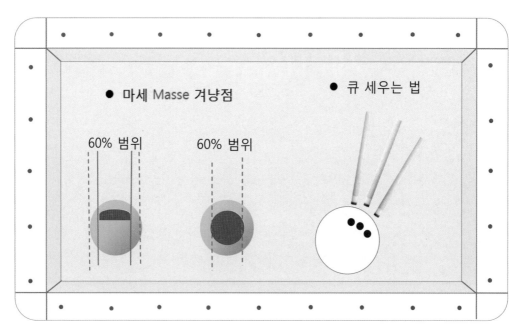

큐를 세우는 것은 횡회전을 높이고, 큐를 눕히는 것은 전진력을 높이기 위함이다.
공의 위치에 따라 큐의 각도를 적절하게 조절하는 것이 마세의 기본이다.

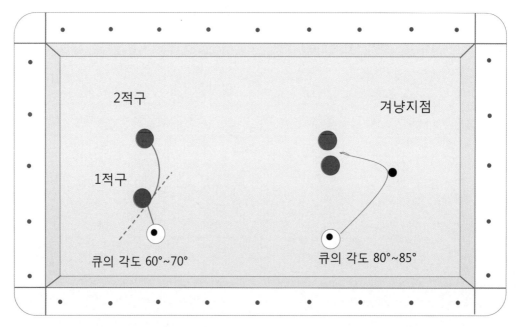

마세는 위 도형에 설명한 것처럼 60% 범위에서 생각보다 두껍게 겨냥해야 하며,
그립은 엄지 검지 중지로 큐를 가볍게 쥐고 손목 스냅을 사용해서 찍어치기 한다.

◆ 마세 Masse의 기본 원리와 활용

마세 Masse는 공 지름의 60% 이내에서 당점을 겨냥해야 한다

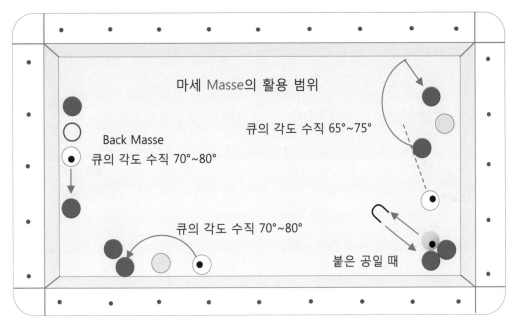

마세 Masse의 활용 범위

큐의 각도 수직 65°~75°

Back Masse
큐의 각도 수직 70°~80°

큐의 각도 수직 70°~80°

붙은 공일 때

마세는 큐 스틱의 기울기와 스트록의 강도에 따라 수구의 진로가 결정된다.
큐 스틱의 수평각을 이용해 전진운동과 병진운동을 조절하며, 많은 연습을 해야 된다.

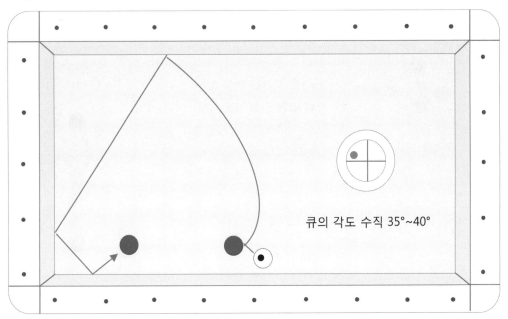

큐의 각도 수직 35°~40°

위 도형과 같은 형태에서 큐를 35° ~ 40° 보다 더 세우면 수구는 도형보다 짧게 진행되고,
큐를 더 눕히면 수구는 도형보다 더 길게 진행된다.

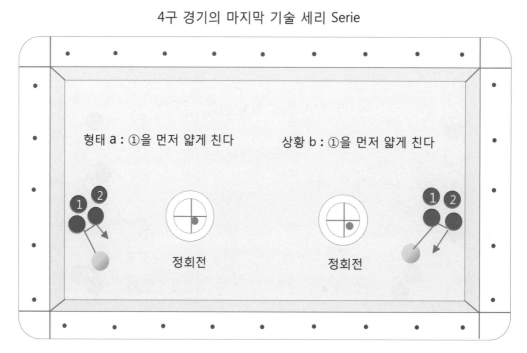

4구 경기의 마지막 기술 세리 Serie

형태 a : ①을 먼저 얇게 친다   상황 b : ①을 먼저 얇게 친다

정회전   정회전

세리 기술은 이론을 터득해야 하지만 동영상을 통해 공의 움직임을 배우고
많은 연습을 통해 기술을 손에 익히는 것이 세리를 배울 수 있는 빠른 길이다.

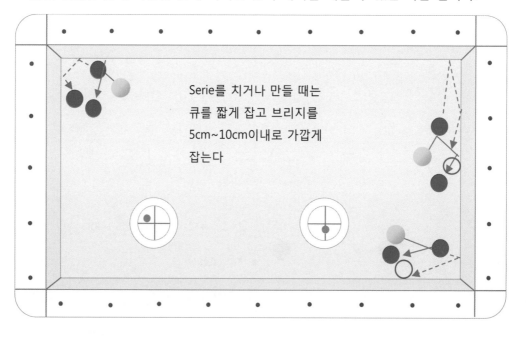

Serie를 치거나 만들 때는
큐를 짧게 잡고 브리지를
5cm~10cm이내로 가깝게
잡는다

4구 경기의 마지막 기술 세리 Serie 만들기

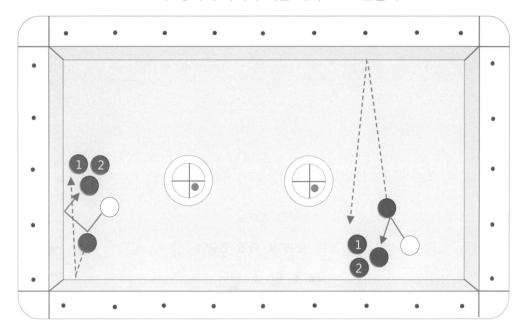

Serie를 잘 다루는 것도 중요하지만 Serie 공을 만드는 기술이 더 중요하다.

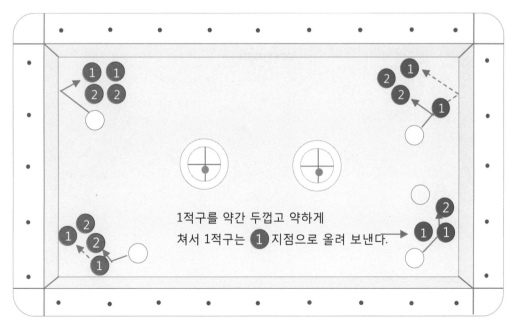

1적구를 약간 두껍고 약하게
쳐서 1적구는 ①지점으로 올려 보낸다.

세리를 치기 위한 기본 자세는 브리지를 10cm이하로 짧게 잡고, 그립도 아주 짧게 잡아
모든 자세를 콤펙트하게 취하는 것이 도움이 된다.

난구 풀이는
게임 운영에 아주 중요한
요소가 될 수 있다.

300점 이상의 상대라면
당연히 수비적인
플레이를 할 수 있기
때문이다.

Kiss를 이용한
득점 방법

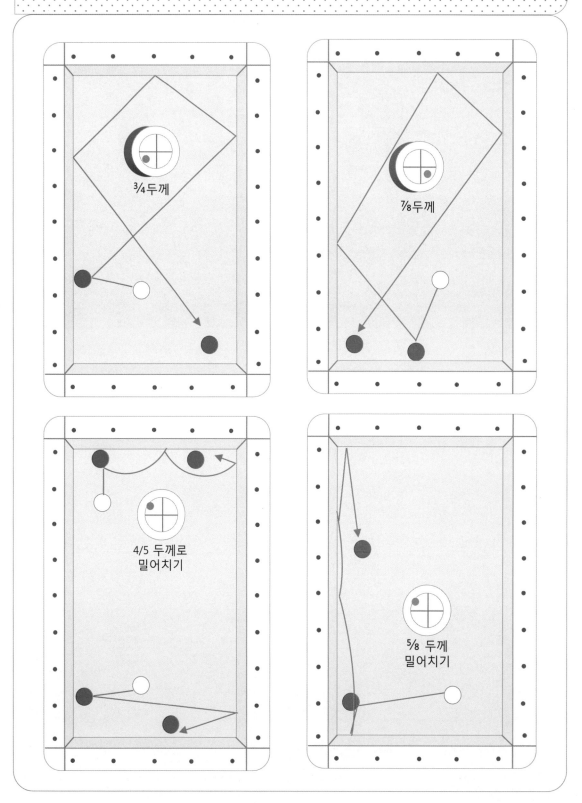

³⁄4두께

⁷⁄8두께

4/5 두께로
밀어치기

⁵⁄8 두께
밀어치기

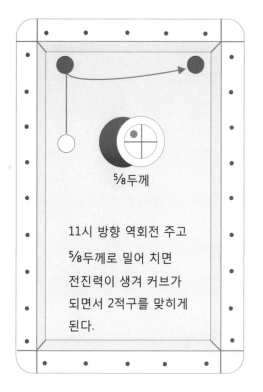

5/8두께

11시 방향 역회전 주고
5/8두께로 밀어 치면
전진력이 생겨 커브가
되면서 2적구를 맞히게
된다.

5/8두께

11시 방향 역회전 주고
5/8두께로 밀어 친다.
1적구와 2적구의 거리가
먼 만큼 큐를 좀 더 길게
밀어 친다.

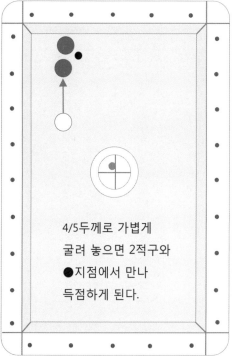

4/5두께로 가볍게
굴려 놓으면 2적구와
●지점에서 만나
득점하게 된다.

Kiss를 이용해 득점을 할
경우에는 두께를 약간
얇게 쳐야 된다.

3쿠션의 기본 타법은
밀어치기 이지만

보다 다양한 타법의 원리를
배우고 이해하면
공을 다루기가
그만큼 쉬워 진다.

3쿠션의
대표적인 타법

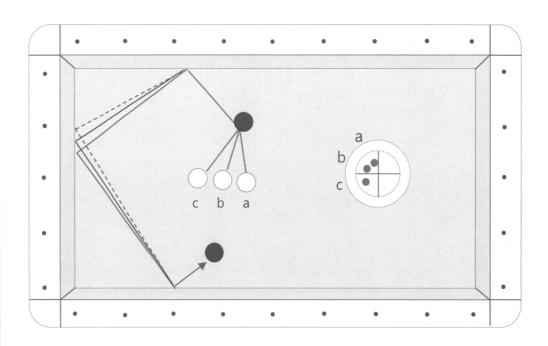

[해설]

위 도형과 같은 제각돌리기 형태에서 수구와 1적구의 입사각도에 따라 타법을 달리해야
한다.

타법은 a b c 3가지 타법으로 분류한다.

a : 굴려 치는 타법. b : 부딪쳐 치는 타법. C : 눌러 치는 타법.

a의 경우처럼 수구가 1적구와 일직선 가까이 있을 경우에는 상단 당점 주고 부드러운
스트록으로 맞을 만큼 굴려 치는 타법을 사용한다.

b의 경우처럼 수구가 1적구 보다 약간 아래 있는 경우에는 중 상단 당점 주고 경쾌하게
부딪쳐 분리각으로 치는 타법을 사용한다.

C의 경우처럼 1적구와 수구의 각도가 둔각일 경우에는 중 하단 당점 주고 1적구를 살짝
눌러 주는 타법을 사용한다.

1적구와 수구의 각도가 끌어 쳐야 할 경우 Down Follow Shot을 하면 쉽게 끌어치기가 된다.

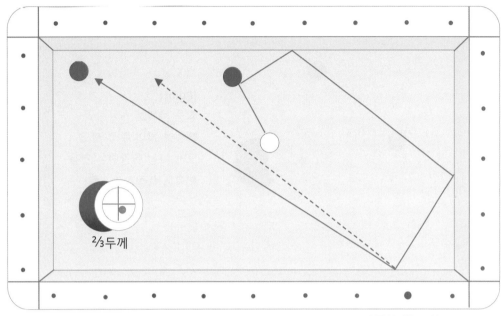

3쿠션 원 포인트

[해설]

위 도형은 1적구와 수구의 각도가 일직선을 크게 벗어난 형태이다.

이 경우 대부분의 동호인들이 끌어치기 해야 한다는 마음으로 어깨에 힘이 들어가 수구가 적색 점선처럼 짧게 진행되는 경우를 흔히 볼 수 있다.

이 형태의 득점 타법은 중 하단 당점 1Tip 주고 깊게 밀어 치는 타법을 사용해야 한다.
임펙트와 동시에 큐를 30cm 정도 더 전진시키면 하단 당점에 의해 공은 쉽게 후진한다.

일종의 스핀(회전)으로 치는 타법이기 때문에 3쿠션 원 포인트 ●까지만 보내면 좌측 상단 코너까지 충분히 진행된다.
3쿠션 2Point까지 끌어치기 해야 한다는 생각을 갖게 되면 절대 칠 수 없는 공이다.
믿음을 갖고 큐만 빠르고 깊게 밀어 치면 득점 확률은 100% 이다,

(극단적인 하단 당점과 극단적인 3Tip을 사용하게 되면 수구가 가벼워져 공이 짧아질 수 있다. 중 하단 1Tip 정도만 주고 겨냥 하더라도 두껍게 치면 회전력은 저절로 생겨난다.

235

Long Follow Shot 의 반대 의미로 큐를 통제하면서 아주 짧고 간명하게 스트록 하는 shot.

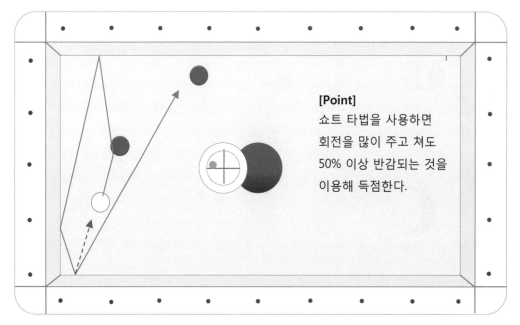

[Point]
쇼트 타법을 사용하면
회전을 많이 주고 쳐도
50% 이상 반감되는 것을
이용해 득점한다.

[해설]
위 도형은 짧은 제각돌리기 형태이다.

이 형태에서 대부분 득점에 실패하는 경우를 살펴보면 가장 흔한 경우는 적색 점선처럼 짧게 빠지는 형태이다.

그 이유는 회전을 많이 주거나 두께가 조금이라도 두꺼우면 수구가 길게 진행되는 것을 염려해 얇게 치면서 회전을 아끼기 때문이다.

이 경우 회전을 3Tip 다 주고 치는 대신 쇼트 타법으로 치면 득점 확률을 크게 높일 수 있다. 큐 선을 길게 밀지 말고 짧고 간명하게 큐를 통제하면 3Tip을 주어도 회전이 크게 발생하지 않는다.

경험이 많은 고점자들은 과감하게 3Tip 다 주면서 스트록을 짧게 통제하는 Short Shot으로 득점률을 높이고 있는 것이다.

Long Follow Shot 의 반대 의미로 큐를 통제하면서 아주 짧고 간명하게 스트록 하는 shot.

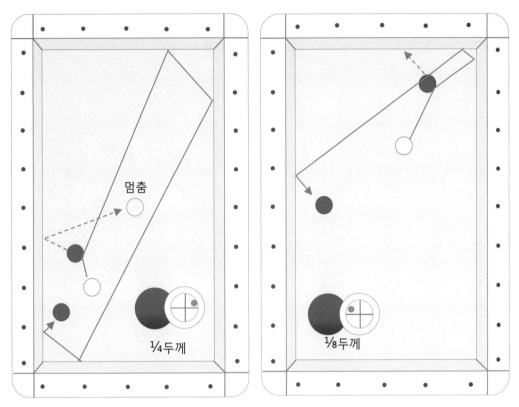

[해설]

좌측 도형과 같은 앞돌려치기 형태에서 1적구를 일반적인 분리각으로 다룰 경우 Kiss를 피하기 어렵다. 백스윙을 가급적 작게하고 팔로우를 5cm 정도로 아주 짧게 통제하면서 회전력을 최대한 이용하여 득점 Line을 만들어야 한다.

백스윙 동작을 작게하고 큐 선의 길이를 짧게 하면 1적구의 움직임을 최대한 적게 만들 수 있어 Kiss를 배제시킬 수 있다.

가장 중요한 핵심은 큐 선의 길이가 1적구의 5cm 이상 통과하지 않도록 짧게 치는 것이다.

우측 도형의 경우도 짧은 short shot으로 공략하면 1적구의 분리각이 커져 Kiss를 피할 수 있으며, 수구도 코너웍이 빠르게 되면서 3쿠션 3Point 까지 길게 솟아 올라와 득점할 수 있다.

타구 요령은 상단 3Tip 주고 짧고 간명하게 끊어 치면 된다.

쇼트 shot은 경기 중에 20% 이상 활용할 수 있는 shot 이므로 평소 많은 연습이 필요하다.

Long Follow Shot 의 반대 의미로 큐를 통제하면서 아주 짧고 간명하게 스트록 하는 Short shot.

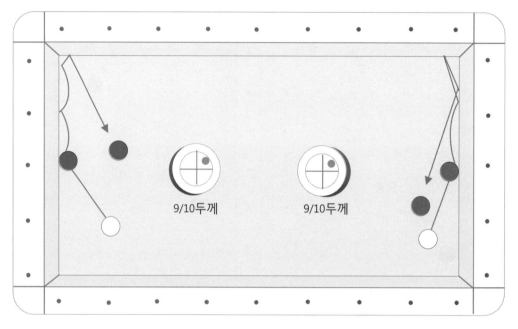

[해설]

위 도형은 투 바운딩으로 득점하는 장면이다.

이 형태를 처음 접하는 동호인은 무척 신기하면서 어려운 공으로 생각하기 쉬운 형태이다.

하지만 알고 나면 득점 요령은 간단하다. 순간 스피드로 짧게 밀어치기만 하면 된다.
1적구를 밀고 나가야 한다는 마음으로 어깨에 힘이 들어가면서 강하게 치면 거의 실패할
확률이 높다.

수구와 2목적구의 비거리가 가깝기 때문에 많은 힘이 필요 없다.
그립을 가볍게 잡고 강하게 치는 것이 아니라, 부드러우면서 빠른 속도로 밀어 치면 된다.

우측 도형도 좌측 도형과 마찬가지로 같은 방법으로 밀어치기 하면 된다.
단, 좌측 도형보다는 약간의 파워가 더 필요한 형태이다.
그 이유는 역회전으로 되돌아와야 하기 때문이다.
부드럽지만 순간 스피드로 빠르게 치는 연습을 해보면 믿음을 갖게 될 것이다.

◆ 툭 Shot

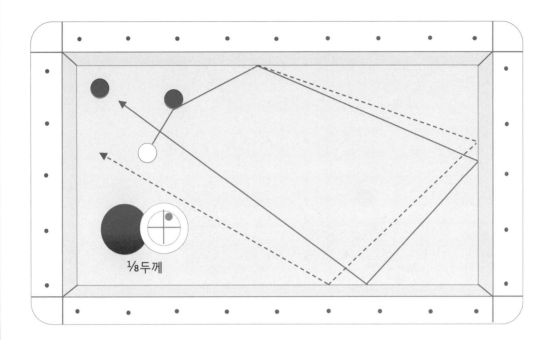

[해설]
위 도형은 타법을 모르면 득점에 실패할 확률이 아주 높은 형태이다.
얇게만 치면 된다는 생각으로 큐가 나가면 100% 적색 점선처럼 수구가 진행된다.

이 형태의 득점 타법은 일명 "툭 샷"이다.
상단 1Tip만 주고 툭 끊어 치고 말아야 한다.
만일 큐가 조금이라도 깊게 나가면 수구는 적색 점선처럼 진행된다.

일명 "툭 샷"은 1쿠션까지는 일반적인 타법과 같아 보이지만 스트록을 툭 하고 끊어 치면
수구는 쿠션을 맞을 때마다 점점 짧게 진행된다.

이 형태가 아니더라도 얇게 쳐야 되는 제각돌리기도 "툭 샷 "을 사용하면 된다.

만일 이 형태보다 더 얇고 짧게 만들어야 하는 경우에는 예비 스트록을 2cm ~ 3cm정도로
아주 작게 하거나 아예 예비 스트록 없이 정지된 상태에서 큐를 내밀면 놀랄 만큼 얇게 수구
를 다룰 수 있다 (특급 비밀)

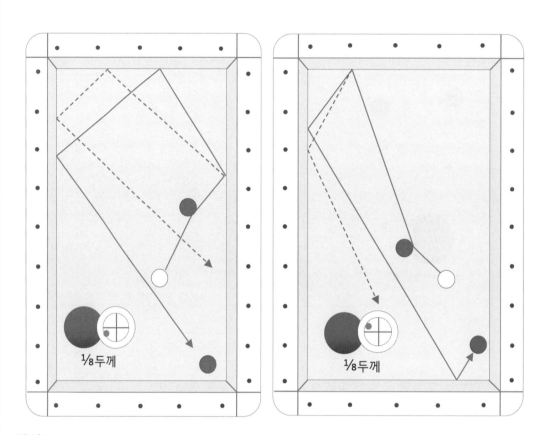

[해설]

위 도형은 얇게치기로 득점하는 기본 도형이다.

단, 일반적인 얇게치기로는 적색 점선으로 빠지기 쉬운 형태이며, 회전을 더 많이
먹이려고 큐를 비틀면 회전은 오히려 반감된다.

좌측 도형의 경우 큐를 수평으로 맞추고 부드러우면서 빠르게 일직선으로 큐를 뻗어주는
관통 샷을 해야 한다.(강하게 치는 것이 아니라 빠르지만 부드러운 롱 스트록이다)
회전은 중하단 당점을 사용하는 것이 좋다.

우측 도형의 경우 중 상단 멕시멈 당점으로 마찬가지로 경쾌하면서 빠르게 큐를 뻗어
주는 관통 샷을 해야 한다.
공에 속도가 붙으면 코너에서 회전이 크게 작용해 반사각을 형성 시켜 준다.

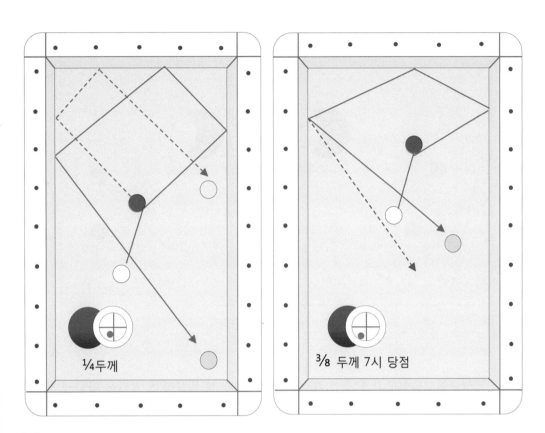

[해설]

좌측 도형은 포지션 플레이를 하기 위해 수구를 밀어치지 않고 부드럽게 굴려 치는 장면이다.

1적구의 힘 조절에 집중하고 굴려 치면 도형처럼 포지션 플레이가 된다.

뒤돌려치기에서 가장 기본이면서 포지션 플레이가 되는 형태임을 반드시 기억하자.

우측 도형은 조금이라도 방심하면 적색 점선처럼 길게 진행되는 형태이다.

이 경우 길게 진행되는 것을 방지하기 위해서는 7시 1Tip 당점만 주면 해결된다.

수구와 1적구의 각도에 따라 ½두께에서 ⅜두께 정도로 치면 된다.

당점을 하단으로 내렸고 7시 1Tip 당점을 사용했기 때문에 수구는 밀려나지 않으며

수구가 움직이는 동선도 생각보다 짧게 움직인다.

이론을 믿고 몇 차례 연습을 통해 수구의 동선을 파악해 보자.

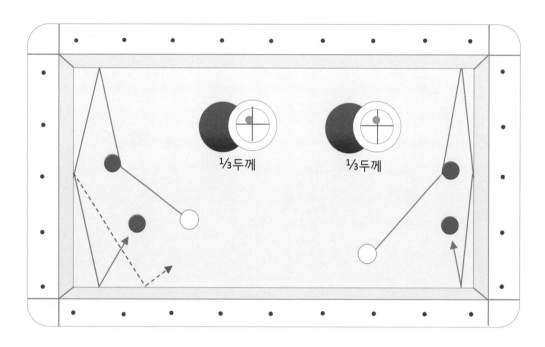

[해설]

위 도형은 1적구와 2목적구가 단쿠션 쪽에 치우쳐 있을 때 득점하는 방법을 나타낸 도형이다.

이러한 형태에서 타법을 모르면 대부분 적색 점선 방향으로 길게 진행되어 득점에 실패하는 경우를 흔히 보게 된다.

좌측 도형의 경우 1적구를 때려서 치게 되면 회전력이 발생되어 대부분 적색 점선처럼 수구가 길게 진행된다.
회전을 1.5Tip 정도로 통제하고 ⅓두께로 부드럽게 굴려서 쳐야 한다.
천천히 공을 굴리게 되면 각 대 각으로 수구가 완만하게 진행되면서 득점하게 된다.

우측 도형처럼 2목적구가 단쿠션 쪽으로 더 치우쳐 있는 경우에는 무회전 또는 역회전 느낌 Tip 정도 주고 같은 방법으로 굴려 치면 된다.

임펙트와 동시에 큐를 살짝 up을 해주면 수구는 더 단쿠션 쪽으로 가깝게 붙어 다닌다.

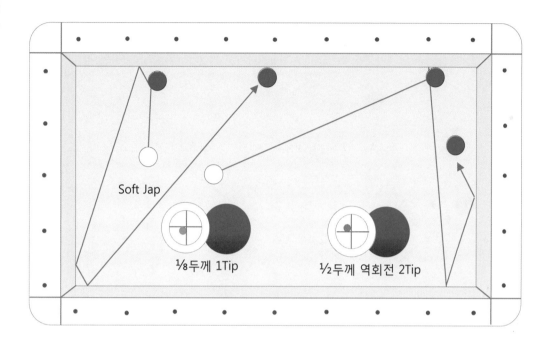

[해설]
위 도형은 Jap Shot과 Up Shot의 대표적인 형태이다.

좌측 도형의 경우 1적구를 아주 얇게 쳐야 하는데 일반적인 스트록을 하는 것보다는 아주
가볍고 간명한 Soft Jap Shot 으로 타구 하는 것이 회전 발생을 억제 시켜 수구를 보다 짧게
진행 시킬 수 있으며, 브리지 거리를 15cm가 넘지 않도록 한다.

우측 도형의 경우는 수구와 1적구의 거리가 멀면서도 둔각으로 입사되기 때문에 일반적인
스트록으로는 길게 밀리고, 밀어치기로 타구 하면 각도를 맞추기가 아주 어려운 형태이다.
이 경우 큐를 짧게 뻗으면서 임펙트와 동시에 큐 끝을 살짝 올려주는 Up Shot을 하면
1적구를 맞춘 수구를 2쿠션에 일직선 가까이 진행 시키는데 도움이 되며 2쿠션을 지난
수구는 회전력과 전진력이 남아 있어 2목적구를 향하게 된다.

그 밖에도 뒤돌려치기를 짧은 각으로 진행시켜야 할 경우에는 Jap Shot을 적절히 사용하면
수구가 늘어지는 것을 적절히 방지할 수 있다.
수구를 짧게 만드는 감각은 많은 연습을 통해 익혀야 한다.

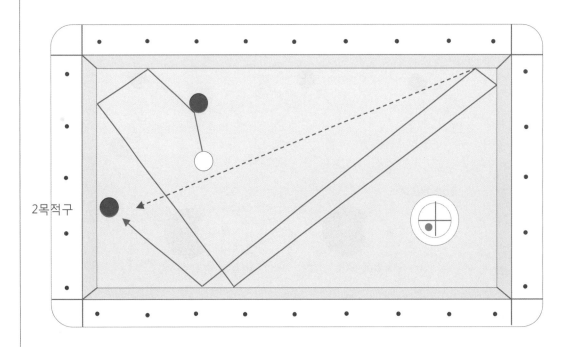

[해설]

위 도형은 2목적구가 단쿠션 1.5Point에 있어 보통의 타법으로는 코너와 1Point 사이로 빠지기 쉬운 공이다.

이 경우에는 1적구가 감기도록 빠른 스피드로 타구해야 된다.

빠른 스피드의 공을 치기 위한 첫 번째 조건은 손목을 풀고 손목 스냅을 사용하면 스피드를 높일 수 있다.
다시 말해 그립을 감싸고 치는 것보다는 훨씬 빠른 속도로 수구를 다룰 수 있다는 뜻이다.

따라서 평소 손목을 풀고 큐를 던지는 연습을 별도로 해두어야 한다.

감아치기가 너무 짧게 되어 수구가 장쿠션(4쿠션)에 먼저 맞을 경우 적색 점선처럼 행운의 득점을 하는 경우도 흔히 있다.

스피드하게 큐를 던져 수구의 동선이 짧게 만들어 득점해야 하는 배치가 종종 있다.

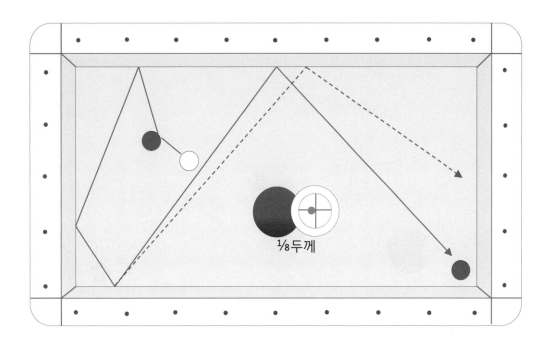

[해설]
위 도형 또한 Speed Shot의 대표적인 형태이다.

경기를 하다 보면 뒤돌려치기를 아주 짧은 형태로 쳐야 득점할 수 있는 경우가 종종 있다.
하지만 도형처럼 2목적구가 반대편 코너 지점에 있을 경우에는 아주 빠른 Speed를 구사해
야 득점할 수 있다.

대부분의 경우 스트록이 부드럽거나 길게 치는 형태의 동호인의 경우 이러한 형태에서
득점 확률이 대체적으로 낮은 것을 볼 수 있다.

하지만 요령만 터득하면 누구나 쉽게 득점할 수 있다.
이 형태에서의 득점 포인트는 스피드이다. 두께는 생각보다 얇게 겨냥해도 빠른 스피드로
인해 수구의 동선은 짧게 진행된다.

Speed Shot의 핵심 요령은 손목의 스냅을 사용하는 것이다. 그립을 강하게 쥐면 빠른 볼을
구사하기 어렵지만. 손목을 풀고 치면 큐의 스피드를 빠르게 낼 수 있다.

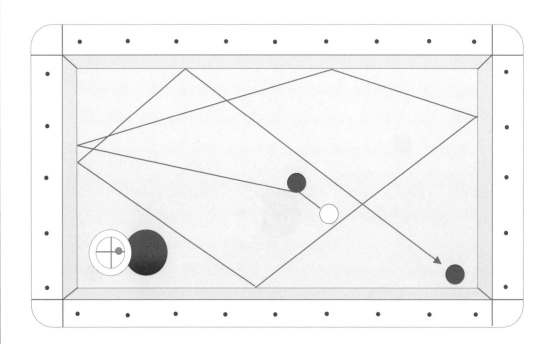

[해설]

위 도형의 경우 뒤돌려치기는 Kiss의 확률이 너무 높고, 비껴치기 또한 수구의 위치가 어려운 형태이다.

이 경우 대회전을 두 바퀴 돌려야 하는데 가장 큰 문제는 힘이다.

수구에 파워를 구사하기 위해서는 던져치기 타법을 구사해야 한다.

손목을 풀고 큐를 던져야 하며, 공의 중앙 당점 회전을 사용해야 수구에 힘을 더 실을 수 있어 비거리를 확보할 수 있다.

위 도형에서 또 한가지 중요한 것은 회전력의 선택이다.

만일 1쿠션을 강하게 부딪치며 대회전을 시킨다면 회전이 감소될 것을 예상해 3Tip을 다 주고 쳐야 하며,

1쿠션을 부드럽게 부딪치며 부드러운 롱 스트록으로 비거리를 만든다면 1Tip ~ 1.5Tip만 주고 치면 된다.

따라서 수구를 1쿠션에 어떻게 부딪쳐 비거리를 만들 것인가에 따라 회전 선택을 달리해야 한다.

◆ Spin Shot

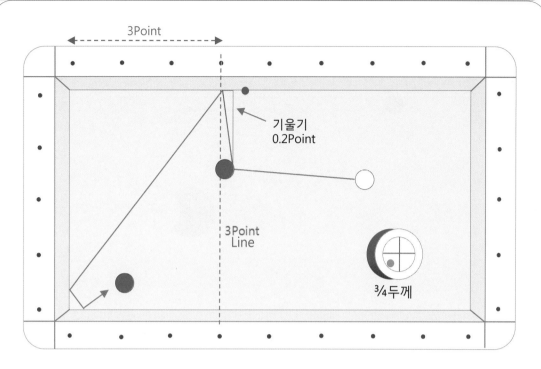

[해설]
위 도형은 Spin Shot 의 기본 형태를 나타낸 도형이다.

도형처럼 1적구가 3Point Line에 걸쳐 있을 경우, 일직선에서 약 0.2Point 정도 내려 치면
수구는 코너로 진행된다.

그 이유는 공과 공이 두껍게 부딪치면 멕시멈 회전보다 더 큰 최대 회전이 발생되는데
그 것을 이용해서 치는 샷이 Spin Shot 이다.

단, 스트록은 1쿠션 ● 지점까지 끌었다 진행 시키는 느낌으로 두껍게 밀어 쳐야 하며,
만일 밀어치지 않으면 두꺼운 두께인 만큼 끌어치기가 되어 득점에 실패하게 된다.
당점의 위치는 1적구와 수구의 위치에 따라 상, 중, 하로 달리하면 된다.

수구가 20Line에 있을 경우에는 22까지 올려 치고, 30Line에 있을 경우에는 28,
40Line에 있을 경우에는 35, 50Line에 있을 경우에는 40까지 각각 기준을 정하고 밀어 치는
연습을 통해 감각을 익혀야 한다.

◆ **Soft Stop Shot**

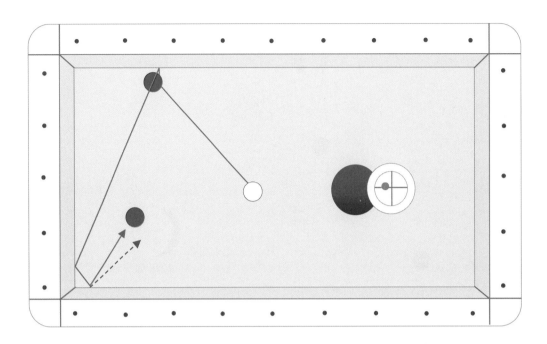

[해설]

위 도형은 비껴치기에서 3쿠션 이후의 방향성을 나타낸 도형이다.

이러한 형태에서는 수구의 회전력을 적절히 제어해 주는 타법이 필요하다.

하지만 회전을 주지 않고 친다면 수구는 단쿠션을 맞히지 못하고 장쿠션에 맞을 확률이
매우 높다.

따라서 회전을 준 상태에서 수구가 단쿠션을 맞고 3쿠션에서 회전이 사라지도록 스트록에
서 역할을 해 주어야 한다.

그 점을 해결해 주는 샷이 바로 Soft Stop Shot 이다.

큐가 임펙트 되면서 가볍게 멈춰 주어야 한다.
회전의 역할은 단쿠션까지 보내면 되고, 그 다음에는 가벼운 큐 멈춤 영향으로 서서히 회전
이 사라지면서 도형처럼 득점되도록 힘 조절 하는 것이 중요하다.

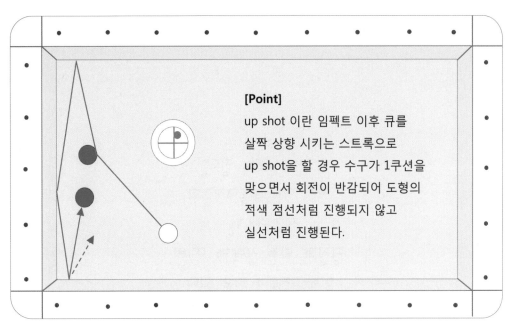

[Point]

up shot 이란 임펙트 이후 큐를
살짝 상향 시키는 스트록으로
up shot을 할 경우 수구가 1쿠션을
맞으면서 회전이 반감되어 도형의
적색 점선처럼 진행되지 않고
실선처럼 진행된다.

길게 앞돌려치기에서 up shot을 적절히 사용하면 수구의 진로를 길게 만들 수 있다.

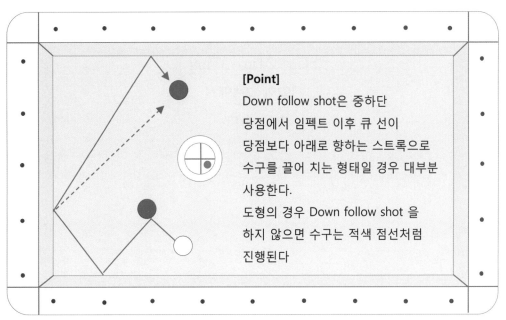

[Point]

Down follow shot은 중하단
당점에서 임펙트 이후 큐 선이
당점보다 아래로 향하는 스트록으로
수구를 끌어 치는 형태일 경우 대부분
사용한다.
도형의 경우 Down follow shot 을
하지 않으면 수구는 적색 점선처럼
진행된다

수구를 끌어 쳐야 하는 다양한 형태에서 Down follow shot 을 실험해 보고 감각을 익히면
실전에서 득점 확률을 높일 수 있다.

3쿠션의 60% 정도를

차지 하는 되돌려치기와

제각돌리기는

당점과 회전 선택에 따라

크게 득점률이 좌우 된다.

무조건 오른쪽 왼쪽

회전이 아니라

상단, 중단, 하단

1Tip, 2Tip, 3Tip을

정확히 구별해서

쳐야 한다.

3쿠션의
핵심 Point

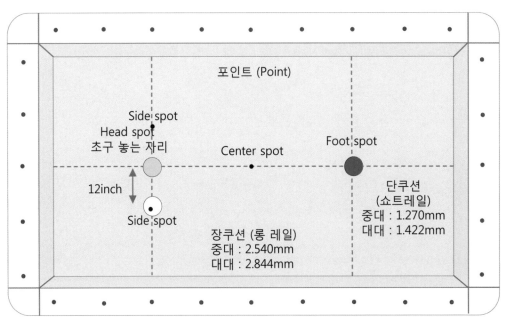

초구를 잘 치는 방법은 정확한 두께와 스트록이다. ½ 두께를 사용하며, 회전은 1.5Tip 정도면 적당하다. 1적구를 눌러치지 말고 수구와 1적구의 스피드가 같은 속도로 움직이도록 공 2개 정도 통과하는 큐 선 길이로 가볍게 치면 1적구의 진행이 느려지기 때문에 Kiss를 배제시킬 수 있다.

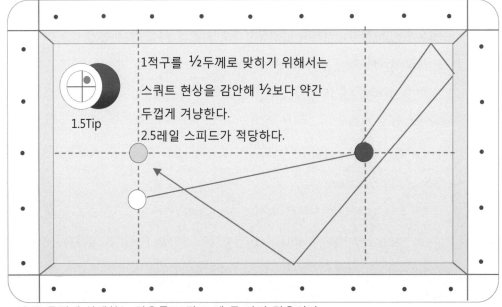

초구 득점에 실패하는 경우를 보면 크게 두 가지 경우이다.
1. 스쿼트 현상을 감안하지 않아 공을 얇게 겨냥하는 경우이다.
2. 3Tip을 주고 밀어 쳐서 공이 길게 늘어지는 경우이다.
3. 회전을 준 내 큐의 겨냥점이 1적구의 12시 정 중앙을 겨냥하면 반 두께 정도가 맞는다.

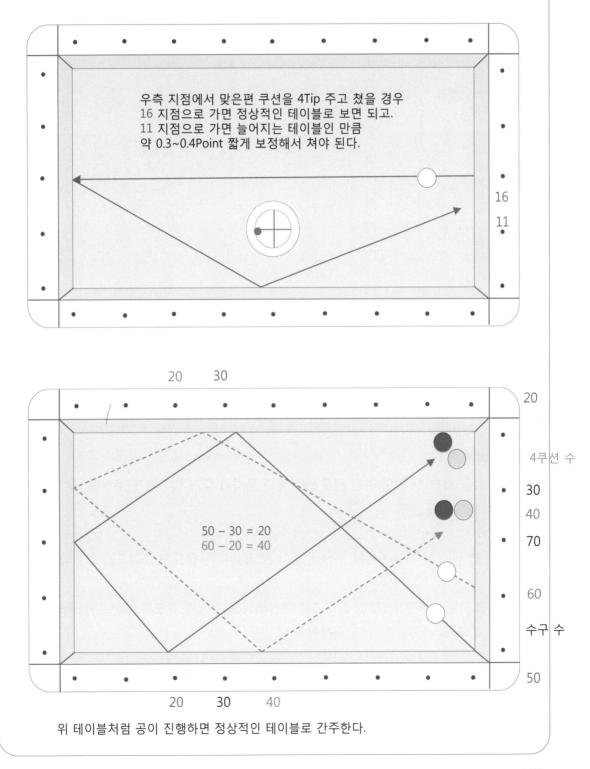

우측 지점에서 맞은편 쿠션을 4Tip 주고 쳤을 경우
16 지점으로 가면 정상적인 테이블로 보면 되고.
11 지점으로 가면 늘어지는 테이블인 만큼
약 0.3~0.4Point 짧게 보정해서 쳐야 된다.

16
11

20   30

20

4쿠션 수

30
40

70

50 − 30 = 20
60 − 20 = 40

60

수구 수

50

20   30   40

위 테이블처럼 공이 진행하면 정상적인 테이블로 간주한다.

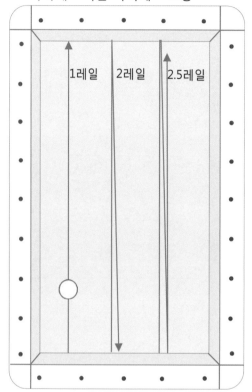

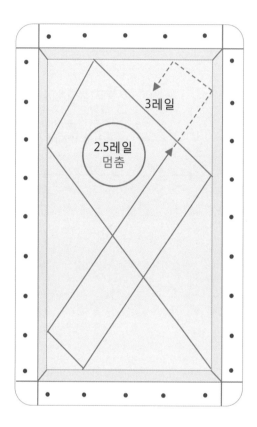

[2.5레일이란 ?]

맞은편 쿠션을 향해 친 공이 하단 단쿠션을 맞고 올라가 다시 맞은편 단쿠션에 맞지 않을
 정도의 스피드를 말한다.

또는 공이 한 바퀴 돈 다음 6번째 쿠션에 닿지 않고 멈추는 정도의 스피드를 말한다.

빈쿠션 돌리기는 대부분 2.5레일 스피드에 계산법이 맞추어져 있으므로 빈쿠션 돌리기를
잘하려면 2.5레일 스피드를 먼저 익혀야 한다.

2.5레일이란 강하게 치는 것을 방지하기 위함도 있으므로 실제 경기에서는 3레일 정도의
스트록을 사용해도 상관 없다.

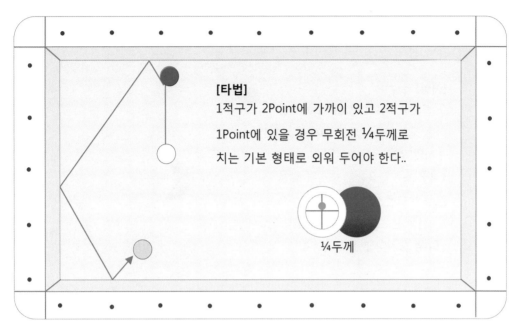

[타법]
1적구가 2Point에 가까이 있고 2적구가
1Point에 있을 경우 무회전 ¼두께로
치는 기본 형태로 외워 두어야 한다..

¼두께

위 도형은 경기 중에 흔히 나타나는 기본 형태로 외워 두면 도움이 되는 System 이다.
도형보다 2적구의 위치가 반 포인트 길어질 때마다 1Tip씩 증가 시키면 된다.
각자 연습을 통해 스트록의 강약을 확인해 두어야 한다.

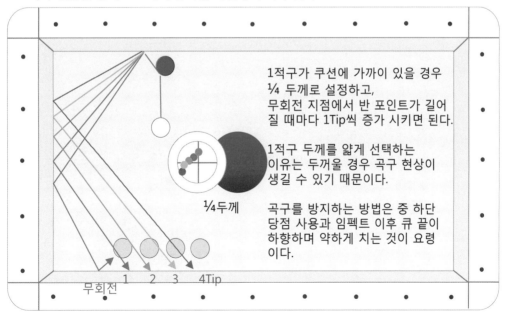

1적구가 쿠션에 가까이 있을 경우
¼ 두께로 설정하고,
무회전 지점에서 반 포인트가 길어
질 때마다 1Tip씩 증가 시키면 된다.

1적구 두께를 얇게 선택하는
이유는 두꺼울 경우 곡구 현상이
생길 수 있기 때문이다.

곡구를 방지하는 방법은 중 하단
당점 사용과 임펙트 이후 큐 끝이
하향하며 약하게 치는 것이 요령
이다.

¼두께

무회전   1   2   3   4Tip

위 도형처럼 1적구가 쿠션에 가까이 붙어 있을 경우에는 기본 두께를 ¼ 또는 ⅓두께로
적용하는 것이 곡구 현상을 방지할 수 있으며 득점 확률을 높일 수 있다.

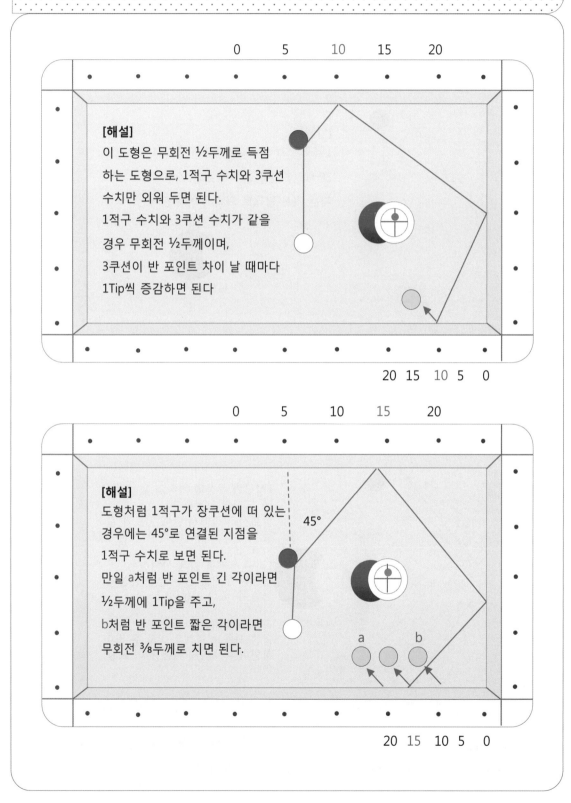

[해설]
이 도형은 무회전 ½두께로 득점
하는 도형으로, 1적구 수치와 3쿠션
수치만 외워 두면 된다.
1적구 수치와 3쿠션 수치가 같을
경우 무회전 ½두께이며,
3쿠션이 반 포인트 차이 날 때마다
1Tip씩 증감하면 된다

[해설]
도형처럼 1적구가 장쿠션에 떠 있는
경우에는 45°로 연결된 지점을
1적구 수치로 보면 된다.
만일 a처럼 반 포인트 긴 각이라면
½두께에 1Tip을 주고,
b처럼 반 포인트 짧은 각이라면
무회전 ⅜두께로 치면 된다.

◆ 짧은 각 제각돌리기

무회전으로 1적구를 맞혀 코너로 보내면 대략 1적구 Line 수의 ½인 3쿠션 지점으로 도착한다.

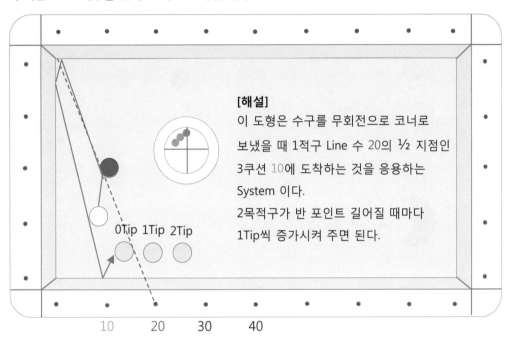

[해설]
이 도형은 수구를 무회전으로 코너로
보냈을 때 1적구 Line 수 20의 ½ 지점인
3쿠션 10에 도착하는 것을 응용하는
System 이다.
2목적구가 반 포인트 길어질 때마다
1Tip씩 증가시켜 주면 된다.

무회전으로 칠 경우 조금이라도 역회전이 들어가면 안되므로 아주 미세하게 정회전을 주는
느낌으로 1적구를 다루는 것이 요령이다..

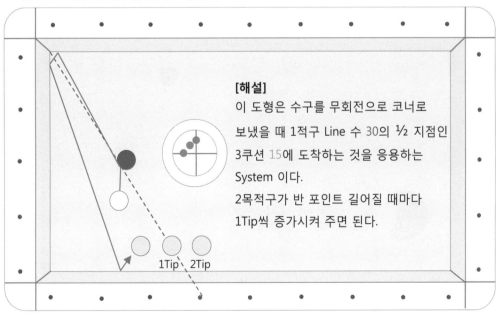

[해설]
이 도형은 수구를 무회전으로 코너로
보냈을 때 1적구 Line 수 30의 ½ 지점인
3쿠션 15에 도착하는 것을 응용하는
System 이다.
2목적구가 반 포인트 길어질 때마다
1Tip씩 증가시켜 주면 된다.

1적구가 40 Line에 있어도 같은 방식으로 계산하면 되며, 1적구가 어디에 있든 1적구 Line의
½ 지점을 무회전 지점으로 시작하고 반 포인트 길어질 때마다 1Tip씩 증가해 주면 된다.

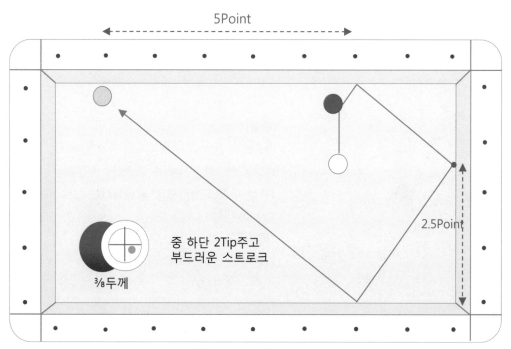

수구와 2목적구의 간격 5Point의 ½인 2.5Point 지점을 1쿠션 지점으로 정하면 된다.

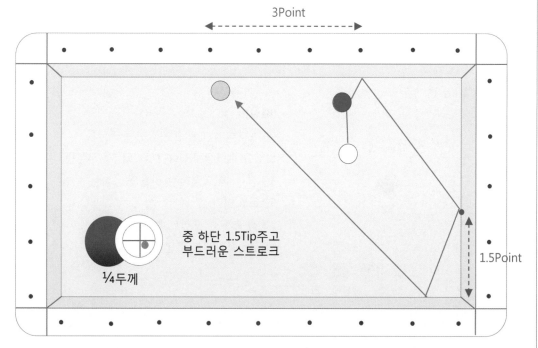

수구와 2목적구의 간격 3Point의 ½인 1.5Point 지점을 1쿠션 지점으로 정하면 된다.

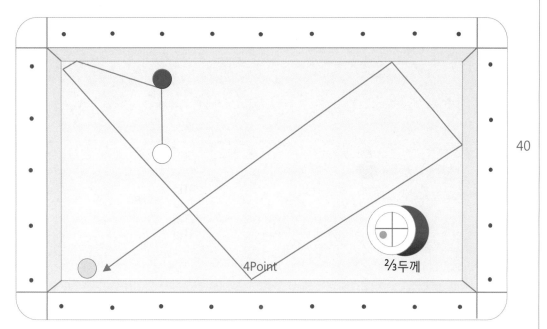

40

²⁄₃두께에 중 하단 3Tip 당점 주고 큐를 과감하게 넣었다 빼는 스트록을 구사하면 된다.

3쿠션 4Point 지점을 이미지에 넣고 큐를 빨리 넣었다 빼는 스트록을 구사하면 Kiss가 없다.

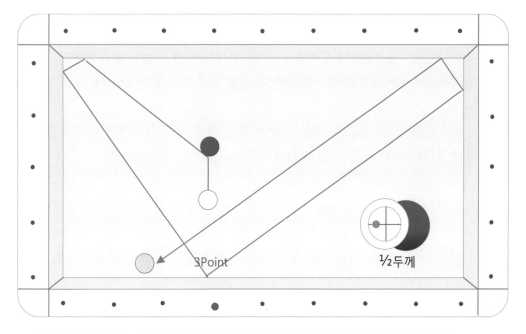

½두께에 중단 3Tip 당점으로 경쾌하게 1적구를 부딪쳐 수구를 분리 시켜 돌린다.

3쿠션 3Point ●지점을 이미지에 그리고 5레일 스피드로 치면 된다.

◆ 뒤돌려치기

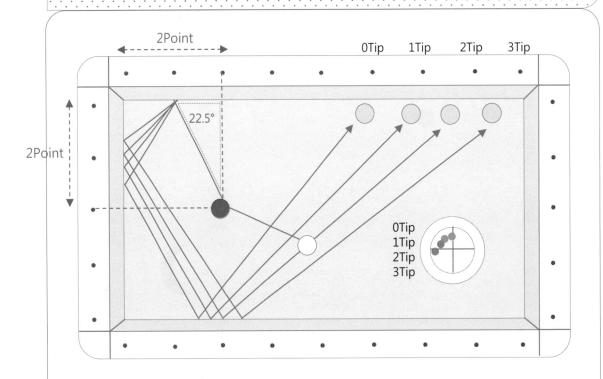

[해설]

위 도형은 뒤돌려치기에서 가장 중요한 기본 도형이다.

수구를 각각의 회전을 주고 45°의 절반인 22.5°로 입사 시키면 도형처럼 진행된다.
2Point로 표기한 것은 별다른 의미는 없으며, 22.5°를 강조하기 위한 것이다.

1적구의 위치가 변하더라도 22.5°로 입사 시키면 회전에 따라 각각 도형처럼 진행된다.
만일 Kiss가 있을 경우에는 조금 두껍게 치면서 Tip을 증가 시켜 주면 된다.

뒤돌려치기도 제각돌리기와 마찬가지로 회전량에 따라 수구의 진행은 판이하게 달라진다.

이 도형을 기본 삼아 회전을 주고, 또는 회전을 빼고 치는 연습을 통해 감각을 키워 나가면
된다.

[타법]

곡구가 생기지 않도록 부드럽게 밀어 치면서 굴려 준다.

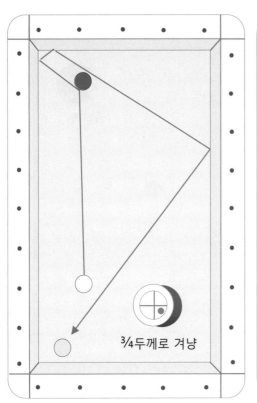

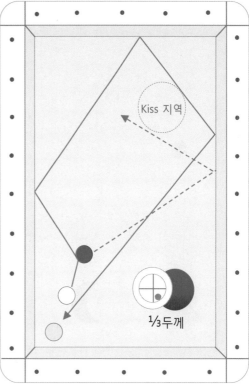

[해설]

좌측 도형의 득점 방법은 생각보다 두껍게 ¾ 두께로 겨냥해야 한다.

강하게 칠 경우 당점에 의해 겨냥한 것보다 얇게 맞기 때문이다.

큐를 부드럽게 밀어 치면 수구의 비거리로 인해 길어질 수 있으므로 브리지를 짧게 잡고 하단 당점으로 1적구를 견고하게 부딪쳐 분리 시켜야 한다.

우측 도형의 득점 방법은 ⅓두께 정도의 얇은 두께로 빠르게 밀어 치는 타법을 구사하면 된다.

두껍게 끌어서 칠 경우 Kiss 확률이 너무 높은 배치이다.

얇은 두께로 치더라도 빠르게 큐를 밀어 주면 2쿠션에서부터 감기면서 궤도처럼 점점 짧게 진행하게 된다.

만일 스피드가 늦으면 3쿠션에서 길게 진행된다.

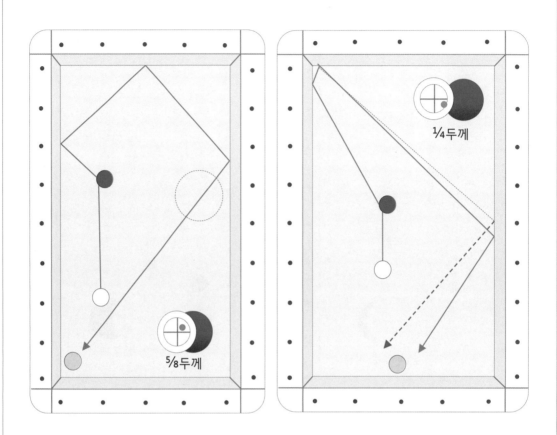

[해설]

위 도형은 뒤돌려치기의 기본 형태이다.

좌측 도형은 ⅝ 두께로 1적구를 적당히 눌러 치는 스트록을 해야 Kiss도 빼고 포지션도 된다.

눌러 치는 이유는 1적구에 타격을 가해서 1적구를 먼저 아래로 내려 보내야 ○지점에서의 Kiss를 피할 수 있기 때문이다.

우측 도형의 경우는 ~

¼ 두께로 수구를 코너까지 보내야 한다.

수구를 길게 진행 시켜야 할 때는 큐가 허공을 지나가듯 수구에 타격을 가하지 않고 스트록을 부드러우면서 길게 찔러 쳐야 한다.

얇게 쳐야 한다는 생각으로 큐를 조심스럽게 다루면 대부분 큐가 끊겨 3쿠션에서 짧아진다.

부드러움과 날카로움이 조화된 복합 샷을 해야 득점 확률을 높일 수 있다.

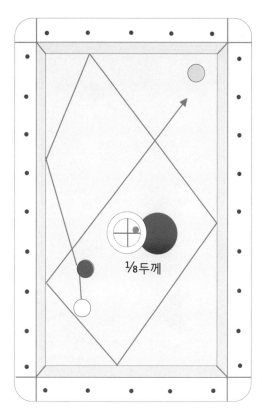

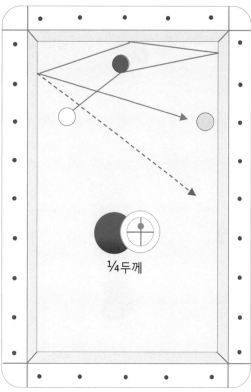

[해설]

좌측 도형의 득점 방법 핵심은 ⅛ 두께로 얇게 치는 것이지만 ~

그 것보다 더 중요한 것은 임펙트 이후 그립을 끝까지 결속하지 않고 부드러우면서 길게 밀어 치는 것이다. (1적구를 때려 돌리면 얇게 맞히더라도 짧아진다)

임펙트와 동시에 그립을 잡게 되면 급격히 짧아진다.

(얇게 겨냥하면서 Up shot을 하면 공이 길게 진행되는 방법도 있다)

우측 도형의 경우 가장 중요한 핵심은 굴려치기 타법을 철저하게 사용해야 한다.

만일 1적구를 평범하게 때려 치면 회전을 아무리 안주고 치더라도 공끼리 부딪치는 순간 회전이 저절로 발생되어 수구는 적색 점선처럼 길게 진로를 벗어난다.

2적구을 간신히 맞힐 만큼 천천히 등속으로 굴려 치면 수구는 회전을 먹지 않고 완만하게 진행한다.

앞돌려치기의 핵심은 부드러운 스트록이다.

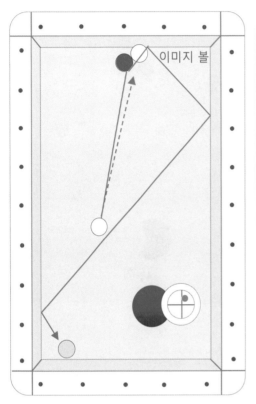

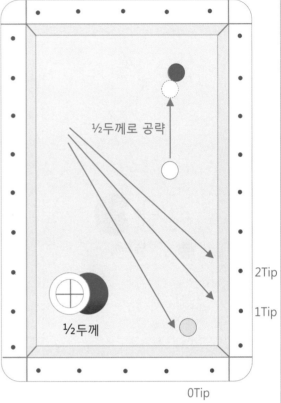

[해설]

좌측 도형은 얇게 앞돌려치기 하는 장면이다.

이 경우 득점 핵심은 등속으로 천천히 맞을 만큼 약하게 치는 것이다.

1cm의 두께로 맞히려면 큐 선의 중심을 1적구의 우측 끝에서 2cm를 떼고 뒤에 그려놓은 이미지 볼을 향해 (허공) 부드럽게 굴려 치면 반지름에서 2cm를 뺀 1cm 두께가 맞는다.

대부분 얇게 앞돌려치기 해야 하는 경우 공의 반지름(36mm) 에서 맞히고 싶은 두께를 뺀 나머지 숫자 만큼 큐 선을 허공에 조준하고 부드럽게 굴려 치면 된다.

우측 도형은 1적구를 ½두께로 맞히면서 당점 조절로 3쿠션으로 보내는 방법이다.

이를 체계화 시켜 나가면 앞돌려치기의 득점 확률을 높여 나갈 수 있다.

(1적구와 수구의 기울기에 따라 스트록을 조금 간명하게, 조금 길게 조절해 주면 된다.

◆ 앞돌려치기

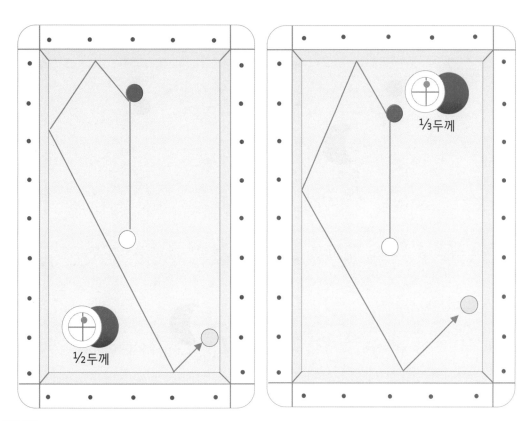

[해설]

좌측 도형은 1적구와 수구가 일직선에 있고 2목적구가 우측 하단 원 포인트 선상에 있을 때 득점하기 위한 두께를 나타낸 것이다.

상단 무회전 당점으로 1적구의 좌측 끝을 겨냥하면 ½ 두께가 맞게 된다.

큐 선을 길게 뻗지 말고 10cm 정도에서 통제 하는 것이 득점 확률을 높일 수 있다.

우측 도형은 1적구와 수구가 일직선에 있고 2목적구가 우측 하단 2Point 선상에 있을 때 득점하기 위한 두께를 나타낸 것이다.

상단 무회전 당점으로 1적구를 ⅓ 두께로 맞히면 된다.

수구를 부드럽게 결대로 보내야 할 경우에는 가속 샷을 삼가하고 감속 샷을 해야 된다.

특히 앞돌려치기를 할 때는 상체의 모든 힘을 빼고 부드럽게 공을 다루는 것이 중요하며 느린 등속샷과 함께 임펙트 이후에 큐를 잡아주는 행위를 하면 안 된다.

중단 당점을 사용할 경우 약간의 두께 실수가 생기면 공이 꺾이게 된다.

감속 샷 : 임펙트 이후에 속도가 점점 줄어 드는 샷 (일종의 등속 샷)

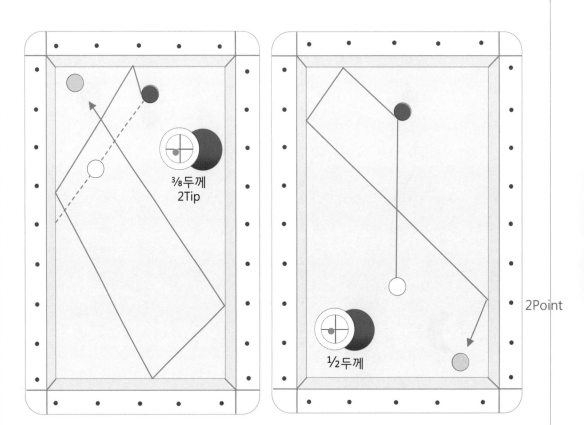

[해설]

좌측 도형은 대회전 앞돌려치기 형태이다.

1적구와 수구간 단쿠션 2Point 장쿠션 4Point Line에 있을 경우 ⅜두께에 중 하단 2Tip으로 대회전 시키면 된다.

⅜두께면 공의 변화가 가장 적은 두께이므로 별도로 끌어 주는 스트록을 하지 말고 경쾌하게 회전력을 믿고 부딪쳐 돌리면 된다.

우측 도형은 1적구와 수구가 일직선인 경우 ½ 두께에 2Tip으로 득점하는 장면이다.

경쾌하게 부딪치는 스트록을 사용하며, 스트록 이후 그립을 잡느냐 계속 열어 놓느냐에 따라 수구의 진행 궤도는 크게 달라진다.

우측 도형의 형태는 임펙트 이후 그립을 잡으면 궤도가 짧아져서 득점하기 어렵다.

½두께와 2Tip을 믿고 분리각으로 승부하면 된다.

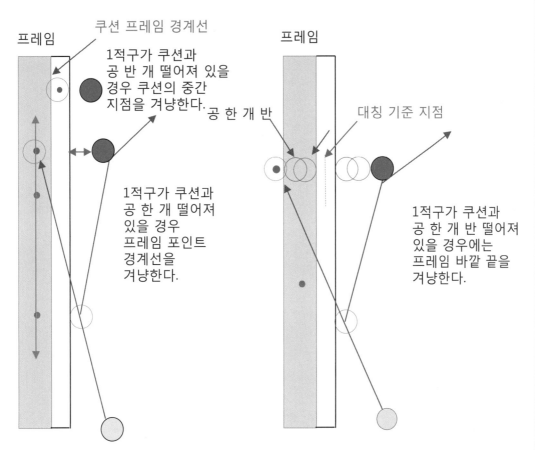

[설명]

앞으로 걸어치기에서 1적구가 쿠션과
공 한 개 떨어져 있을 경우 프레임 포인트
경계선을 겨냥하고, 공 반 개가 떨어져 있을
경우에는 쿠션의 중간 지점을 겨냥한다.
1적구가 쿠션과 붙어 있을 경우 쿠션 날 끝을
겨냥하면 ½ 걸어치기가 된다.

[설명]

앞으로 걸어치기에서 1적구가 쿠션과
공 한 개 반 떨어져 있을 경우,
쿠션 날과 프레임 경계선을 기준으로 반대편
대칭 지점에 이미지 볼을 만들고, 상단 2Tip
주고 이미지 볼을 향해 부드럽게 굴려 치면
된다.

위 도형보다 수구의 입사각도가 약간씩 달라져도 같은 공식을 적용하면 된다.
또한 1적구가 쿠션 날 가까이 있을 경우에는 쿠션 날이 선명하게 보이지 않는 경우가
흔히 있으므로 1적구와 쿠션 날 부근에 가까이 가서 간격을 살펴보는 것이 도움이 된다
또한 공의 반지름 크기를 항상 염두에 두고, 공이 생각한 지점보다 미리 쿠션 날에 맞아
반사된다는 것을 인식하면서 연습하면 도움이 될 수 있다.

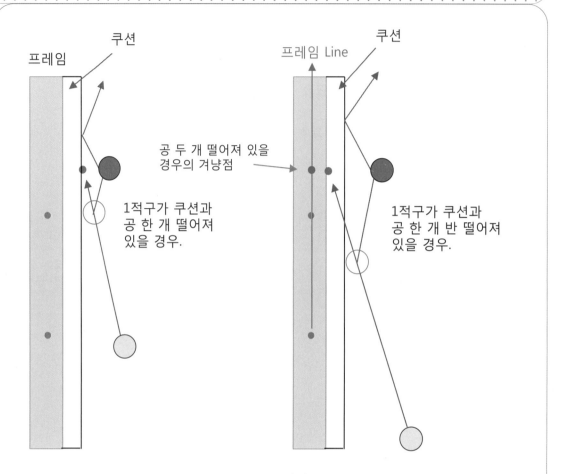

[해설]

안으로 넣어치기에서 1적구가 쿠션과
공 한 개 떨어져 있을 경우,
겨냥점은 1적구의 맞은편 쿠션 날을
겨냥하면 된다.
공을 길게 또는 짧게 만들 경우 약간씩
겨냥 지점을 조절하면 된다.

[설명]

안으로 넣어치기에서 1적구가 쿠션과
공 한 개 반 떨어져 있을 경우,
쿠션과 프레임 경계선 ●지점을 겨냥하면
되고, 공 두 개 떨어져 있을 경우에는 프레임
포인트 Line을 겨냥하면 된다.
공 두 개 반인 경우에는 프레임 바깥 끝을
겨냥하면 된다.

안으로 넣어치기에서 실패하는 유형을 보면 ~

1. 겨냥점보다 짧게 겨냥하는 경우이다. 그 이유는 공 반 개 정도가 쿠션에 미리 맞아 반사
   되는 것을 미처 생각하지 못했기 때문이다.
2. 공, 쿠션 날, 프레임이 한 눈에 섞여 들어와 명확하게 겨냥 지점을 잡지 못하기 때문이다.

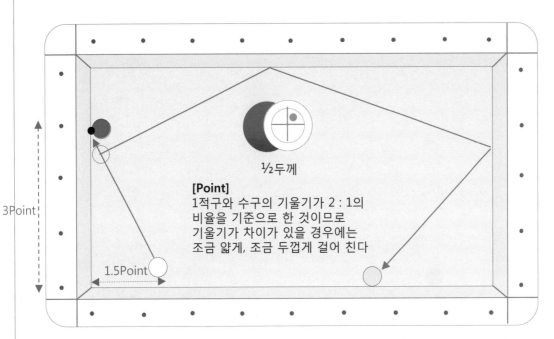

½두께

[Point]
1적구와 수구의 기울기가 2 : 1의
비율을 기준으로 한 것이므로
기울기가 차이가 있을 경우에는
조금 얇게, 조금 두껍게 걸어 친다

3Point

1.5Point

위 도형의 득점 방법은 1적구와 쿠션이 맞닿은 지점 ●을 향해 상단 1Tip으로 부드럽게 밀어 치면 도형과 같이 진행한다.

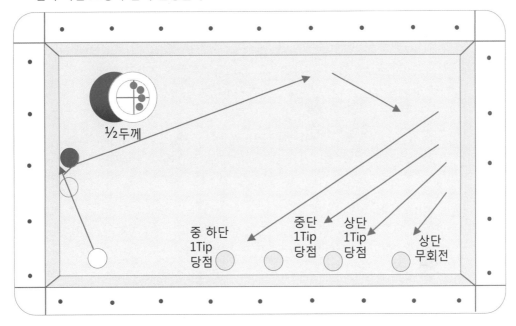

½두께

중 하단
1Tip
당점

중단
1Tip
당점

상단
1Tip
당점

상단
무회전

아래 도형은 1적구와 수구가 2 : 1 기울기로 있을 경우 2목적구의 위치에 따라 당점을 달리해 치는 방법을 나타낸 도형이다.

269

◆ 앞으로 걸어치기

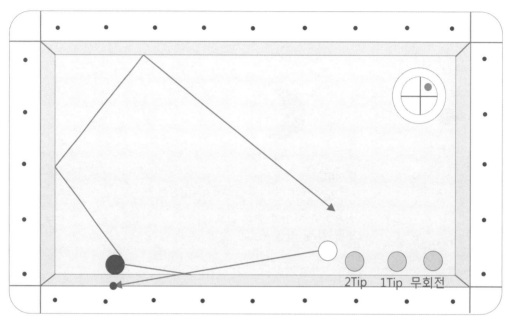

2Tip 1Tip 무회전

위 도형처럼 1적구가 쿠션에 붙어 있거나 가까이 있을 경우 쿠션과 프레임의 경계선이
겨냥 지점이 된다. 2적구가 2Point에 있을 경우 2Tip. 1Point에 있을 경우는 1Tip, 코너에
있을 경우에는 무회전으로 부드럽게 굴려 치면 된다.

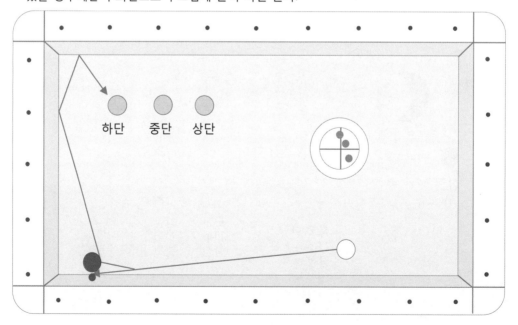

하단 중단 상단

위 도형의 득점 방법은 당점만 하단으로 내리면 된다. 강하게 끌어치기 하지 않아도 되며
어느 정도 스피드만 있으면 공은 자동적으로 낮게 진행되면서 득점할 수 있게된다.

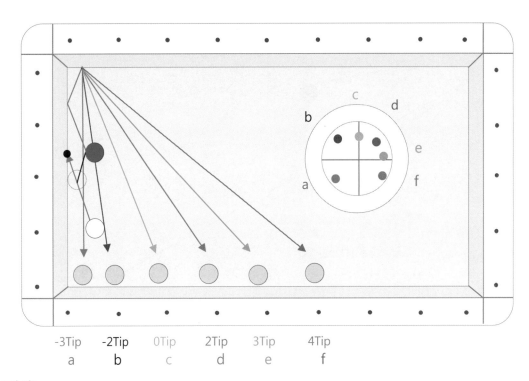

-3Tip   -2Tip   0Tip   2Tip   3Tip   4Tip
a   b   c   d   e   f

[해설]

위 도형은 (단. 단. 장. 장) 안으로 넣어치기 기본 도형이다.

1적구가 쿠션에서 약 공 한 개 남짓 떨어져 있을 경우 각각의 회전을 주고 치면 도형처럼 수구를 진행 시킬 수 있다.

a : 역회전 하단 3Tip 주고, 큐를 짧게 잡고 아주 부드럽고 길게 밀어 친다.

b : 역회전 상단 2Tip 주고 부드럽게 깊숙이 밀어 친다.

C : 무회전 상단 당점 주고 부드럽게 굴려 넣는다.

d : 2Tip 주고 평범하게 굴려 넣는다.

e : 3Tip 주고 씩씩하게 때려 넣는다.

F : 4Tip 주고 살짝 쿠션을 끌어주듯 손목의 스냅을 이용해 경쾌하게 친다.

[타법]

a ~ c 까지는 1쿠션 지점을 깊숙이 넣는 것과 부드럽게 치는 것이 핵심이다.

271

◆ 안으로 넣어 치기

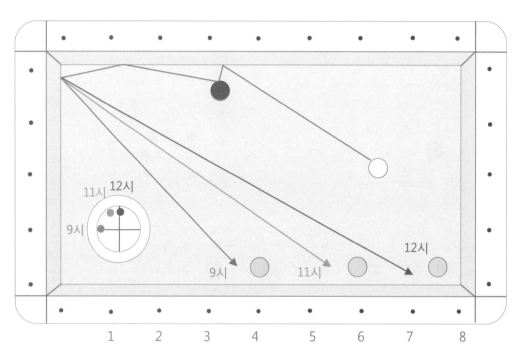

타법 : 부드러운 롱 스트록으로 밀어치기

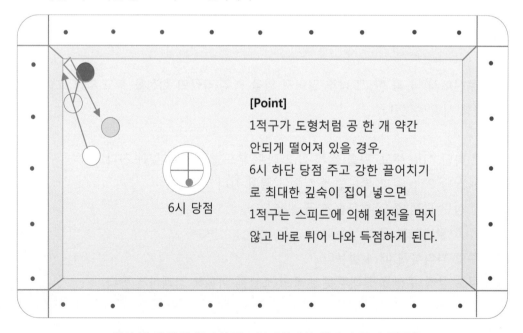

[Point]

1적구가 도형처럼 공 한 개 약간
안되게 떨어져 있을 경우,
6시 하단 당점 주고 강한 끌어치기
로 최대한 깊숙이 집어 넣으면
1적구는 스피드에 의해 회전을 먹지
않고 바로 튀어 나와 득점하게 된다.

위와 같이 강한 끌어치기로 넣어치기를 하면 수구의 동선을
길게 진행 시킬 수 있다는 원리를 이해하고 활용하자.

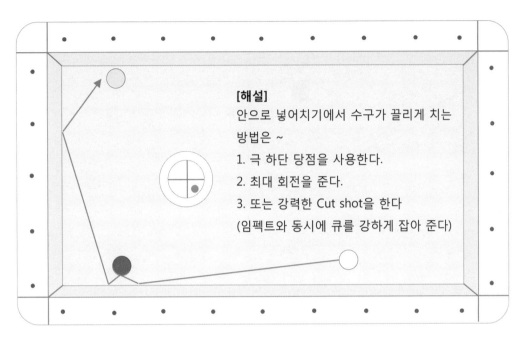

[해설]
안으로 넣어치기에서 수구가 끌리게 치는
방법은 ~
1. 극 하단 당점을 사용한다.
2. 최대 회전을 준다.
3. 또는 강력한 Cut shot을 한다
(임펙트와 동시에 큐를 강하게 잡아 준다)

2점제 경기에서 승리하려면 안으로 넣어치기 득점 확률을 높여야 한다. 하지만 안으로 넣어치기는 쿠션부터 맞힌 후 결국 뒤돌려치기 형태가 되므로 Kiss의 유무를 살펴야 한다

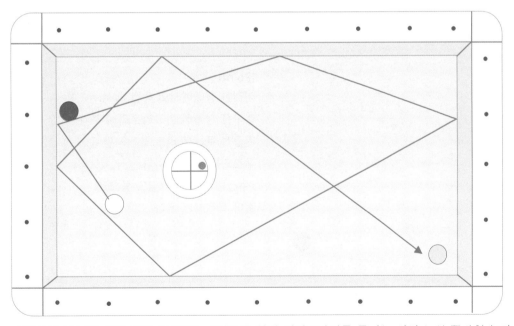

2적구가 고니에 붙어 있을 경우에는 1직구를 얇게 걸어 2바퀴를 돌리는 것이 늑섬 확률이 높다. 강하게 칠 경우 끌릴 염려가 있으므로 상단 당점으로 밀어 쳐야 한다.

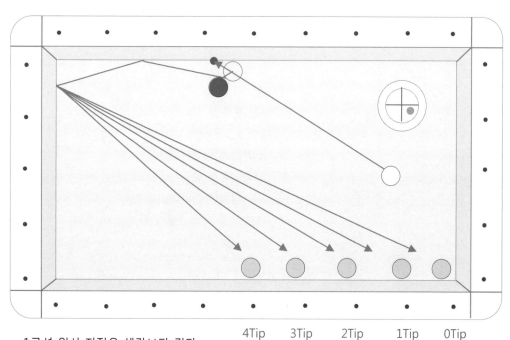

4Tip   3Tip   2Tip   1Tip   0Tip

1쿠션 입사 지점은 생각보다 깊다.
부드러운 롱 스트록으로 깊게 밀어 친다.

[Point]
이러한 형태에서의 득점 Point는
수구를 천천히 미끄러트려 수구가
가급적 쿠션을 타고 늘어지면서
구르도록 하는 것이다.
3쿠션에서는 힘을 잃고 퉁으로
솟아 득점하게 된다.

수구를 1쿠션부터 미끄러트리려면 등속으로 천천히 스트록을 해야 되며,
당점은 하단 당점을 사용해야 조금이라도 더 늘어지게 된다.
천천히 미끄러트리는 스트록이기 때문에 너무 깊이 치면 1적구를 못 맞힐 수도 있다.

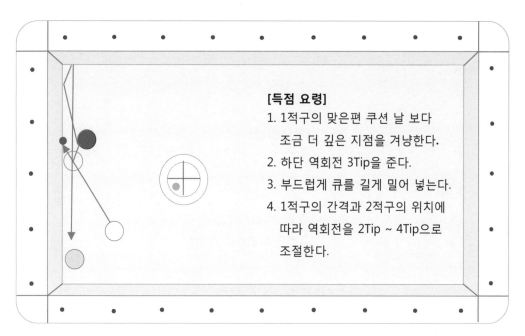

[득점 요령]
1. 1적구의 맞은편 쿠션 날 보다
   조금 더 깊은 지점을 겨냥한다.
2. 하단 역회전 3Tip을 준다.
3. 부드럽게 큐를 길게 밀어 넣는다.
4. 1적구의 간격과 2적구의 위치에
   따라 역회전을 2Tip ~ 4Tip으로
   조절한다.

역회전 안으로 넣어치기에서 실패하는 경우는 1쿠션을 1적구에서 너무 멀리 치는 경우와
빠르고 강한 스트록으로 역회전이 반감되기 때문이다.

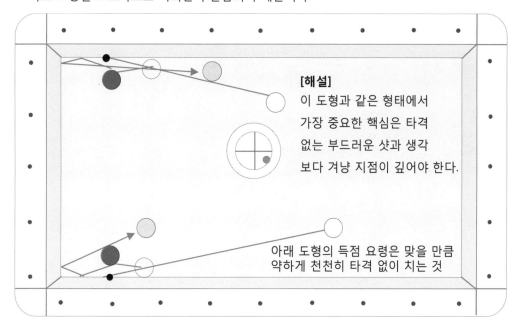

[해설]
이 도형과 같은 형태에서
가장 중요한 핵심은 타격
없는 부드러운 샷과 생각
보다 겨냥 지점이 깊어야 한다.

아래 도형의 득점 요령은 맞을 만큼
약하게 천천히 타격 없이 치는 것

인으로 넣어치기는 다양한 형태로 전개되므로 공을 짧게 꺾는 방법과 공을 길게 늘어뜨리는
타법을 모두 알고 있어야 한다.

◆ 2쿠션 넣어치기 System

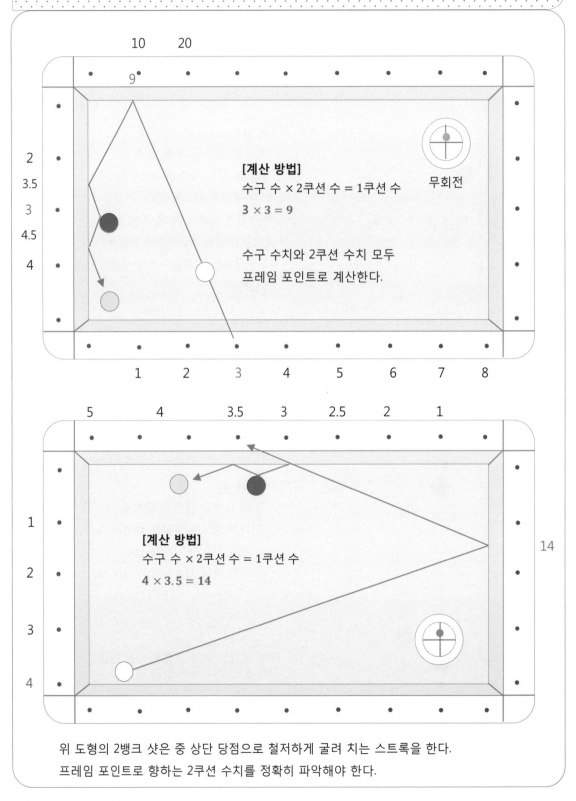

[계산 방법]

수구 수 × 2쿠션 수 = 1쿠션 수

$3 \times 3 = 9$

수구 수치와 2쿠션 수치 모두
프레임 포인트로 계산한다.

무회전

[계산 방법]

수구 수 × 2쿠션 수 = 1쿠션 수

$4 \times 3.5 = 14$

위 도형의 2뱅크 샷은 중 상단 당점으로 철저하게 굴려 치는 스트록을 한다.
프레임 포인트로 향하는 2쿠션 수치를 정확히 파악해야 한다.

◆ 비껴치기

비껴치기의 가장 기본이 되는 System 도형이다.

수구는 우측 하단 코너 Line이며 1적구는 좌측 상단 2Point에 있을 경우 도형대로 치면 된다.

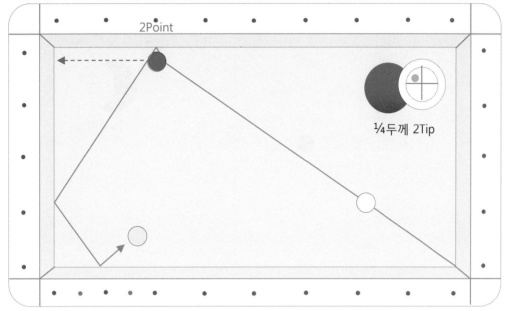

1Tip 2Tip 3Tip 4Tip　　　**타법** : ¼두께로 부드럽게 비껴치기

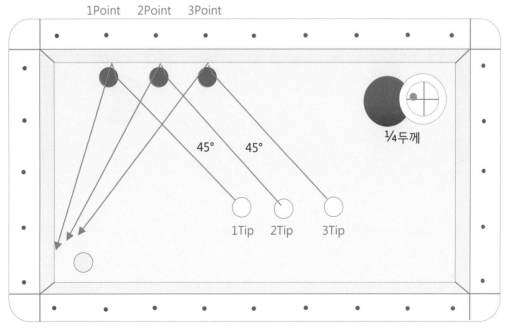

위 도형처럼 수구의 기울기가 45°인 경우 (¼두께) 1적구가 1Point에 있으면 1Tip,
2Point에 있으면 2Tip, 3Point에 있으면 3Tip을 각각 주고 치면 좌측 하단 코너로 간다.
2목적구가 반 포인트 길어질 때마다 1Tip씩 증가 시키면 된다.

1적구와 수구의 기울기는 2.5 Point

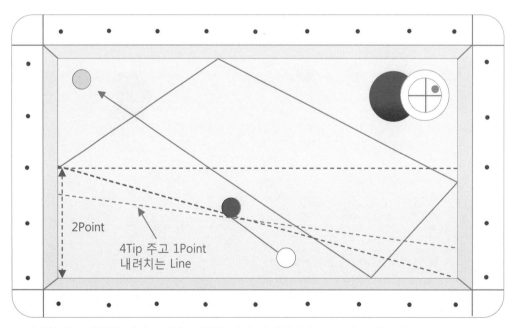

½두께

1적구와 수구의 기울기가 2.5에서 ½두께에 상단 2Tip을 주고 치면 도형처럼 진행된다.

2Point

4Tip 주고 1Point
내려치는 Line

꺾어치기로 대회전 시키는 경우 수구를 적색 점선처럼 2Point 내려 칠 경우에는 2Tip 회전으로
치고, 청색 점선처럼 1Point 내려 칠 경우에는 4Tip을 주고 대회전 시키면 된다.
연습을 통해 기울기에 대한 회전 감각을 익혀 보자.

더블 쿠션을 4구 전용 당구대에서 구사하려면 많은 연습량에 의한 감각이 필요하다.

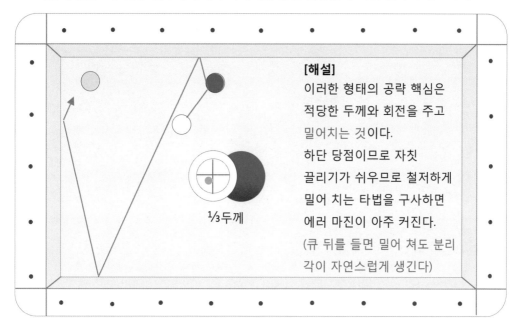

[해설]
이러한 형태의 공략 핵심은 적당한 두께와 회전을 주고 밀어치는 것이다.
하단 당점이므로 자칫 끌리기가 쉬우므로 철저하게 밀어 치는 타법을 구사하면 에러 마진이 아주 커진다.
(큐 뒤를 들면 밀어 쳐도 분리 각이 자연스럽게 생긴다)

¹/₃두께

위 도형의 경우 가장 중요한 핵심은 당점이 중단보다 아래 당점이어야 한다.
아래 도형의 득점 핵심은 스트록이다. 중 상단 당점으로 짧은 쇼트 샷을 구사해야 한다.
큐가 길게 나가면 분리각이 정상적으로 형성되지 않는다.

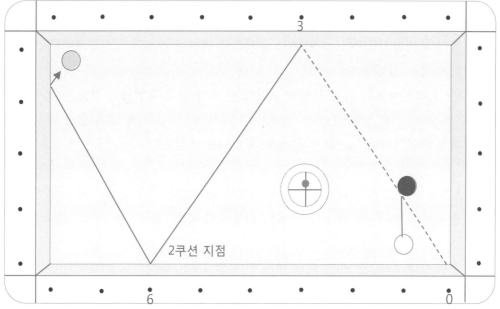

2쿠션 지점

위 도형의 공략 방법은 먼저 2쿠션 지점을 예상하고 수구와 2쿠션 지점의 절반 지점까지 수구를 보낸다. (2쿠션에서의 반사각은 1쿠션에서 반사각의 ²/₃ 로 계산한다)

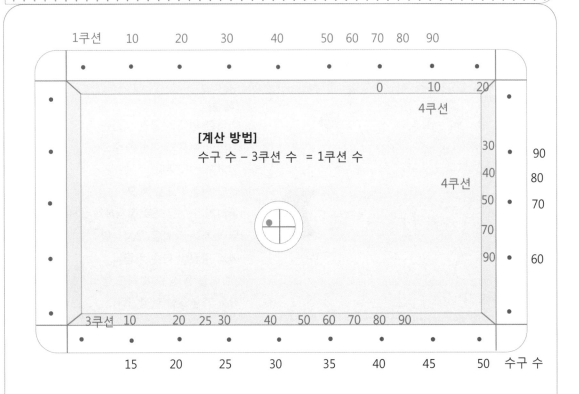

[해설]

위 도형은 Five & Half System의 기본 도형이다.

당구에서 많은 부분이 Five & Half System 수치로 운영하는 경우가 많으므로 이 도형의 숫자를 반드시 알고 있어야 한다.

Ball First이든 Rail First이든 이 수치를 알고 있으면 보다 쉽게 득점과 연결할 수 있다.

자세한 3쿠션 System에 관해서는 "3쿠션 Billiard 마스터 " 란 서적에 알기 쉽고 배우기 쉽게 보다 전문적으로 설명되어 있으므로 꼭 살펴 보시기를 권장한다.

3쿠션 뱅크 샷은 스트로크의 강약과 회전의 선택이 중요하며, 수구의 위치에 따른 당점과 당구대 환경에 따른 보정 등, 알아 두어야 할 점들이 많이 있다.

계산법은 수구 수에서 3쿠션 수를 빼면 내가 쳐야 할 1쿠션 수치이므로 아주 간단하다. 스트로크는 부드럽게 1쿠션을 밀어 치는 스트록이다.

수구 수와 1쿠션은 프레임 포인트로 계산하고, 3쿠션은 레일 포인트로 계산하면 된다.

◆ Five & Half System 코너각

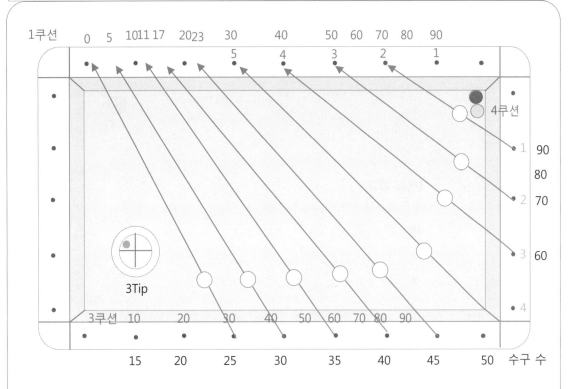

[해설]

위 도형은 Five & Half System으로 각각의 수구 위치에서 우측 상단 코너로 보내는 도형이다.

우측 단쿠션에서 수구가 출발할 경우 수구 단쿠션 위치 보다 + 1Point를 더 치면 우측 상단 코너로 대략 진행된다 하여 +1 System 이라고도 한다.

수구가 장쿠션에서 출발할 경우에는 +1 System을 사용하지 않고 수구 수가 1Point 올라갈 때마다 1쿠션은 0.75Point씩 이동한다.

위 도형에 표시된 것처럼 1에서는 2, 2에서는 3, 3에서는 4, 4에서는 5를 치면 코너각이 된다. 1에서 2를 칠 경우에는 부드럽게 치면서 0.1 ~ 0.2 Point 정도 짧게 치는 것이 득점 확률이 높다.

수구가 장쿠션에서 출발할 경우, 45에서는 23/ 40에서는 17 / 35에서는 11/ 30에서는 5 25에서는 0을 치면 각각 우측 상단 코너로 진행하도록 하고 평소 당점 위치를 고정한다.

281

◆ Five & Half System

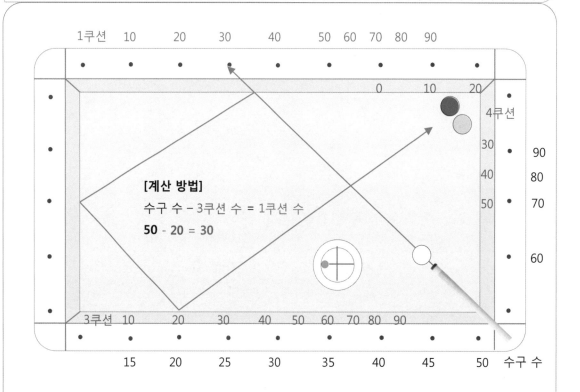

[해설]
위 도형은 Five & Half System의 가장 기본이 되는 도형이다.

검정 숫자는 수구 수로 프레임 포인트를 사용하며, 청색 숫자는 1쿠션 숫자로 프레임
포인트로 계산한다. 3쿠션과 4쿠션은 적색 숫자로 Rail Point(쿠션 날) 지점으로 계산한다.

계산 방법은 (수구 수 – 3쿠션 수 = 1쿠션 수)가 된다.

3쿠션과 4쿠션 Point 수를 알아 두어야 하며 4쿠션 수는 수구 출발 위치에 따라 변한다.

스트록은 큐팁으로 1쿠션 포인트 지점을 겨냥하고 비틀림 없이 일직선으로 밀어 친다.
스트록의 강약은 2.5레일 ~ 3레일 스피드를 유지한다.
(2.5레일이란 6번째 쿠션에 맞지 않을 정도의 일정한 힘으로 밀어 치는 것을 말한다)

당점은 중 상단 당점으로 3Tip을 유지한다.

4구 Billiards 레슨 **282**

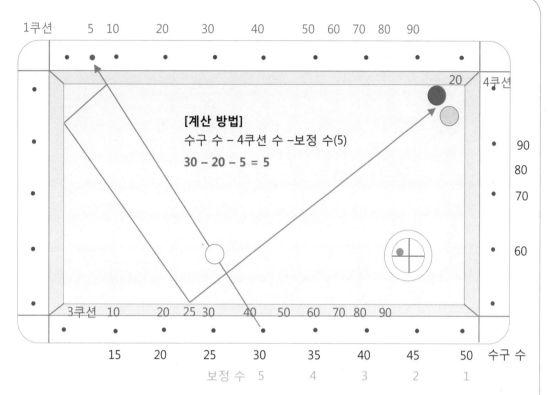

[해설]

위 도형은 Five & Half System의 짧은 각 도형이다.

앞페이지에서는 우측 상단 코너(4쿠션)로 가려면 3쿠션 20을 거쳤으나 짧은 각에서는
5가 길어진 3쿠션 25를 경유해야 우측 코너로 진행하게 된다.

따라서 코너(수구 수 50)를 기준으로 1Point씩 수구 수가 짧아질 때마다 위에 표기된
보정 수를 적용하면 된다.

위 도형은 보정 수 5에 해당하므로 수구 수 30에서 4쿠션 20을 뺀 후 보정 수 5를 빼면 된다.
단, 목적구가 3쿠션 부근에 있을 경우에는 보정 필요 없이 수구 수에서 3쿠션 수만 빼면 된다.

Five & Half System에서 입사각이 40° ~ 50° 정도인 경우에는 3Tip이 아닌 2.5Tip(10시)으로
관리하는 것이 System의 정확도를 높일 수 있으며,
수구가 단쿠션 (60 ~ 90)에서 출발할 경우에는 중단 당점으로 3Tip을 확실하게 주고 친다.

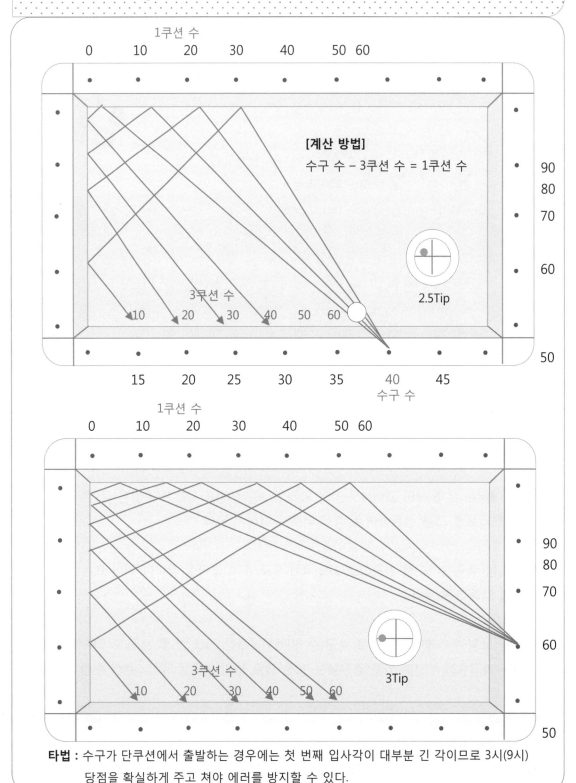

타법 : 수구가 단쿠션에서 출발하는 경우에는 첫 번째 입사각이 대부분 긴 각이므로 3시(9시) 당점을 확실하게 주고 쳐야 에러를 방지할 수 있다.

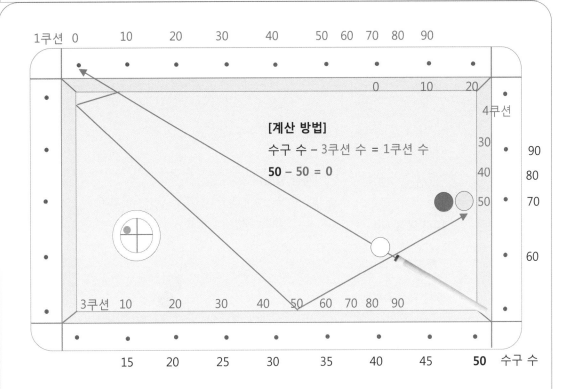

◆ Five & Half System

[해설]
위 도형은 Five & Half System에서 아주 중요한 50각 도형이다.

50각 도형이란 수구 수 코너(50)에서 대각선 맞은편 코너(0)를 쳐서 4쿠션 50 지점
(단쿠션 중앙 지점) 으로 진행하는 Line을 말한다.

계산 방법은 (수구 수 – 3쿠션 수 = 1쿠션 수)가 된다.

$$50 - 50 = 0$$

이 형태는 당구대의 대각선을 기준 삼는 형태로서 1적구를 맞히고 치는 뒤돌려치기의 경우
이 50각을 기준 삼아 공의 선택 여부를 다양하게 운영하기 때문이다.

위의 수치대로 공을 굴려서 득점하면 정상적인 쿠션 상태로 보며,
만일 길거나 짧으면 보정해서 쳐야 된다.
당점은 중 중상단 당점 3Tip을 정확하게 유지한다.

(긴 각에서 칠 경우의 보정 수)
60에서 칠 경우 + 2.5 / 70에서 칠 경우 +5 / 80에서 칠 경우 +8 / 90에서 칠 경우 +10

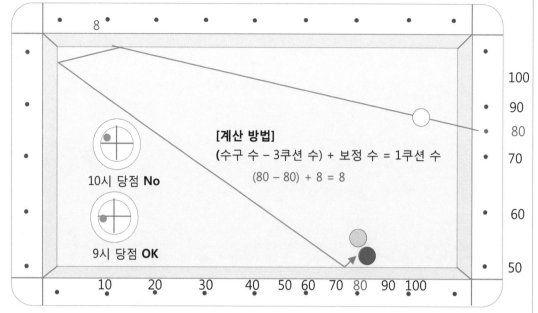

[계산 방법]
(수구 수 – 3쿠션 수) + 보정 수 = 1쿠션 수
(80 – 80) + 8 = 8

10시 당점 **No**

9시 당점 **OK**

타법 : 긴 각에서 칠 때는 수구가 1쿠션을 스치고 2쿠션에서 회전아 최대한 먹어라 하는
느낌으로 부드럽게 쳐야 한다. 긴 각에서는 회전이 부족하면 바로 길어지기 때문이다.

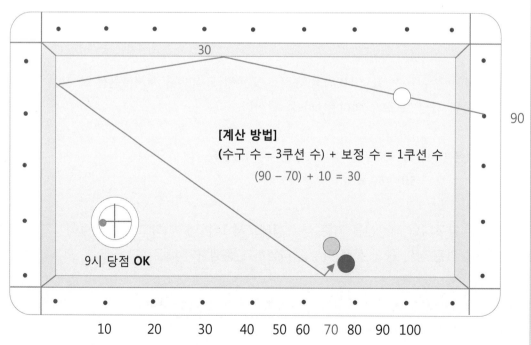

[계산 방법]
(수구 수 – 3쿠션 수) + 보정 수 = 1쿠션 수
(90 – 70) + 10 = 30

9시 당점 **OK**

Five & Half 긴 각 System은 스트록과 보정 수만 익혀 두면 득점 확률이 아주 높은 System 임.

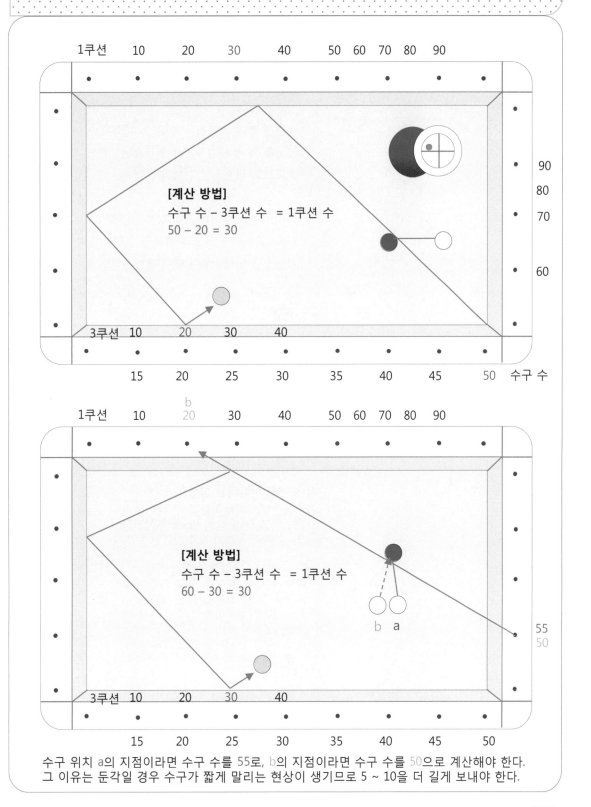

[계산 방법]
수구 수 – 3쿠션 수 = 1쿠션 수
50 – 20 = 30

[계산 방법]
수구 수 – 3쿠션 수 = 1쿠션 수
60 – 30 = 30

수구 위치 a의 지점이라면 수구 수를 55로, b의 지점이라면 수구 수를 50으로 계산해야 한다.
그 이유는 둔각일 경우 수구가 짧게 말리는 현상이 생기므로 5 ~ 10을 더 길게 보내야 한다.

287

35 & ½ System의 기본 타법은 3.5Tip 정확히 주고 1쿠션 지점에 굴려 놓고 기다리는 것이다. 2쿠션 3쿠션에 진행하는 행위를 상상하며 스트록을 하면 일정한 회전력을 유지할 수 없다.

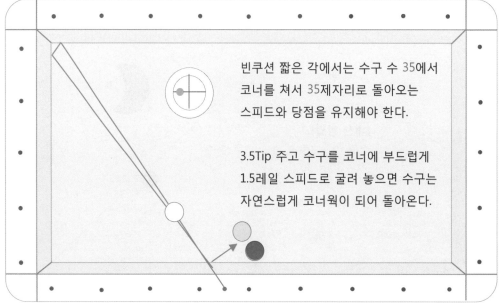

빈쿠션 짧은 각에서는 수구 수 35에서 코너를 쳐서 35제자리로 돌아오는 스피드와 당점을 유지해야 한다.

3.5Tip 주고 수구를 코너에 부드럽게 1.5레일 스피드로 굴려 놓으면 수구는 자연스럽게 코너웍이 되어 돌아온다.

10 15 20 25 30 35
수구 수

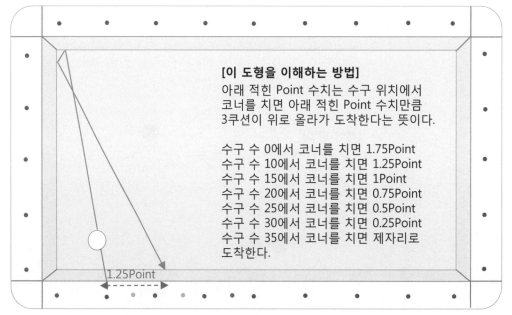

[이 도형을 이해하는 방법]
아래 적힌 Point 수치는 수구 위치에서 코너를 치면 아래 적힌 Point 수치만큼 3쿠션이 위로 올라가 도착한다는 뜻이다.

수구 수 0에서 코너를 치면 1.75Point
수구 수 10에서 코너를 치면 1.25Point
수구 수 15에서 코너를 치면 1Point
수구 수 20에서 코너를 치면 0.75Point
수구 수 25에서 코너를 치면 0.5Point
수구 수 30에서 코너를 치면 0.25Point
수구 수 35에서 코너를 치면 제자리로 도착한다.

1.25Point

1.25 1.0 0.75 0.5 0.25 제자리
길어지는 만큼의 Point 수

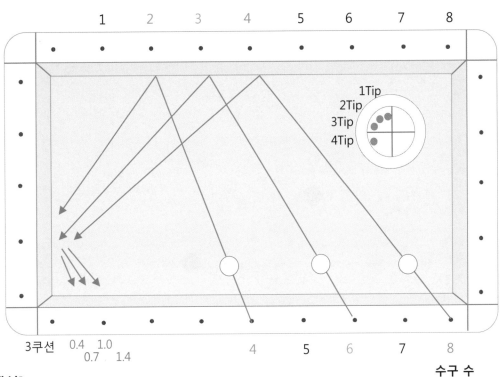

[해설]

위 도형은 수구가 어디에 위치해 있든 수구 수의 절반을 쳐서 좌측 하단 부근에 있는 목적구를 맞히는 도형이다.

이 방법은 무조건 수구 수의 ½지점을 겨냥하고 회전수만 변경해 주면 되기 때문에 아주 외우기도 쉽고 득점 확률도 높다.

당점은 위의 당점 표시처럼 12시 ~ 8시 30분을 기준으로 0Tip ~ 4Tip으로 분류된다.

수구 위치 4에서 ½지점인 2를, 6에서 ½지점인 3을, 8에서 ½지점인 4를 각각 겨냥하고

1Tip 주면 0.4Point

2Tip 주면 0.7Point

3Tip 주면 1.0oint

4Tip 주면 1.4Point 지점으로 각각 진행된다.

[타법]

비틀어치지 않고 해당 회전만 주고 부드럽게 1쿠션에 부딪쳐 주는 타법으로 굴려준다.

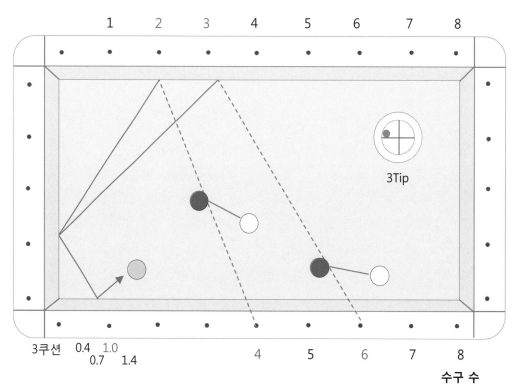

[해설]

위 도형은 앞 페이지 수구 수의 ½지점을 치면서 회전만 달리 주는 System을 공을 먼저 맞히고 칠 때 활용하는 방법을 나타낸 도형이다.

1. 3쿠션 지점의 Tip수를 확인한다 (위 도형은 1.0이므로 3Tip)
2. 수구와 1쿠션 가상 Line을 알아낸다 (위 도형은 6 ~ 3Line)
3. 6에서 ½인 3 지점으로 3Tip을 주고 부드럽게 굴려 주면 득점할 수 있다.

위 방법은 Five & Half System 보다 더 쉽게 계산하여 득점할 수 있으므로 평소 연습을 통해 공의 두께를 정확하게 1쿠션으로 보낼 수 있는지를 파악하고 회전력이 정확하도록 꾸준한 연습이 필요하다.

[타법]

비틀어치지 않고 해당 회전만 주고 부드럽게 1쿠션에 굴려 주는 타법으로 굴려준다.

◆ **Plus System**

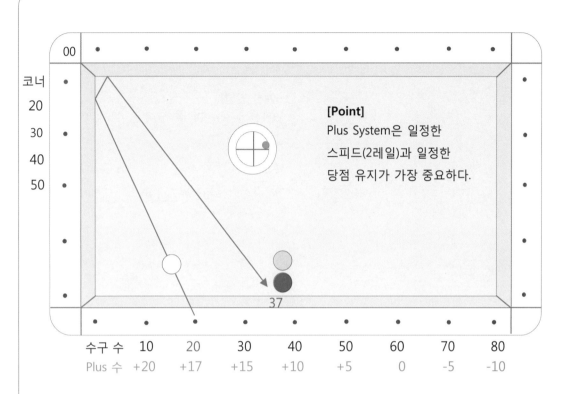

수구 수	10	20	30	40	50	60	70	80
Plus 수	+20	+17	+15	+10	+5	0	-5	-10

[해설]

위 도형은 Plus System의 기본 도형이다.

수구 수에서 코너를 치면 Plus 수만큼 Plus되어 3쿠션으로 진행하는 것을 뜻한다.
도형처럼 수구 수 20에서 코너0을 치면 17이 Plus되어 37 레일 포인트로 진행한다.
수구 수 30에서 코너 0을 치면 15가 Plus 되어 3쿠션 45로,
수구 수 40에서 코너 0을 치면 10이 Plus되어 3쿠션 50으로,
수구 수 50에서 코너 0을 치면 5가 Plus되어 3쿠션 55로,
수구 수 60에서 코너 0을 치면 제자리로 되돌아 온다.
수구 수 70에서 코너 0을 치면 -5가 Plus 되어 3쿠션 65로,
수구 수 80에서 코너 0을 치면 -10 이Plus 3쿠션 되어 70으로 진행한다.

Plus System의 당점은 2Tip(10시 / 2시) 당점으로 일관성이 있어야 하며,
스트록의 강약은 Five & Half System 보다 약한 2레일 스피드로 쳐야 득점률이 높다.

291

◆ Plus System

Plus System에서 정확한 당점을 유지하기 위해서는 브리지를 짧게 하는 것이 유리하다.

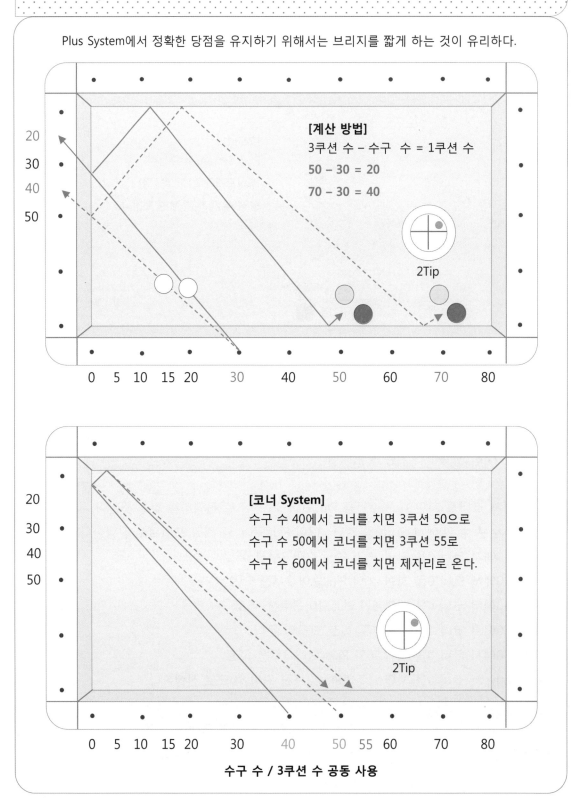

[계산 방법]

3쿠션 수 – 수구 수 = 1쿠션 수

50 – 30 = 20

70 – 30 = 40

2Tip

[코너 System]

수구 수 40에서 코너를 치면 3쿠션 50으로

수구 수 50에서 코너를 치면 3쿠션 55로

수구 수 60에서 코너를 치면 제자리로 온다.

2Tip

수구 수 / 3쿠션 수 공동 사용

Plus System의 정확한 계산법은 수구 수의 출발 지점과 3쿠션 도착 지점의 간격 계산이다.

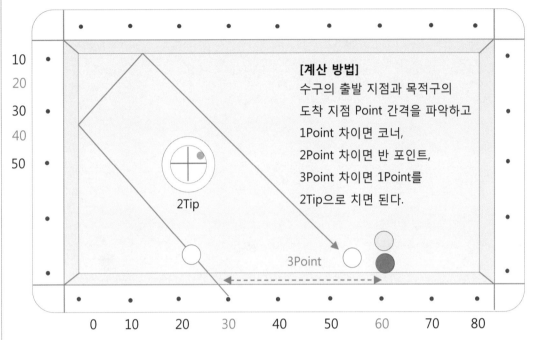

[계산 방법]
수구의 출발 지점과 목적구의
도착 지점 Point 간격을 파악하고
1Point 차이면 코너,
2Point 차이면 반 포인트,
3Point 차이면 1Point를
2Tip으로 치면 된다.

수구의 수치는 프레임 포인트로 계산하고 목적구의 수치는 레일 포인트로 계산한다.

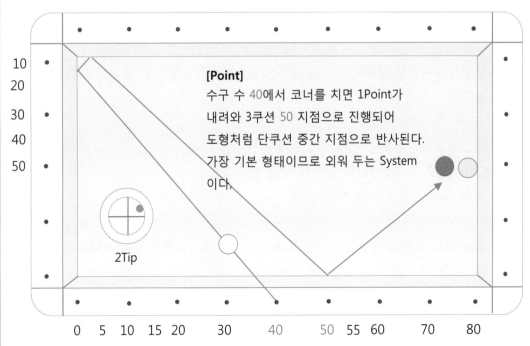

[Point]
수구 수 40에서 코너를 치면 1Point가
내려와 3쿠션 50 지점으로 진행되어
도형처럼 단쿠션 중간 지점으로 반사된다.
가장 기본 형태이므로 외워 두는 System
이다.

Plus System의 핵심은 1시 40분 ~ 2시 사이에서 정확한 당점을 찾고 2레일 스피드로 완성하는 것이다.

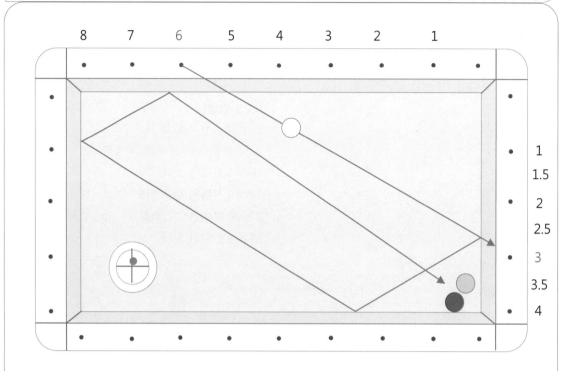

[해설]

위 도형은 수구의 위치에 상관없이 우측 하단 코너로 보내는 도형이다.

도형처럼 수구가 6에 있을 경우 6의 ½인 단쿠션 3을 무회전으로 치면 대회전 되어 우측 하단 코너로 간다.

만일 수구가 7에 있다면 1쿠션 3.5를, 5에 있다면 단쿠션 2.5를,
4에 있다면 단쿠션 2를, 3에 있다면 단쿠션 1.5를 치면 된다.
다시 말해 수구 수의 절반을 각각 치면 된다.

이 궤도는 당구에서 가장 중요하면서 기본이 되는 도형으로 1적구를 맞히고 대회전 시킬 때 쉽게 궤도를 판단할 수 있다.

중 상단 무회전 당점으로 경쾌하게 스트록을 하면 된다.
수구의 진행이 미세하게 길어질 경우 정회전 느낌Tip을 주고 치면 된다.

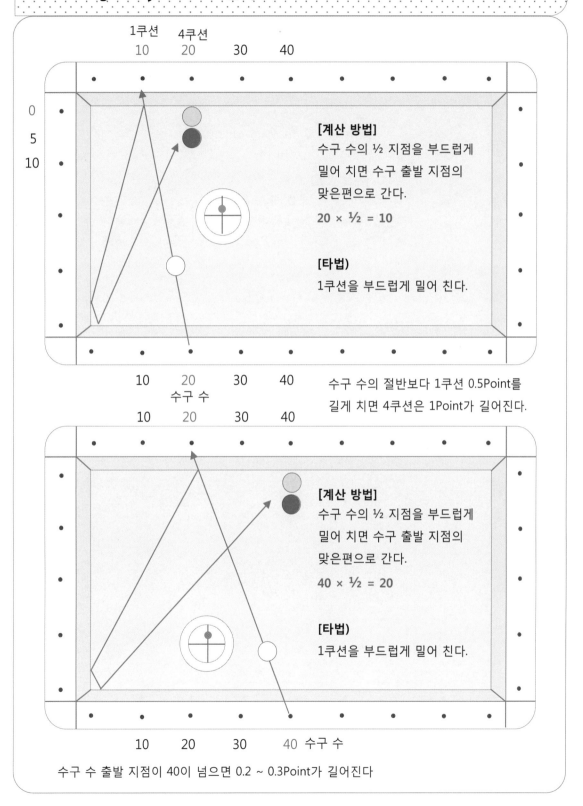

[계산 방법]
수구 수의 ½ 지점을 부드럽게
밀어 치면 수구 출발 지점의
맞은편으로 간다.

$20 \times \frac{1}{2} = 10$

[타법)
1쿠션을 부드럽게 밀어 친다.

수구 수의 절반보다 1쿠션 0.5Point를
길게 치면 4쿠션은 1Point가 길어진다.

[계산 방법]
수구 수의 ½ 지점을 부드럽게
밀어 치면 수구 출발 지점의
맞은편으로 간다.

$40 \times \frac{1}{2} = 20$

[타법)
1쿠션을 부드럽게 밀어 친다.

수구 수 출발 지점이 40이 넘으면 0.2 ~ 0.3Point가 길어진다

295

No English 타법은 1쿠션을 부드럽게 밀어 쳐야 한다.

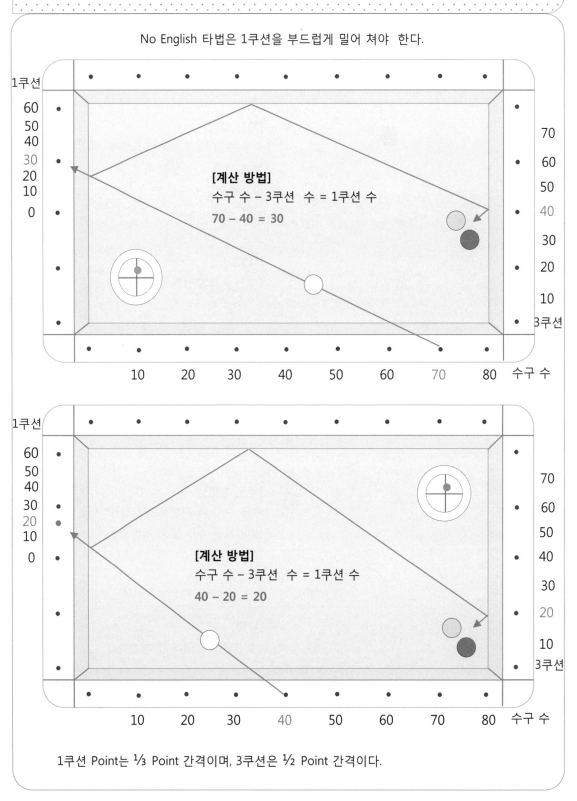

[계산 방법]
수구 수 – 3쿠션 수 = 1쿠션 수
70 – 40 = 30

[계산 방법]
수구 수 – 3쿠션 수 = 1쿠션 수
40 – 20 = 20

1쿠션 Point는 ⅓ Point 간격이며, 3쿠션은 ½ Point 간격이다.

No English 타법은 1쿠션을 부드럽게 밀어 쳐야 한다.

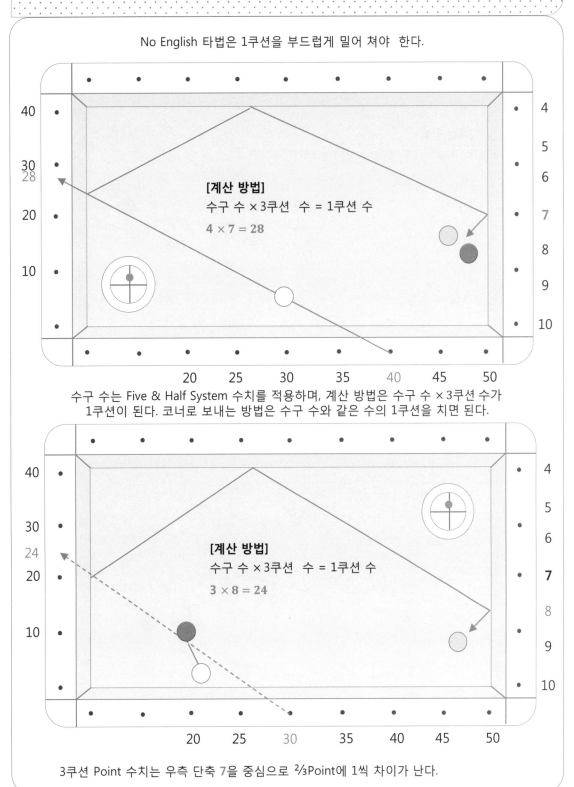

[계산 방법]
수구 수 × 3쿠션 수 = 1쿠션 수
$4 \times 7 = 28$

수구 수는 Five & Half System 수치를 적용하며, 계산 방법은 수구 수 × 3쿠션 수가 1쿠션이 된다. 코너로 보내는 방법은 수구 수와 같은 수의 1쿠션을 치면 된다.

[계산 방법]
수구 수 × 3쿠션 수 = 1쿠션 수
$3 \times 8 = 24$

3쿠션 Point 수치는 우측 단축 7을 중심으로 ⅔Point에 1씩 차이가 난다.

No English 타법은 1쿠션을 부드럽게 밀어 친다.

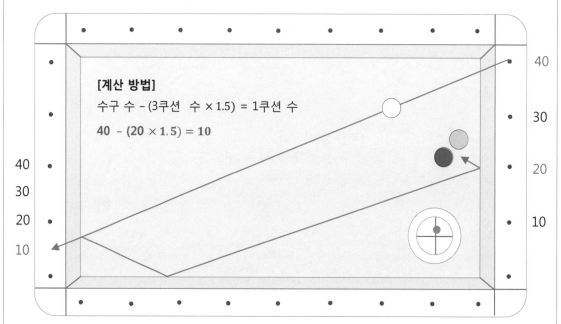

위 도형의 System 명칭은 터키 System이며, 중 상단 당점으로 2레일 스피드로 친다.
1쿠션은 반 포인트가 10, 1포인트가 20인 것을 기억한다.

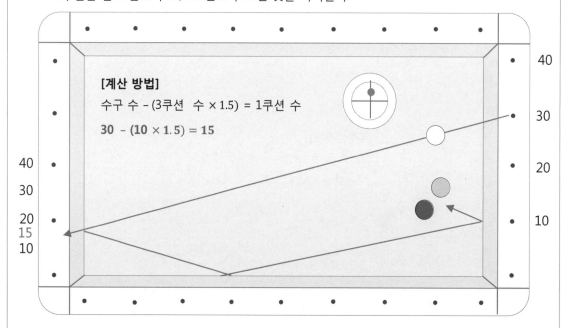

쉽게 계산하는 순서는 3쿠션 수에 1.5를 먼저 곱한 다음 수구 수에서 3쿠션 수를 빼면
1쿠션 수가 된다.

회전값을 정하는 방법은 수구 수 0에서 코너를 멕시멈 역회전으로 쳐서 되돌아 오는 3쿠션 지점 수치를 회전값으로 정하면 된다.(16 정도의 회전력으로 맞추는 것이 가장 무난하다)

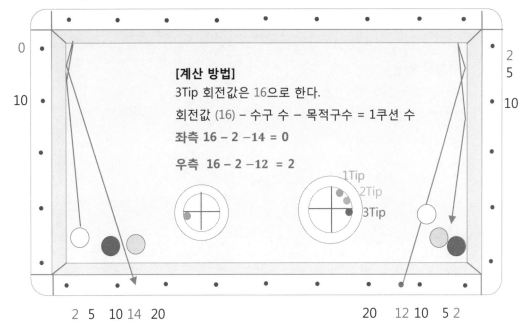

[계산 방법]

3Tip 회전값은 16으로 한다.

회전값 (16) – 수구 수 – 목적구수 = 1쿠션 수

좌측 16 – 2 –14 = 0

우측 16 – 2 –12 = 2

회전값
3Tip : 16
2Tip : 10
1Tip : 5

[해설]

위 도형은 Reverse Back Out System의 기본 도형이다.

일명 조단조로 많이 불리는 System으로 게임 중에 자주 등장하는 형태이다.

이 System에서 가장 중요한 것은,

1. 자신의 회전력을 일정하게 고정 시키는 것이다. 예를 들어 좌측 도형처럼 단쿠션 가까이 수구를 놓고 좌측 상단 단쿠션 코너를 쳐서 하단 장쿠션으로 도착하는 지점을 자신의 회전력 수치로 삼으면 된다.

2. 반대로 3쿠션 도착 지점에서 좌측 상단 단쿠션 코너를 치면 좌측 하단 코너로 가야 한다.

Reverse Back Out System의 기본 핵심은 큐 무게로만 천천히 믿음을 갖고 굴리는 것이다.

스트록이 빠르거나 임펙트 이후에 큐를 잡으면 절대 득점할 수 없다.

믿음을 갖고 아주 천천히 코너에 굴려 놓으면 회전에 따라 수구가 알아서 각을 만든다.

다시 정리하면 자신의 회전값과 스트록, 그리고 계산법 대로 치면 된다.

Revers Back Out System의 득점 Point는 일관된 회전력을 지키는 것이다.
큐 무게로 느리게 치는 습관과 스트록이 후 그립을 잡지 말아야 한다.

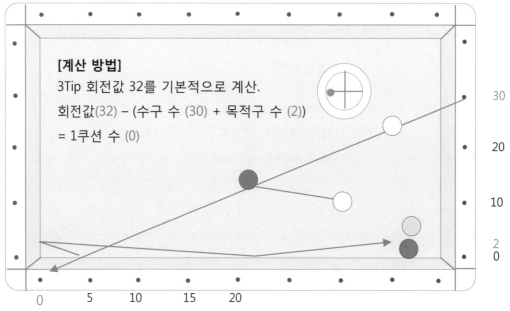

[계산 방법]
3Tip 회전값 32를 기본적으로 계산.
회전값(32) – (수구 수 (30) + 목적구 수 (2))
= 1쿠션 수 (0)

회전값이란 3Tip을 주면 32, 2Tip을 주면 20, 1Tip을 주면 10이 된다.

회전값
3Tip : 32
2Tip : 20
1Tip : 10

[해설]
앞 페이지와 마찬가지로 Reverse Back Out System 장, 단, 장 기본 도형이다.

앞 페이지의 단, 장, 단 System의 2배로 생각하면 이해하기 쉽다.
단, 비거리가 먼 만큼 스트록에 더 집중해야 한다.
1쿠션은 Rail Point를 사용하는 것이 보편적이다.

공을 먼저 맞히고 치는 경우에도 마찬가지 계산법을 적용하면 되지만 1적구를 두껍게 맞힐 경우에는 회전이 추가로 발생되는 부분을 염두에 두고 조절한다.
스트록은 부드럽게 밀어 치는 스트록이다.

Reverse Back Out System의 기본 핵심은 큐 무게로만 천천히 믿음을 갖고 굴리는 것이다.
스트록이 빠르거나 임펙트 이후에 큐를 잡지 말고 계속 열어 놓아야 한다.
믿음을 갖고 아주 천천히 1쿠션에 굴려 놓으면 회전에 따라 수구가 알아서 각을 만든다.
다시 정리하면 자신의 회전값과 스트록, 그리고 계산법 대로 치면 된다.

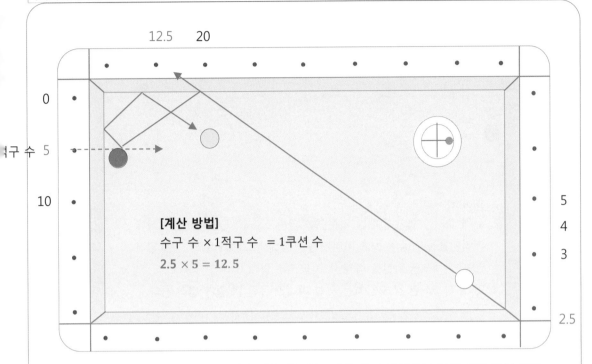

[계산 방법]
수구 수 × 1적구 수 = 1쿠션 수
2.5 × 5 = 12.5

타법 : 약간 꺾어 쳐야 하는 형태인 경우에는 부드러운 롱 스트록으로 큐를 길게 밀어 준다. 인위적으로 꺾으려고 강하게 치면 회전이 소멸되어 득점할 수 없다.

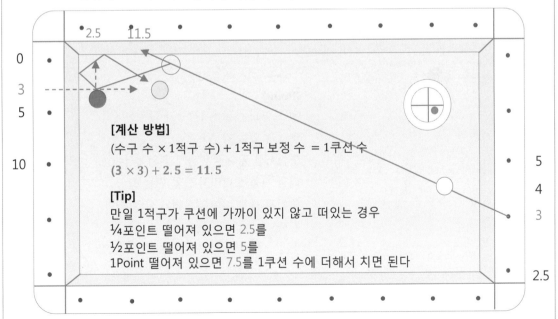

[계산 방법]
(수구 수 × 1적구 수) + 1적구 보정 수 = 1쿠션 수
(3 × 3) + 2.5 = 11.5

[Tip]
만일 1적구가 쿠션에 가까이 있지 않고 떠있는 경우
¼포인트 떨어져 있으면 2.5를
½포인트 떨어져 있으면 5를
1Point 떨어져 있으면 7.5를 1쿠션 수에 더해서 치면 된다

타법 : 위 도형처럼 1적구가 장쿠션과 가까이 있을 경우에는 아주 부드러운 스트로크로 천천히 굴려 주기만 해도 자연스럽게 꺾여 각이 형성된다.

◆ Plate System (미러법)

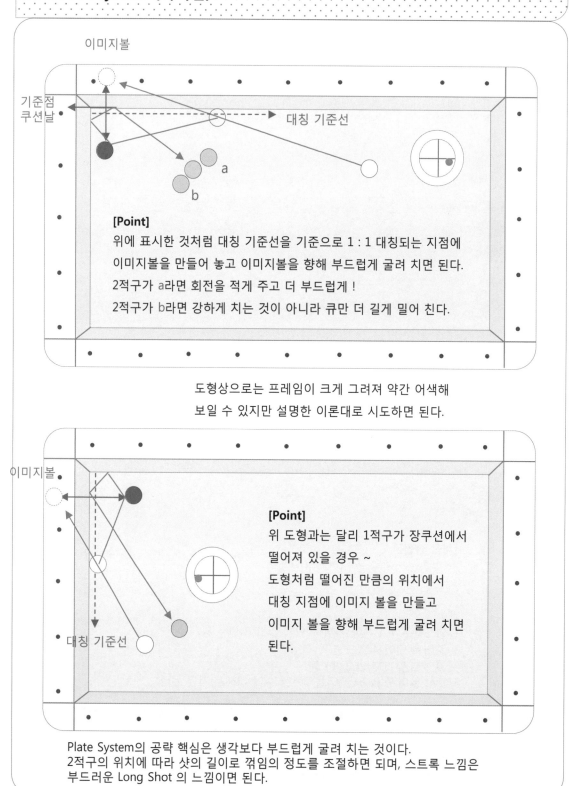

이미지볼

기준점
쿠션날

대칭 기준선

a

b

[Point]
위에 표시한 것처럼 대칭 기준선을 기준으로 1 : 1 대칭되는 지점에
이미지볼을 만들어 놓고 이미지볼을 향해 부드럽게 굴려 치면 된다.
2적구가 a라면 회전을 적게 주고 더 부드럽게 !
2적구가 b라면 강하게 치는 것이 아니라 큐만 더 길게 밀어 친다.

도형상으로는 프레임이 크게 그려져 약간 어색해
보일 수 있지만 설명한 이론대로 시도하면 된다.

이미지볼

[Point]
위 도형과는 달리 1적구가 장쿠션에서
떨어져 있을 경우 ~
도형처럼 떨어진 만큼의 위치에서
대칭 지점에 이미지 볼을 만들고
이미지 볼을 향해 부드럽게 굴려 치면
된다.

대칭 기준선

Plate System의 공략 핵심은 생각보다 부드럽게 굴려 치는 것이다.
2적구의 위치에 따라 샷의 길이로 꺾임의 정도를 조절하면 되며, 스트록 느낌은
부드러운 Long Shot 의 느낌이면 된다.

◆ 뒤돌려치기의 득점 비밀

1. 뒤돌려치기에서 공을 길게 진행 시켜는 비결은 평소보다 브리지를 길게 잡고 큐를 2쿠션
   까지 부드러우면서 길게 뻗어주어야 하며 스트록 이후에도 브리지를 오랫동안 지탱한다.

2. 뒤돌려치기에서 얇게 치면서 수구를 짧게 진행 시켜려면 1적구를 맞힌 수구를 1쿠션에
   살짝 튕겨주면 수구를 짧게 진행 시킬 수 있다. Kiss를 배제 시켜야 할 경우 사용한다.

3. 뒤돌려치기에서 수구가 짧아지게 하는 방법은 두 가지가 있다.
   첫 번째 : 하단 당점으로 큐를 부드러우면서 깊게 찌르면 2 ~ 3쿠션 코너에서 수구가
   　　　　빠르게 코너웍이 되면서 4쿠션으로 짧게 진행된다.
   두 번째 : 1적구를 짧고 빠르게 부딪치는 것이다. 상단 회전 주고 마치 수구가 1적구를
   　　　　맞고 90° 옆으로 꺾였다 앞으로 밀려 나가는 느낌으로 큐팁으로 수구를 짧고
   　　　　빠르게 때리면서 큐가 앞으로 밀려나가지 않도록 끊어 친다.

4. 뒤돌려치기에서 아주 얇게 쳐야 하는 한계각일 경우 부드러운 스트록과 함께 큐를 살짝
   Up Shot을 해주면 생각보다 수구가 길게 진행된다.

5. 뒤돌려치기 타법에는 굴려치기, 때려치기, 누르면서 때려치기 등 다양한 스트록이 있다.
   1. 굴려치기는 회전력을 억제 시켜 수구의 동선을 짧게 만들고 싶을 때 사용하고,
   2. 때려치기는 분리각 대로 수구를 보내고 싶을 때, 공 모양에 따라 당점만 상.중.하로
      선택하며, 둔각인 경우 끌어서 돌리는 것이 아니라 하단 당점으로 끌리게 치면 된다.
   3. 누르면서 때려치기는 1적구와 수구가 약간 둔각으로 꺾어 쳐야 할 때 수구를 누르면서
      때려 꺾는다. (느슨한 스트록은 공이 길어지므로 스피드와 파워가 동반되어야 한다)

6. 뒤돌려치기를 60° ~ 70° 꺾어 쳐야 할 때 끌어치기로 꺾는 것이 아니라 스트록의 길이로
   밀어 치면서 수구를 분리 시키면 수구는 쿠션을 돌면서 자동적으로 짧게 진행된다.

같은 두께로 공을 칠 경우 때려서 치게 되면 생각지 않던 회전이 발생되는데 그 이유는 공과
공이 부딪치면 저절로 많은 회전이 발생되기 때문이며 수구의 진행이 길어진다.
이 점을 이용하는 것이 스핀(회전) 샷이다.
반대로 타격 없이 1적구를 부드럽게 맞히며 굴려 치면 회전이 잘 먹지 않는다.

당구의 규칙을 배우고

이행 한다는 것은

그만큼 멋진 Billiarder가

되기를 추구하고

있다는 증거이다.

당구의 규칙과 용어

- 적색공은 반대편 초구 지점 (Foot Spot)으로,
  자기 차례의 수구(큐 볼)는 시작선의 중간지점 (Headline Center Spot)으로 배치한다.

* 상대방의 수구는 당구대의 중간지점 (Center Spot) (내정된 지점이 다른 공에
  점유되어 있거나 가려져 있는 경우는 점유하고 있는 공이 가야 할 위치로 놓여진다)

* 공이 프레임에서 떨어지거나 프레임에 닿으면 공이 당구대에서 튀어나간 것으로
  간주한다.

* 심판은 "파울"을 선언하며 빠르게 그 공을 잡아야 한다.
  (당구대 안의 다른 공에 영향을 주지 않기 위함)

[붙은 공에 대한 조치]

* 큐 볼이 두 개의 공 중 하나 또는 두 개의 공과 붙은 경우
  심판에게 재배치 원칙에 따라 배치할 것을 요구하거나,
  붙지 않은 곳 쿠션 뒤 쪽을 향해 진행 시킬 수 있다.
  (큐 볼이 쿠션에 붙은 경우는 쿠션을 향해서 진행 시킬 수 없다)

* 최초 진행 방향이 붙어있는 공 쪽으로 진행하지 않는다는 조건하에 찍어치기를
  구사할 수 있다.

* 큐 볼의 지지라는 요건을 상실함에 의해 붙은 공이 저절로 움직인 경우는 파울이
  아니다.

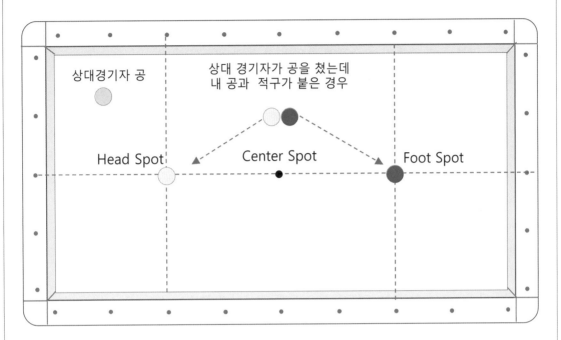

수구와 목적구가 붙은 경우에는 수구는 Head Spot으로 목적구는 Foot Spot으로 이동.
밖으로 튀어나간 공의 조치도 마찬가지로 수구는 Head Spot, 상대 공은 Center Spot,
적색 공은 Foot Spot으로 이동 배치한다.

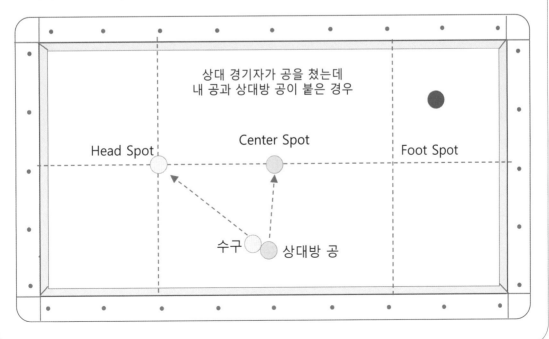

◆ 파울의 범위

1. 투 터치(Duble Hit)를 한 경우
   *큐팁이 움직이는 공과 두 번 이상 닿은 경우
   *큐 볼이 다른 공과 충돌하는 순간에 큐팁이 큐 볼과 닿은 경우
   *레일에 가까운 공을 치면서 큐팁이 레일과 닿은 경우
2. 타구과정에서 하나 또는 다수의 공이 테이블 밖으로 벗어난 경우
3. 큐팁이 아닌 다른 부분으로 공을 건드린 경우
   (큐팁 외에 다른 물체로 공을 건드린 경우 (공은 원래 위치로 되돌려야 한다.)
4. 세 개의 공이 완전히 멈추기 전에 샷을 한 경우
5. 선수가 포인트에 초크 등을 놓거나 프레임 등에 표시 등을 한 경우
6. 선수가 심판에게 요구하지 않고 본인이 이물질을 제거하기 위해 공을 만졌을 때
7. 심판의 요구에도 불구하고 규정된 시간 내에 (40초) 타구하지 않은 경우
8. 타구 순간에 한발이 닿지 않은 경우
9. 선수가 타구를 제외한 직접, 간접적으로 공을 이동시킨 경우
   (파울이 고의적으로 범해진 경우 더 유리하다고 판단되면 모든 공을 최대한 원래
   위치에 가깝게 배치해 달라고 요구할 수 있다)
10. 쿠션과 붙어있다고 판단되는 큐 볼을 쿠션을 향해 진행시키는 경우
11. 이닝 중간이나 연속득점의 중간에 본인의 공이 아니라고 언급한 경우
12. 선수가 각 종목의 규정을 준수하지 않은 경우

오구(誤球) : 한번 정해진 수구(큐 볼)는 시합이 종료될 때까지 변경할 수 없다.
   상대의 큐 볼을 자신의 큐 볼로 착각하고 쳤을 경우는 샷의 성공여부에 관계
   없이 파울이다.
   대기 중인 플레이어는 착각을 일으킨 플레이어가 샷을 하기 전에 큐 볼을 정정
   해 줄 수 있으나, 심판은 샷이 끝난 후에만 지적이 가능하다.
   큐 볼이 바뀐 사실을 아무도 인지하지 못한 경우 이전까지의 득점은 유효하다.
   2득점을 했다고 가정할 때, 다음 샷을 구상하는 과정에서 지적이 들어오면 1점이
   인정되며, 다음 샷을 했거나 하는 도중에 지적이 들어오면 2점 모두 인정된다

◆ 중대와 대대의 차이점

중대	비교	대대
2,540mm X 1,270mm	크기	2,844.8mm X 1,422.4mm
약간 미흡	시스템 적용	적합
보통	반발력	중대의 70~80% 힘으로 쳐야 함
로그로 또는 아스트로	쿠션	아스트로
많음	에너지 손실	적음
일반적인 스트록 구사	스트록	타격감 없는 부드러운 샷 구사
키스 확률 높음	키스	당구대가 큰 만큼 빅 불이 적음
대대 보다 약간 짧은 편임	시스템	정확한 국제 수준
안 먹힘	횡단샷, 더블쿠션	적합
타법이 단조로움	쿠션 활용도	타법으로 다양하게 활용
반발을 이용한 샷이 어려움	공의 선택	노 잉글리시, 3단, 리버스 등
당구대가 작아 현상이 적음	커브 & 스쿼트	당구대가 길어 현상이 크게 생김
많음	에러 마진	적음
하우스 큐 문제 없음	큐의 선택	개인 큐 권장
노 잉글리시, 시스템 적용 미흡	특징	모든 시스템 적용 적합

잘못된 용어	올바른 용어	잘못된 용어	올바른 용어
다이	당구대	하고 마우시	옆으로 돌리기
다마	당구공	우라 마우시	뒤로 돌리기
나사	당구지	레지 마우시	대회전 돌리기
오시	밀어치기	오 마우시	앞으로 돌리기
황 오시	세게 밀어치기	히가게	걸어치기
쫑	키스	짱끌라	비껴치기
니꼬	투 터치	조단조	더블레일
시네리	회전	리보이스	리버스
히로 (시로)	흰색 / 파울	기레가시	빗겨치기
갸꾸	역회전	맛세이	찍어치기
무당 / 무시	무회전	겜베이	복식
나미	얇게치기	가라쿠	빈쿠션치기
똥창	구석	후루쿠	재수, 요행
세리	모아치기	겐세이	견제, 수비
다데	세로치기	가야시	모아치기
빵구	구멍	도리끼리	한 큐에 끝낸다
가야시	모으다	시끼	끌어치기
바킹 / 빠킹	벌점 / 파울	히끼	끌어치기

"4구 Billiards 레슨"을 구독해주신 독자님들께 진심으로 감사 드리며,
4구를 잘 치기 위해 핵심이 되는 요소들을 다시 한번 정리해 드리겠습니다.

1. 당구의 기본 자세를 정확하게 갖추십시오.
   스텐스, 브리지, 그립을 수시로 체크 하십시오. 모든 스포츠는 기본 자세가 잘되어
   있어야 다음 동작을 자연스럽게 연결할 수 있습니다.

2. 대부분의 스트로크는 큐 무게로 치는 것입니다.
   530g 정도의 큐 무게가 1Kg처럼 느껴지도록 그립을 부드럽게 잡아야 합니다.
   경기를 시작하기 이전에 반드시 예비 스트록과 밀어 치는 빈 스트로크 연습을
   5분 ~ 10분 이상 하십시오. 일직선으로 뻗는 빈 스트록 연습은 동호인님의 경기를
   승리로 이끄는데 많은 도움이 될 것입니다.

3. 두께 겨냥법의 원리를 빠른 시일 내에 이해하고 완성하십시오.
   당구는 일정 기본기가 갖추어지면 그 다음은 두께 싸움입니다.

4. 끌어치기, 밀어치기, 얇게치기 등을 별도로 연마 하십시오.
   4구에서는 끌어 치는 종류가 40% 이상 차지하며 모아치기 대부분이 끌어치기로 만들어
   집니다. 또한 얇게 치는 기술은 경기의 승부에 결정적인 역할을 하게 됩니다.

5. 밀어치기는 당구의 가장 기본이 되는 스트로크 입니다.
   끌어치기도 알고 보면 당점을 하단에 주고 밀어치는 스트로크 입니다.
   대부분의 공은 부드럽게, 보통으로, 약간 강하게, 등으로 구별하여 밀어 치면 됩니다.

6. 분리각에 대한 관심을 가지십시오. 4구 대부분의 모아치기는 분리각을 정확하게
   계산하며 모아치기 하는 것입니다.

7. 게임의 최종 목표는 이기는 것입니다. 공 한 개 한 개에 최선을 다하십시오.
   동호인님들의 건승을 다시 한번 기원합니다 !

4구 Billiards 레슨

4구 **Billiards** 레슨

발행인 김석순
편저자 유효식
발행처 일신미디어
주 소 서울시 마포구 대흥로 6길 5-1 (4층 1호)
등 록 제 313-2007-000127호
전 화 02) 703-1270 (영업부)
F A X 02) 719-9722
ISBN 978-89-6590-059-7 03690

정가 27,000원

©ILSIN 016   21-1
www.ilsinbook.com